EL PERRO
PREGUNTAS Y RESPUESTAS

© 2000, Editorial LIBSA
C/ San Rafael, 4
28108. Alcobendas. Madrid
Tel. (34) 91 657 25 80
Fax (34) 91 657 25 83
e-mail: libsa@libsa.es
www.libsa.es

2002, 2.ª reimpresión

Traducción: Macarena Rojo González

© 1998, Andromeda Oxford Ltd.

Título original: *The dog owner's problem solver*

ISBN: 84-7630-952-X

Derechos exclusivos de edición para todos los países de habla española.

Ninguna parte de esta obra puede ser reproducida total o parcialmente, ni almacenada o transmitida por cualquier tipo de medio, ya sea electrónico, mecánico, fotocopia, registro u otros, sin la previa autorización del editor.

EL PERRO
PREGUNTAS Y RESPUESTAS

JOHN Y CAROLINE BOWER

LIBSA

Introducción

Hoy en día hay más personas con perro de las que ha habido jamás. Por regla general, la relación entre los perros y sus amos suele ser satisfactoria, pero nuestra experiencia como veterinarios nos ha enseñado hasta qué punto es fácil que surjan problemas. Los propietarios suelen pedirnos consejo no sólo en lo tocante a la salud, sino también sobre cómo educar a un cachorrillo o cómo corregir a un animal adulto que no se comporta como es debido. Somos conscientes de todas las dudas y preocupaciones que aquejan con más frecuencia a los propietarios, tanto si se trata de su primer perro como si poseen ya experiencia en la crianza de estos animales.

Siempre es mejor evitar que aparezcan los problemas. Además de asesorar sobre cómo evitar la aparición de enfermedades e indicar sus síntomas, hemos pretendido ayudar a los propietarios a comprender cómo piensa su mascota, el porqué de su comportamiento y el lenguaje que utiliza para expresar sus emociones. Ofrecemos también consejos prácticos en circunstancias tales como la convivencia del perro con niños o con otros animales domésticos. También aportamos algunas soluciones prácticas para controlar los problemas de comportamiento cuando ya han empezado a manifestarse, pero en estos casos suele ser aconsejable consultar con un especialista en problemas de comportamiento canino del que tengamos buenas referencias, que puede o no ser veterinario también. Si lo necesita, su propio veterinario puede recomendarle un especialista. Además, hemos incluido información sobre las principales razas caninas y hemos descrito los problemas de salud que con más frecuencia las aquejan. Damos las gracias a nuestros pacientes y a sus amos, sin los cuales no hubiera sido posible incluir la sección de preguntas y respuestas basadas en casos reales. Nuestro deseo es haber escrito un libro fácil de leer, fácil de entender y ameno, gracias al cual la posesión de un perro sea un placer exento de sobresaltos y preocupaciones. Esperamos que usted y su perro disfruten de la mutua compañía felices y sin problemas durante muchísimos años.

JOHN Y CAROLINE BOWER

Contenido

Cuidados del perro 6

La salud del perro 40

Educación y problemas de conducta 102

Razas caninas 146

Términos usuales 202

Agradecimientos 204

Índice 205

CUIDADOS DEL PERRO

Para muchas personas y familias, el perro es una fuente inagotable de alegrías y de buena compañía. La mascota que se tiene desde la infancia, cuidada y querida desde que era un cachorrito, puede llenar nuestras vidas de recuerdos felices que nunca llegaremos a olvidar.

Si acaba de decidir tener un perro, tal vez se sienta un poco amedrentado ante la idea de elegirlo y cuidarlo como es debido. En este capítulo le orientaremos sobre todos los pasos que deberá seguir antes de adquirir el animal para evitar posibles contratiempos o decepciones en el futuro. Explicaremos las responsabilidades que conlleva tener un perro, le asesoraremos para que elija la raza más adecuada según su estilo de vida y le indicaremos qué características debe buscar en el cachorro o perro adulto que elija.

En las siguientes páginas aparece la respuesta a gran parte de las preguntas que los propietarios de perros suelen plantearse: ¿Qué accesorios se necesitan? ¿Cómo hay que darle de comer? ¿Cómo enseñarle a no hacer sus necesidades dentro de casa? ¿Cómo cepillarlo? ¿Cómo debemos comportarnos cuando nuestro perro se haga mayor y empiece a manifestar los achaques propios de la edad?

Ayudándole a comprender mejor los cuidados que el perro necesita, sus problemas de salud y su comportamiento, podremos evitar algunos de los errores que se cometen con más frecuencia y lograr que su relación con él sea siempre satisfactoria y duradera.

La responsabilidad de tener un perro **8**
El perro y la ley **10**
¿Qué raza elegir? **12**
Animales salvados de la perrera **14**
Elección de un cachorro **16**
Un cachorrito en su nuevo hogar **18**
La dieta del cachorro **20**
La salud del cachorro **22**

El control de los esfínteres **24**
La alimentación del perro **26**
Un perro sano **28**
El cepillado **30**
Viajar con perro **32**
Vacaciones y mudanzas **34**
El perro anciano **36**
La muerte de su mascota **38**

La responsabilidad de tener un perro

SEA CUAL SEA LA RAZÓN POR LA QUE HA DECIDIDO tener un perro, las responsabilidades que conlleva su posesión serán siempre las mismas —sin su ayuda, el perro no podrá alimentarse, hacer el mínimo ejercicio necesario, cepillarse o recibir los cuidados apropiados cuando caiga enfermo—. En pocas palabras: la calidad de vida de su perro va a depender únicamente de usted. Y el compromiso que se dispone a contraer no durará una semana, un mes o un año, sino tal vez bastantes años. La esperanza media de vida de un perro es de diez años y algunos llegan a vivir dieciséis o diecisiete. Así que, antes de decidirse, piénselo muy bien y examine seriamente su forma de ser, su estilo de vida y el entorno en el que vive. Sopese la compañía y las alegrías que el perro puede proporcionarle y los inconvenientes de tener perro. Cada persona extraerá sus propias conclusiones, pero es mejor planteárselo todo esto antes de comprometerse a convivir con un perro y cuidar de él durante toda la vida del animal. Ya son demasiados los perros abandonados simplemente porque sus propietarios descubrieron en un momento dado que no querían o que, sencillamente, no podían ocuparse de ellos.

La salud de su perro merece los mejores cuidados. Esto quiere decir que tendrá que protegerlo con regularidad de las infecciones y parásitos que aquejan a su especie (ver páginas 46-51). Pero ésta no es la única consideración que deberá tener en cuenta: ¿podría costear los gastos veterinarios si el perro sufriese un accidente grave o cayese enfermo? Si no cuenta con una suma de dinero reservada expresamente para este fin, tal vez lo mejor será que suscriba un seguro que cubra todos los gastos médicos del animal. El perro también debe disfrutar de una dieta equilibrada y de alimentos de buena calidad, no basta con dejar que se alimente de las sobras de la cocina. ¿Está preparado también para afrontar todos estos gastos?

¿Tendré tiempo suficiente?

Plantéese si tiene tiempo suficiente para ocuparse de un cachorrito revoltoso y juguetón. Recuerde que al principio habrá que darle de comer cuatro veces al día, y no se habrá acostumbrado a la nueva casa, así que debe estar preparado para que ocurran... accidentes. Enredará con todo sin descanso y destrozará con los dientes su mobiliario y tal vez sus objetos más preciados. Habrá que dedicar una buena parte del tiempo libre a su educación y, a medida que se vaya haciendo mayor, necesitará también hacer ejercicio de forma regular, a diario y de forma proporcionada a las necesidades específicas de cada raza. Si vive en un piso de la ciudad, ¿hay algún parque cerca de la casa donde pueda llevarlo de paseo? ¿Qué pasará si se va de vacaciones o tiene que hacer un viaje de negocios? ¿Hay alguien que lo pueda cuidar por usted mientras está fuera o puede permitirse dejarlo en una residencia canina? Todos los perros necesitan ser cepillados de cuando en cuando, pero algunas razas concretas de pelo largo necesitan cepillarse diariamente.

El perro y los vecinos

Un perro bien educado es una delicia, y suele convertirse en un miembro más de la familia. Pero un animal desobediente y destructivo puede llegar a ser un verdadero problema, o incluso un peligro para el vecindario. Cada país tiene sus propias leyes y disposiciones legales referentes a los perros, pero hay mínimas normas de urbanidad que deberá acatar simplemente por cortesía y civismo, se encuentre dondequiera que se encuentre:

1. Controle al animal en todo momento. Cuando pasee con usted por el parque o por la calle, deberá andar a su paso y sujeto por la traílla, y no lanzarse sobre cualquier persona que se encuentre (y menos aún si se trata de niños) ni atacar a los demás perros. Si camina suelto, no debe correr hacia los desconocidos y siempre deberá acudir en el momento en que lo llame. Recuerde que no a todo el mundo le gustan los perros.

2. No deje a su perro vagando a su albedrío por la calle. Asegúrese de que no puede escaparse del jardín y no lo pierda de vista en ningún momento cuando esté suelto. Vigile de forma muy especial a su perra cuando esté en celo.

3. Limpie todo lo que su perro ensucia. Lleve siempre consigo una pinza especial (el popular «recogecacas»), una bolsa de plástico o pañuelos de papel por si su perro defeca, y deshágase de las heces de la forma más higiénica posible, en un contenedor especial para este tipo de desechos donde exista tal facilidad higiénica.

4. No permita que su perro ladre a los desconocidos o a los demás perros cuando están en la calle. Este es un punto esencial en su educación. Una educación adecuada le ayudará también a evitar problemas de comportamiento tales como ladrar desaforadamente cuando se quede solo en la casa.

Cuidados del perro

▲ Las normas municipales establecen, en ocasiones, la prohibición de que los perros paseen en parques y áreas recreativas sin collar y/o sin bozal. Debemos respetar siempre estas leyes en beneficio de todos.

● Un desconocido se puso furioso porque mi perrita Rosie se había hecho caca en la calle. No es más que un cachorrito. ¿No cree usted que ese hombre se pasó?

Una calle cubierta de cacas de perro es un espectáculo antiestético, antihigiénico y verdaderamente indeseable. Como propietaria responsable, le corresponde a usted limpiar todo lo que su perro ensucie y deshacerse de las heces de la manera apropiada. En muchos municipios se trata ya de una exigencia legal.

● Mi Jack Russell terrier, Scamp, va a cumplir un año. No tengo pensado utilizarlo para la reproducción. ¿Debo esterilizarlo?

La esterilización de los perros machos es un problema muy complejo. Indudablemente, con ella se evitarían muchos embarazos no deseados y se reduciría por consiguiente el número de perros abandonados y callejeros. La esterilización también contribuye a evitar numerosos problemas de salud y, si se realiza a edad temprana, también sirve para refrenar los impulsos agresivos del animal. No obstante, hay quien piensa que la esterilización es un proceso «contra natura» y que puede alterar el carácter del perro. El problema requiere una reflexión profunda y responsable. Hable largo y tendido con su veterinario antes de tomar una decisión.

● ¿Es obligatorio que los perros vayan identificados?

Desde luego, es recomendable, y normalmente se trata de un requisito legal en la mayor parte de los países. Una chapa metálica grabada con el nombre, la dirección y el número de teléfono del propietario suele ser suficiente, pero muchas personas consideran que los tatuajes o la identificación electrónica (el microchip implantado bajo la piel) son procedimientos de identificación más seguros.

El perro y la ley

TODOS LOS PAÍSES TIENEN UN EXTENSO cuerpo legal y un conjunto de normas referentes a los perros. Si está pensando en adquirir un perro o en trasladarse con el que ya tiene a una nueva población, trate de informarse previamente sobre las leyes que le incumben llamando a la administración local del lugar al que desea trasladarse y preguntando cuál es el departamento que se ocupa de estos temas.

En la mayor parte de los municipios se exige que el perro vaya identificado, ya sea con una chapa fijada en el collar, con un tatuaje o con un chip. Algunas administraciones locales exigen una forma específica de identificación, mientras que otras dejan libertad de elección al propietario del perro. La recaudación de las tasas y licencias caninas suele ser competencia de cada municipio. La cantidad de la suma puede variar dependiendo de si el perro ha sido esterilizado o no. En España es obligatorio que el perro lleve un chip bajo la piel que, con un lector especial, indica el nombre y la dirección de su propietario.

En casi todas las grandes ciudades se exige que los perros vayan sujetos de la traílla (correa, cadena, etc.), excepto si se encuentran en zonas destinadas expresamente al esparcimiento canino. También es posible que se les prohíba de forma terminante el acceso a algunos parques y edificios públicos. Normalmente, los amos suelen estar obligados por la ley a recoger los excrementos de sus perros. Los perros que se encuentran vagabundeando por la calle son requisados y, si su amo no los reclama después de un cierto número de días, pueden ser readoptados o sacrificados de forma humanitaria. A los perros lazarillo y demás perros de trabajo se les suele eximir de gran parte de estas restricciones, y a sus propietarios se les conceden tasas reducidas o incluso quedan exentos de impuestos. En las zonas rurales, suelen imponerse muchas menos restricciones. Se permite a los perros caminar sueltos de la correa por los espacios públicos. Incluso cuando existen restricciones, lo más probable es que a los perros de trabajo se les exima de cumplirlas.

▼ *Un perro descontrolado puede causarse daño a sí mismo y también a los demás, sobre todo si corre alocadamente en medio del tráfico. Es su responsabilidad, como propietario, informarse sobre las normas y leyes que le afectan en la localidad en donde vive para poder acatarlas.*

Cuidados del perro

▶ *Un funcionario de la perrera lee con un aparato especial la información contenida en el chip (implante subcutáneo) de un perro hallado mientras vagaba por la calle sin su dueño. Las autoridades se pondrán en contacto con el propietario y podrán imponerle una multa por haber dejado a su perro vagabundear.*

No obstante, se le exigirán responsabilidades en caso de que su perro provoque daños materiales en las fincas o en el ganado de sus vecinos. En el Reino Unido, por ejemplo, los pastores tienen permiso para disparar contra cualquier perro que vean acechando a su ganado vacuno o lanar, y se castiga de forma muy severa a los propietarios que dejan cazar a sus perros en cotos y fincas ajenas.

En los Estados Unidos y en otros muchos países, la vacuna antirrábica es obligatoria. Muchos países exigen que el perro esté identificado con un microchip. Donde la rabia no es una enfermedad endémica, como por ejemplo en el Reino Unido, la vacuna antirrábica no suele ser obligatoria. No obstante, los perros que vienen del extranjero están obligados a pasar una estricta cuarentena.

Perros peligrosos

Tener un perro peligroso puede ser considerado como un delito. Algunas razas en concreto pueden tenerse sólo si se cumplen determinadas condiciones, como que el perro vaya amordazado con un bozal en cualquier espacio público, que esté esterilizado o que no pueda ser enajenado o vendido nunca por el propietario. En el Reino Unido, los Pit Bull terrier y algunas otras razas están sujetos a esta clase de restricciones. Las autoridades locales pueden declarar peligroso a un perro que haya agredido a otro animal doméstico o a un ser humano, independientemente de si el animal ha atacado o no respondiendo a una provocación. Los perros declarados culpables son normalmente sacrificados de forma humanitaria. Usted probablemente será declarado culpable en caso de que su perro provoque un accidente en la vía pública por habérsele descontrolado.

Protección del perro

Usted estaría actuando en contra de la ley si provocase sufrimientos innecesarios a un perro o perros que tuviese a su cargo —ya sea por tenerlos desatendidos, desnutridos, faltos de libertad para hacer el ejercicio físico necesario, por tratarlos con crueldad o por golpearlos—. La autoridad competente suele contar con un cuerpo completo de leyes que regulan la tenencia, gestión e inspección de criaderos, residencias, escuelas y peluquerías caninas. Si desea montar un negocio de este tipo, infórmese de las leyes y normas específicas que regulan estos establecimientos.

P/R...

● **¿Existe un límite en cuanto al número de perros que se pueden tener?**

Lo más probable es que esta cuestión sea competencia de cada municipio, de modo que deberá consultar con el departamento encargado de regular la tenencia de animales domésticos. En algunos lugares, toda persona que posea más de tres perros será considerada como «propietaria de una criadero o perrera» y deberá cumplir con todas las regulaciones, inspecciones e impuestos que corresponden a los propietarios de esta clase de establecimientos, por mucho que no se trate de un criador profesional. El bienestar de los animales es una consideración muy importante en estos casos. Algunas sociedades protectoras de animales pueden emprender acciones legales contra un propietario de varios perros si consideran que éste los mantiene hacinados o en condiciones sanitarias inadmisibles.

● **Mi pastor alemán, Jake, se peleó con un boxer y ambos se hirieron mutuamente. ¿Tengo que pagar yo la factura del veterinario del boxer?**

No acepte responsabilidades, pero no dude en buscar asesoramiento legal si cree que pueden denunciarle. La mayor parte de las veces, la culpa recae a partes iguales sobre ambos, pero si usted dejó que Jake caminase suelto de la correa en un lugar público y sabía que era un perro agresivo, tal vez tenga que vérselas con la justicia. En la actualidad, los propietarios de perros suelen suscribir un seguro contra daños a terceros, pero cada vez son más las compañías de seguros que se niegan a cubrir los daños provocados por perros de ciertas razas.

¿Qué raza elegir?

ANTES DE ELEGIR EL PERRO, pregúntese para qué lo quiere. ¿Para que le haga compañía, para que le proteja, para hacer más ejercicio, para los niños? Si elige un perro cruzado (un mestizo), puede que no sea fácil prever su conducta y los rasgos psíquicos hereditarios del animal, pero un perro mestizo puede ser una mascota tremendamente leal, amistosa, saludable y longeva. No obstante, si lo que quiere es saber con seguridad cómo es el perro por naturaleza, será mejor que elija uno con pedigrí. No lo elija sólo por el aspecto físico: infórmese lo mejor que pueda sobre las distintas razas y elija la que más se adecúe a su estilo de vida. Alguna razas no son adecuadas para vivir en un apartamento. Muchas de ellas necesitan ser cepilladas a diario. Los perros grandes tienen un apetito en consonancia con su talla y costará mucho alimentarlos. Algunos perros, simplemente, no son recomendables para un propietario sin experiencia previa. Sopese todos los factores y después podrá decidir.

● ¿Dónde puedo informarme sobre las razas y su pedigrí?

Las asociaciones nacionales de criadores publican los standards de las razas, en donde se describen los principales rasgos físicos de cada una. También suelen asesorar al público cuando se les solicita información. Las revistas caninas especializadas también publican muchas veces información de este tipo. En la clínica veterinaria le pueden proporcionar información imparcial, sobre todo en lo que concierne a los problemas de conducta y de salud de cada raza canina.

● Tengo dos niños, uno de cinco y otro de ocho años, y nos gustaría tener un perro. Trabajo a tiempo parcial, me gusta dar breves paseos y nunca he tenido perro anteriormente. ¿Qué raza me recomienda?

Los ovejeros de Shetland, los Cavalier King Charles spaniels y los Shih Tzus suelen llevarse muy bien con los niños, no necesitan hacer demasiado ejercicio y se dejan adiestrar con facilidad.

● Me gustaría entrenar a mi perro para que concurse en pruebas de agilidad. ¿Qué raza me sugieren?

Los Border collies (o cruces de collie), los pastores alemanes y los caniches de cualquier talla son muy fáciles de entrenar y despiertos, y además les encanta trabajar en equipo con su amo durante las competiciones.

Raza	Alzada	Adecuado como primer perro de compañía	Necesidad de ejercicio
GRAN DANÉS	5	No	5
AKITA	5	No	5
SETTER INGLÉS/IRLANDÉS	5	Sí	4
DOBERMAN PINSCHER	5	No	4
ROTTWEILER	5	No	4
WEIMARANAR	5	No	5
PASTOR ALEMÁN	5	No	5
BOXER	4	Sí	5
GOLDEN RETRIEVER	4	Sí	3
DÁLMATA	4	No	4
COLLIE DE PELO DURO	4	Sí	3
HUSKY SIBERIANO	4	No	5
LABRADOR	4	Sí	4
BORDER COLLIE	4	No	3
CHOW CHOW	3	No	3
BRETÓN	3	Sí	4
SPRINGER SPANIEL INGLÉS	3	No	5
SHAR PEI	3	No	3
BOSTON TERRIER	3	Sí	2
STAFFBULL TERRIER	3	No	2
COCKER SPANIEL	3	Sí	2
BEAGLE	3	Sí	2
BASSET	3	Sí	2
CANICHE	3–1	Sí	4–1
OVEJERO DE SHETLAND	2	Sí	1
CAV. K. CHARLES SPANIEL	2	Sí	1
SCHANAUZER MINIATURA	2	Sí	2
JACK RUSSELL TERRIER	2	Sí	2
PINSCHER MINIATURA	2	No	2
HIGHLAND TERRIER	2	Sí	2
LULÚ DE POMERANIA	1	Sí	2
SHIH TZU	1	Sí	2
MALTÉS	1	Sí	2
PEQUINÉS	1	No	2
DACHSHUND	1	Sí	2
YORKSHIRE TERRIER	1	No	1
CHIUAHUA	1	No	1

Cuidados del perro

Compatibilidad con los niños	Necesidad de cepillado	Necesidad de ejercicio	Ruidoso/Ladrador	Respuesta al entrenamiento	Agresividad	Juguetón/Revoltoso	Nerviosismo
5	1	4	2	1	2	2	3
2	3	3	1	3	5	3	1
5	2	4	2	2	1	3	3
3	1	4	2	4	4	2	2
1	2	4	2	4	5	1	2
1	1	5	2	2	2	5	5
2	3	5	3	5	5	1	3
3	1	5	2	1	2	5	2
5	3	3	3	5	1	4	3
3	1	5	3	1	1	5	3
5	4	3	2	4	1	2	2
1	3	5	3	1	1	1	1
5	1	4	3	5	1	4	3
1	3	5	3	5	4	5	4
2	5	2	1	1	2	1	3
3	2	4	3	5	2	4	4
3	2	5	3	5	3	4	5
2	2	2	2	2	2	1	2
4	1	2	2	2	3	2	3
4	1	2	4	2	3	3	4
3	3*	2	4	3	4	4	4
3	1	4	4	2	2	3	4
4	1	2	3	1	1	1	1
3	5**	5	5–3	5	3–2	5	4
3	5	2	1	5	1	2	1
5	3	2	2	3	1	2	4
3	1**	4	5	2	3	2	4
2	1	4	5	2	4	4	5
2	1	3	4	3	3	2	3
4	2**	3	5	3	4	5	4
4	4	1	3	1	3	2	5
4	4*	2	2	2	2	3	3
4	5*	1	3	1	2	1	4
1	5	1	4	2	3	2	4
4	2	3	4	3	3	2	4
2	3*	1	4	2	4	2	4
1	2	1	5	2	5	3	4

◀ Esta tabla describe las principales características de algunas de las razas caninas más populares. Piense primero qué características son las más adecuadas para usted y después utilice la tabla para encontrar la raza (o razas) que más le convienen, sin perder de vista que el comportamiento de un perro adulto depende tanto de la educación que ha recibido cuando era un cachorro como de su herencia genética.

Notas

5 = Nivel máximo
↕
1 = Nivel mínimo

Alzada
Es la altura del perro hasta la cruz
5 = más de 64 cm
1 = menos de 25 cm
Los caniches abarcan tres de estas categorías: estándar, miniatura y *toy* (ver pág. 179)

Necesidad de cepillado
*Cuidados profesionales (de un peluquero canino) optativos.
**Cuidados profesionales recomendados en esta raza.

Respuesta al entrenamiento
Facilidad para entrenar en concursos de obediencia, agilidad o como perro de trabajo.

Nerviosismo
Nivel de reacción frente a estímulos como el ruido, las multitudes, etcétera.

Animales salvados de la perrera

Puede que decida rescatar a un animal abandonado en un refugio canino en vez de comprar un cachorro a un criador profesional. El animal rescatado puede ser un compañero perfecto, pero a veces uno puede llevarse grandes chascos: por ejemplo, si de pronto descubre problemas de conducta en el animal y decide que no sirve para vivir en familia. En gran medida, todo depende de la suerte, pero cuanto mejor se conozcan los peligros y trampas en que se suele caer y cómo afrontarlos, más fácil será hacer la elección adecuada (ver páginas 116-117).

En estos centros de recogida hay perros de todo tipo, desde cachorros hasta perros ancianos y enfermos. Todos han tenido un pasado antes de llegar al refugio canino. Algunos fueron abandonados porque sus propietarios se quedaron en el paro, se divorciaron, se fueron a vivir a otro lugar, enfermaron o murieron. En otros casos, fue el propio perro quien cayó enfermo o provocó reacciones alérgicas en algún miembro de la familia del propietario anterior. También puede haber sido repudiado porque se peleaba constantemente con otra mascota que hubiera en la casa o porque causaba destrozos. Algunos perros han sido golpeados, desatendidos o encadenados durante largos períodos de tiempo.

Los perros que más abundan en esta clase de refugios son adolescentes (de entre 6 y 9 meses). La mayor parte de las veces fueron abandonados porque sus propietarios no habían pensado seriamente en su momento en las responsabilidades y problemas prácticos que conlleva tener perro. Cuando el cachorro pasó de ser un delicioso muñequito de peluche a un animal de verdad, dejó de interesar a sus propietarios o tal vez éstos descubrieron que se sentían incapaces de controlar sus desmanes. Si esto ocurre, normalmente es porque la familia eligió una raza que no era la adecuada para ellos o porque no supieron educarlo convenientemente.

La búsqueda de un nuevo amo

Por desgracia, cuando los propietarios llevan a su perro a un centro de este tipo, muchas veces ocultan los verdaderos motivos que les llevan a hacerlo. Más de la mitad de los perros que hay en cualquier refugio canino manifiestan trastornos de conducta, que pueden ir desde saltar sobre la gente hasta comportarse de forma agresiva y peligrosa. Muchos de ellos puede ser reeducados con éxito, sobre todo si el nuevo propietario tiene experiencia y está dispuesto a dedicar a su nueva mascota el tiempo y la paciencia que ésta requiere. Algunos refugios tardan mucho tiempo en encontrar un nuevo hogar adecuado para los perros con problemas. Los perros que han cambiado de casa más de una vez suelen ser especialmente difíciles.

Se debe comunicar al personal del centro exactamente la clase de perro que desearía tener. ¿Quiere un cachorro o un perro adulto? ¿Ha tenido perro anteriormente? ¿Vive en un apartamento o en una casa unifamiliar? ¿Hay niños y ancianos entre los miembros de su familia? ¿De cuánto tiempo dispone para educar al animal, llevarlo a hacer ejercicio o cepillarlo? Pida permiso para visitar al perro elegido en el centro y llevarlo a dar un pequeño paseo para acostumbrarse a él y que él se acostumbre a usted antes de llevárselo a casa. Si todo el mundo siguiera estas recomendaciones, habría más adopciones felices y menos perros desgraciados en el mundo.

Cuidados del perro

▼ *Sopese todos los factores antes de decidirse. Sea lo que sea lo que usted busca, el cachorro o perro adulto más adecuado para usted tendrá algo especial que hará que no pueda resistirse a llevarlo a su casa.*

P/R...

● **¿Qué hay que hacer para sacar a un perro de la perrera?**

Normalmente, le exigirán un precio simbólico en el refugio. A veces ofrecen vacunaciones a precio reducido. Si no es así, tendrá que llevar a su nuevo perro a hacerse un chequeo completo.

● **¿Qué es mejor, un cachorro o un perro adulto?**

Eso es cuestión de gustos. La edad ideal para adoptar un cachorro es antes de que cumpla diez semanas, porque pasar más tiempo en un refugio puede entorpecer el desarrollo del animal. Si elige un cachorro, éste será una especie de tabla rasa sobre la que usted podrá escribir lo que quiera. No obstante, lo más probable es que no sepa con certeza ni la edad, ni la raza o cruce, ni cuál es el estado de salud del animalito, y también será difícil prever cómo se hará de grande cuando crezca. Un perro adolescente o adulto probablemente ya no hará sus necesidades dentro de la casa, pero también es probable que tarde más en adaptarse a la nueva situación que un animal más joven.

● **Mi amiga adoptó un perro de la perrera la semana pasada. Me ha pedido que vaya a visitarla con mis hijos, pero el perro tose constantemente. ¿Tendrá alguna infección? ¿Podría contagiar a mis niños?**

Si el perro tose, lo más probable es que haya contraído la llamada tos de las perreras, o tal vez el moquillo. Ambas enfermedades son extremadamente contagiosas para los perros, pero no pueden transmitirse a los humanos, y ambas pueden evitarse con las vacunas adecuadas. Su amiga debe llevar el perro a un veterinario para que lo examine y diagnostique las causas de esa tos.

Actitudes correctas e incorrectas al adoptar un perro

Sí

✓ Decida si desea un cachorro, un perro adolescente, un adulto o un perro anciano antes de elegirlo.

✓ ¿Está usted siempre ocupado? No se lleve ningún perro que necesite cepillado a diario. ¿Empiezan a pesarle los años? No elija un perro que necesite hacer mucho ejercicio. ¿Tiene niños pequeños? Elija sólo un perro acostumbrado a tratar con niños.

✓ Tómese su tiempo. Una elección precipitada le perjudicará tanto a usted como al perro.

✓ Averigüe todo lo que pueda sobre la vida pasada del animal y su carácter. Llévelo a dar un breve paseo y observe cómo se comporta.

✓ Llévelo al veterinario para que le hagan un chequeo completo cuanto antes. Asegúrese de que tiene todas las vacunas necesarias.

No

✓ No elija un perro de la perrera simplemente porque le sale más barato. Necesitará dedicarle cantidades ingentes de tiempo y de paciencia.

✓ No se precipite. Piénselo antes de comprometerse.

✓ No espere encontrar el perro de su vida en la primera visita al primer centro de acogida canino.

✓ No lo elija sólo por su aspecto. La forma de comportarse es al menos tan importante como la belleza.

✓ No abrume a su nuevo perro con mimos y carantoñas, por muy adorable que sea. Tenga en cuenta que puede haber sufrido mucho en el pasado y es probable que se sienta agobiado o acosado si lo hace. Déle tiempo y espacio para que vaya acostumbrándose a su nuevo hogar.

Elección de un cachorro

AHORA QUE YA HA DECIDIDO LA RAZA o clase de perro más adecuada (ver págs. 12-13), puede salir en busca de su cachorro ideal. Es preferible comprárselo a un propietario de confianza o a un criador que conozca personalmente o del que tenga buenas referencias. Algunas organizaciones profesionales como las asociaciones nacionales de criadores pueden proporcionarle un directorio con todos los criaderos de la zona. No obstante, en estos listados nada se dice acerca de las cualidades o temperamento de cada uno de los perros que se hallan a la venta. La clínica veterinaria más cercana suele ser una buena fuente de información. Normalmente deben ofrecerle un catálogo que merezca su confianza y también un servicio que incluye visitas complementarias o de seguimiento.

Los criadores anuncian a sus cachorros en la prensa local y las revistas especializadas, o utilizan los servicios de agencias especializadas de colocación canina. Antes de adquirir un cachorro en ningún sitio, le aconsejamos que haga una serie de preguntas que le permitan determinar hasta qué punto es de confianza el criador. ¿Cuántas razas se crían en ese establecimiento? Si crían más de una, o de dos a lo sumo, no compre ahí. ¿Se exhiben sus perros en exposiciones caninas autorizadas? ¿Podrá devolverlo si descubre defectos en él o surge algún problema?

Por último, también puede adoptar a un cachorro en un refugio. Será un salto en el vacío, así que tenga en cuenta todas las consideraciones comentadas en las páginas 14-15.

Su cachorro ideal
Una vez elegido el criador, visite varias veces la camada para comprobar que la madre y los cachorros están sanos y tienen buen carácter. Tómese todo el tiempo que necesite para hacer preguntas, para meditar y para conocer al criador. Sólo cuando no le quede ninguna duda ni encuentre ninguna pega podrá dedicarse a elegir un cachorro entre todos los demás. Un cachorro normal se acercará a usted enseguida si le habla suavemente y con cariño. Si no lo hace, probablemente se trate de un perro excesivamente tímido, igual que si se esconde cuando llegan desconocidos a visitar la camada. Los cachorros normales se sobresaltan si oyen ruidos inesperados, pero se recuperan pronto: dé unas palmadas o arroje al suelo el llavero con las llaves para ver qué hace. No elija un perro demasiado asustadizo. Aunque puede no ser fácil determinar el grado de dominancia o sumisión de los cachorros muy jóvenes, ya que cambian de actitud constantemente, es preferible evitar a los cachorros que siempre se muestran demasiado descarados y con carácter más fuerte que sus compañeros de camada, al menos si no se ha tenido perro anteriormente.

Casi todos los criadores entregan a los cachorros cuando tienen entre seis y doce semanas. La edad ideal para llevarse un cachorrito a casa es entre ocho y nueve semanas. Mientras permanece con su madre y sus hermanos, está aprendiendo a comunicarse con los demás perros y a comportarse según las leyes jerárquicas de la jauría (ver páginas 104-107). Si un cachorro es apartado de sus hermanos demasiado pronto, puede que nunca

▶ *¡Todos son tan preciosos...! ¿Con cuál me quedo? Un cachorro demasiado tímido puede resultar difícil de adiestrar y uno demasiado revoltoso puede dar tanta lata como una camada entera. No obstante, el comportamiento de su mascota en el futuro dependerá en gran medida de la educación que usted le dé una vez instalado en su casa.*

Cuidados del perro

P/R...

● Tengo que elegir a mi primer cachorro. ¿Quiénes son más fáciles de criar, los machos, o las hembras?

Es cuestión de gustos. Las hembras a veces son más caras, ya que pueden criar, pero también suelen ser más dóciles con el propietario y tienden a ser menos agresivas con los demás perros. Además, se las considera más fáciles de adiestrar, pero tenga en cuenta que no hay ninguna regla sin excepciones.

● Cuando visité un criadero de la zona para elegir un cachorro, me di cuenta de que habían separado a la camada de su madre. Se lo conté a un amigo mío y me aconsejó que no eligieran ningún perrito de ese criadero. ¿Por qué?

Puede que el criador haya separado a la madre de sus crías porque se mostraba agresiva con ellas o con los visitantes. Aunque sólo haya sido por eso, podría ser que los cachorros hubieran recibido un mal ejemplo ya. Muchas veces, los cachorros que no han sido criados por su propia madre manifiestan trastornos de conducta que pueden dar problemas más adelante. Si no ha tenido perro antes, evite esos cachorros.

● Me han ofrecido un cachorro de boxer de cuatro meses. La verdad es que yo quería uno más joven, pero me he encariñado ya con éste. ¿Cree que debo quedármelo?

Si no ha tenido perro antes, yo le recomendaría que no se precipitase. A las doce semanas, el perro ya ha dado los pasos más importantes en su socialización y podría tener problemas para readaptarse a otra familia y otro entorno doméstico.

Qué buscar en un cachorro

✓ ¿Tienen todos los cachorros de la camada un aspecto sano y vigoroso?

✓ Si hay algún otro perro en contacto con la camada, ¿parece sano y de buen carácter?

✓ ¿La madre es amigable y confiada o se muestra agresiva con los desconocidos? La excesiva timidez de la madre es mala señal, porque sus cachorros podrían heredar este comportamiento.

✓ ¿Los cachorros han sido criados en un entorno con estímulos y en contacto con los seres humanos?

✓ ¿Han tenido trato con alguna persona de manera regular? Es de vital importancia el trato con los humanos en la fase de socialización de los cachorros.

✓ ¿Han separado a la madre de la camada? Si es así, ¿cuándo lo hicieron?

✓ ¿Qué edad tienen los perritos? Si tienen menos de seis semanas, es demasiado pronto para separarlos de la madre, pero si tienen más de doce semanas, tal vez ya sean demasiado mayores.

llegue a interpretar correctamente las señales que utilizan los demás perros para expresarse. Si es apartado de su madre antes de tiempo, se le habrá privado de la disciplina materna, convirtiéndolo en un animal poco respetuoso con sus superiores, ya sean perros adultos o seres humanos. No obstante, es importante para la socialización del animal que se acostumbre a ser manipulado por los seres humanos y a recibir estímulos procedentes del exterior mucho antes de apartarlo de su madre (ver páginas 108-109). Un cachorro que permanece en la camada después de las doce semanas de edad, podría resentirse por el aislamiento, pero el criador puede evitarlo fácilmente proporcionándole toda clase de estímulos nuevos.

Antes de llevarse el cachorro a casa, pregunte al criador cómo y con qué lo están alimentando, qué vacunas le han puesto, con qué vermífugo se le ha desparasitado internamente y hasta qué punto ha tenido oportunidad de acostumbrarse al mundo exterior. Lo normal es que el criador o criadora permanezca en contacto con usted para ayudarle con cualquier problema que pudiera surgir durante las próximas semanas. Si el cachorro está registrado en la asociación nacional de criadores caninos, el certificado de pedigrí le llegará por correo más adelante.

Un cachorrito en su nuevo hogar

LA LLEGADA DE UN CACHORRITO suele causar un gran revuelo en la casa, sobre todo cuando no se ha tenido perro antes. Lo más normal es que el cachorro esté cansado y aturdido por tantas nuevas y extrañas experiencias —en un solo día lo han separado de su madre y sus hermanitos, ha realizado un extraño viaje a algún lugar remoto y ha llegado a una casa completamente nueva donde gente desconocida lo alimenta y se ocupa de él—. Evite agotarlo y déle la oportunidad de descansar. Los cachorros muy jóvenes necesitan dormir durante casi todo el día.

Preséntele a los miembros de su nueva familia uno por uno y no lo agobie. Si tiene niños, vigílelos de cerca y no les permita que tomen al cachorro en brazos hasta que se haya familiarizado con ellos. Si hay otros animales domésticos, déselos a conocer con las debidas precauciones.

Elija un rincón tranquilo de la cocina o del cuarto de estar para dar de comer a su nueva mascota. Necesitará un cuenco algo pesado para evitar que el cachorro pueda moverlo o volcarlo, y un cacharro de mayor tamaño para el agua.

Los cachorritos son tremendamente curiosos. Tenga mucho cuidado con los cables eléctricos, las tazas llenas de café muy caliente y los juguetes que pueda haber en el suelo. Una de esas barreras que se suelen utilizar para cerrar el paso a los bebés puede servir muy bien para alejar al animal de las partes de la casa que le estén vedadas.

Cuando acabe su primer día en la nueva casa, el cachorrito estará muerto de sueño. No es necesario que tenga una cama especial para perros a su disposición (de hecho, si compra una ahora, lo más probable es que se le quede pequeña en seguida). Bastará con una simple caja de cartón en la que se haya recortado una puertecilla de entrada. Acomode esta cama provisional con una toalla o manta para que sea más cálida y mullida.

Antes de acostar al cachorro, compruebe que ha comido lo suficiente. Sáquelo para que haga sus necesidades antes de colocarlo en la caja. Salga de la habitación sin hacer ruido (no preste atención por mucho que se queje de que lo dejen solo: de lo contrario, aprenderá en seguida que gimoteando puede convertirse en el centro de atención siempre que le apetezca). Si el cachorro duerme en su habitación, resista la tentación de meterlo en la cama: puede que este gesto se convierta en una costumbre que dure de por vida.

◀ Joker, un cachorro de ocho semanas de edad, entra con paso triunfal en su nueva casa. Si por él fuera, no dejaría nunca de jugar con todos y con todo. Pero, ¡cuidado!, podría agotarse en exceso. Recuerde que los cachorros necesitan dormir y descansar la mayor parte del día, exactamente igual que los bebés humanos.

Cuidados del perro

Un cachorro necesita

✓ Un lugar donde comer, con su propio recipiente para la comida y para el agua, en un rincón tranquilo de la casa.

✓ Un lugar donde dormir. Bastará con una caja de cartón acolchada con algún tejido lavable y alejada de las corrientes de aire.

✓ Un chequeo completo durante la primera semana (ver páginas 22-23).

✓ Un collar y una chapa identificativa. Asegúrese de que el collar no le queda demasiado holgado ni demasiado estrecho. Pronto habrá que cambiarlo por otro mayor, de modo que uno barato de nylon será más que suficiente.

✓ Una traílla (de correa, cuerda, etc.) corta y fuerte para sacarlo de paseo y una correa más larga, flexible (de las enrollables) para enseñarlo a responder a sus órdenes.

✓ No cambiar de alimentación durante la primera semana. Dele lo mismo que su criador.

✓ Un entorno seguro. Quite de en medio cualquier objeto peligroso y coloque cualquier protección para impedirle el paso a las zonas vedadas.

✓ Un parque o corralito infantil o una caseta de perro portátil para interiores, si tiene que dejarlo solo unos momentos.

✓ Juguetes variados y no peligrosos para jugar.

▶ Una manta vieja y suave y una botella de agua caliente envuelta en una toalla confortarán al cachorro cuando se arrebuje en ella añorando el calor de su madre y de la camada.

▼ El equipo básico comprende: un collar, una correa (o varias) y recipientes para comer y para beber. Unos cuantos juguetes le servirán de entretenimiento y evitarán que juguetee con los efectos personales del amo.

P/R...

● Mis niños, que tienen diez y ocho años respectivamente, están locos por tener un perrito. Yo estoy de acuerdo y me parece bien, pero me da un poco de miedo tener al cachorro pegado a mí todo el día. ¿Hay alguna forma de evitar que esto suceda?

Desde el momento en que cachorro llegue a casa, acostúmbrelo a quedarse solo de cuando en cuando: estas clases prácticas de «tiempo muerto» le darán la oportunidad de descansar del bullicio y el ruido hogareños a la vez que le enseñan a no ser constantemente el centro de atención. Al principio, no prolonguen demasiado estas sesiones: de 15 a 30 minutos será suficiente. Puede resultar muy útil un parque o corralito plegable que se pueda trasladar con comodidad.

● ¿Sería prudente permitir que mis hijos escogieran cada uno un cachorrito de la misma camada?

No. Si varios miembros de una misma camada permanecen siempre juntos, es probable que nunca aprendan a relacionarse con los extraños. Puede que rivalicen entre sí por el alimento y la atención, sobre todo si son del mismo sexo, y se pondrán nerviosos unos a otros, lo que dificultará el aprendizaje.

La dieta del cachorro

Los propietarios sin experiencia suelen preocuparse mucho por la alimentación de los cachorros. ¿Le estaré dando una dieta adecuada? ¿Cuántas veces tengo que darle de comer al día? Estas dudas son lógicas. La dieta ideal del cachorro depende en gran medida en su comportamiento, su crecimiento y su desarrollo. Hay que asegurarse no sólo de que el cachorro ingiere la cantidad adecuada de comida diariamente, sino también de que la dieta es equilibrada: proteínas, carbohidratos, grasas, vitaminas y minerales en una proporción correcta. En el período de adaptación a su nuevo hogar, el perrito debe tomar exactamente lo que tomaba en el criadero, pero después de la primera semana tal vez usted prefiera cambiar su dieta. Es preferible introducir los nuevos alimentos poco a poco.

Un cachorrito debe comer cuatro veces al día al principio y tres veces al día a partir de las doce semanas de edad. Como los cachorros crecen y se desarrollan tan aprisa, sus necesidades energéticas, en proporción con su peso corporal, doblan las de un animal adulto. A los seis meses, lo normal es que coman dos veces al día, aunque algunos cachorros en concreto necesitarán distribuir en más raciones su dosis diaria de comida. A partir de este momento, sus necesidades energéticas se reducirán progresivamente y habrá que darle menos cantidad de alimento cada día.

▲ *Este cachorro de chow-chow se ha lanzado sobre su plato de comida. Trate de enseñarle a comer de forma correcta.*

Alimentación de un cachorro en edad de crecimiento

Edad del cachorro	Frecuencia	Clase de alimento
Menos de 4 semanas	Siempre que lo desee	Leche materna
4-6 semanas	3 o 4 veces al día	Papilla de cereales mezclados con leche tibia. Añada gradualmente carne en copos y galletas para perros o utilice un pienso especial de transición
7-12 semanas	Desayuno	Papilla de cereales
	A media mañana	Pienso especial para cachorros (siga atentamente las instrucciones del fabricante) o carne picada (de vaca, cordero o pollo) mezclada a partes iguales con galletas para perros reblandecidas con salsa (jugo) de carne
	3-4 de la tarde	Ídem
	6-7 de la tarde	Papilla de cereales
Con 12 semanas	A media mañana, 4-5 de la tarde, 6-7 de la tarde	Pienso especial para cachorros (siga atentamente las instrucciones del fabricante) o carne e hidratos de carbono con verduras y minerales añadidos
Con 6 meses	A media mañana, 6–7 pm	Dos comidas diarias como las arriba indicadas. Utilice pienso especial para cachorros más desarrollados (de esta edad)
De 9 meses en adelante	Una comida diaria (mañana o tarde)	Vaya introduciendo el alimento para adultos poco a poco (ver pág. 26). El ritmo de crecimiento del animal varía mucho de una raza a otra

Cuidados del perro

Con nueve meses, los cachorros están ya preparados para seguir la dieta propia de los adultos.

Elección de la dieta

La manera más fácil de alimentar al cachorro de forma equilibrada es dándole un pienso comercial de calidad formulado especialmente para los cachorros. Las recomendaciones del fabricante, que aparecen especificadas en la etiqueta, incluyen la cantidad de pienso que hay que suministrarle según sea su edad, peso y raza o variedad. Hay cachorros tragones que no pierden ninguna oportunidad de atiborrarse, y un cachorrito gordinflón, aunque pueda parecer adorable, será probablemente un perro obeso el día de mañana. No obstante, la necesidad diaria de alimentos varía en gran medida de un perro otro, de modo que debe tener también en cuenta el carácter de su perro y la cantidad de ejercicio que hace cada día. Si tiene alguna duda, consulte a su veterinario.

Hay dos tipos de alimento industrial para perros: los menús enlatados y el pienso seco (croquetas). Algunas marcas de comida enlatada para cachorros contienen todos los componentes necesarios en su dieta, pero la mayor parte de las latas tienen que mezclarse con arroz o galletas para perros antes de suministrárselas al animal para completar la ración necesaria de carbohidratos. La comida seca (croquetas), en cambio, suele estar concebida como un pienso completo, por lo que no necesita añadido alguno, pero asegúrese de que el cachorro tiene bastante agua a su disposición cerca del comedero, ya que el alimento deshidratado carece de la humedad que contiene la comida de lata. El pienso seco es cada vez más popular entre los propietarios, ya que resulta más fácil de almacenar y más cómodo de usar.

Algunas personas prefieren alimentar a los cachorros con comida casera (no nos estamos refiriendo a las sobras de la comida, que no contienen los nutrientes necesarios). Es sumamente importante que un perro en edad de crecer se alimente de forma equilibrada, consumiendo la adecuada proporción de proteínas (carnes, pescados o huevos) y carbohidratos, de modo que hay que calcular con mucho tino. Añada a la comida casera verduras y un suplemento vitamínico y mineral. Los cachorros en general pueden tomar productos lácteos, pero la leche de entera de vaca puede provocar diarrea a algunos de ellos. Cuando han probado la comida casera, pocos perros aceptan de buen grado empezar a alimentarse sólo con pienso comercial, así que piénselo bien: elaborar en casa la comida perfecta para un perro no es tarea cómoda ni fácil para un amo sin experiencia, y sin darse cuenta puede estar obligándose a seguir haciéndolo durante toda la vida de su perro.

- Ralph, mi cachorro de Yorkshire terrier, era muy quisquilloso con la comida, así que empecé a darle sólo carne de vaca e hígado picado. Ahora se niega a comer ninguna otra cosa. ¿Hay algún problema con esta clase de alimentación?

Las razas pequeñas tienden a ser demasiado exigentes con la comida, pero hay que quitarles esta mala costumbre, preferiblemente encontrando en el mercado un pienso comercial que el perro tolere y retirando el cacharro de comida 20 minutos después de haberlo servido. El pienso seco puede mezclarse con jugo de carne tibio para hacerlo más apetecible. Ralph está siguiendo una dieta muy pobre en calcio, un elemento esencial para el desarrollo de los huesos y los dientes. Empiece a añadir cereales y verduras y suminístrele un suplemento vitamínico y mineral. Poco a poco, vaya ofreciéndole comida enlatada y mezclada con la comida habitual.

- En el envase de pienso seco que utilizo se especifica la cantidad de comida que hay que darle según sea el peso corporal del perro ¿Qué puedo hacer para saber cuánto pesa?

La manera más fácil de pesar a un cachorro es tomándolo en brazos y subiéndose a la báscula con él. A continuación, pésese usted solo: la diferencia le dará el peso exacto de su perro.

Qué debe y qué no debe hacer

Sí

✓ Darle siempre una cantidad regular y en su propio cacharro de comida.

✓ Utilizar siempre alimento para cachorros de buena calidad, aunque sea más cara. Si tiene alguna duda, pida consejo a su veterinario.

✓ Seguir las instrucciones del fabricante.

✓ Si lo alimenta con carne para perros enlatada, mezclar el contenido de la lata con arroz.

✓ Asegurarse de que siempre tenga agua fresca, sobre todo si come pienso seco.

✓ El alimento debe dárselo más de una persona, o el perro le reconocerá sólo a usted como su amo.

No

✗ No permita que su perro sea posesivo con la comida. Mientras está tomando su ración, inclínese para añadir un bocadito especialmente delicioso. Eso le enseñará a no defender con uñas y dientes el comedero.

✓ Nunca le den porciones de comida cuando estén sentados a la mesa.

La salud del cachorro

CUANDO EL PERRO LLEVE UNO O DOS días en casa, llévelo al veterinario para que le hagan un chequeo completo. De este modo, el veterinario podrá saber sin pérdida de tiempo si existe algún problema de salud. En el peor de los casos, podría descubrir algún problema grave, y en ese caso usted estaría a tiempo para devolver el cachorro a su criador o pedir que le devolviesen el dinero, lo cual sería más difícil si dejase pasar más tiempo.

Si el cachorro tiene una mala experiencia su primera visita al veterinario, podría poner las cosas más difíciles a todo el mundo cada vez que lo llevasen a la clínica veterinaria de ahí en adelante. El veterinario se ocupará de tranquilizar al paciente canino, pero no sería mala idea si usted llevase consigo alguna golosina para que el veterinario se la ofreciese antes de empezar y cuando acabe la exploración. De este modo, el cachorro tendrá un recuerdo feliz de la clínica veterinaria y no se resistirá a volver.

Prevención de enfermedades

El veterinario posiblemente empiece a suministrarle las primeras vacunas necesarias para prevenir las enfermedades infecciosas más comunes en los perros (ver págs. 46-47), o tal vez le sugiera que pida hora para la próxima semana. Normalmente, las primeras vacunas se suministran entre las cuatro y ocho semanas de vida, y después hay que revacunar al animal una o dos veces.

El animal no estará protegido frente a las infecciones hasta una semana después, aproximadamente, de haber recibido la ultima vacunación, y hasta entonces usted no debe permitirle caminar por la calle por su propio pie. El veterinario le entregará un certificado de vacunación en el cual aparecen todas las vacunas que le han sido suministradas. Guarde este documento en un lugar seguro, ya que en él deberán registrarse las revacunaciones anuales del animal.

El veterinario también le sugerirá un tratamiento de desparasitación interna (ver págs. 48-51). Prácticamente todos los cachorros tienen lombrices. Se las transmite la madre a través de la placenta antes de nacer, y también a través de la leche materna. Si se permite que las lombrices proliferen, pueden llegar a provocar en el animal enfermedades graves.

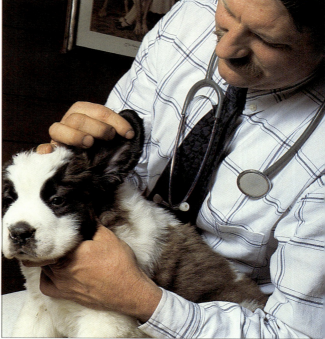

▲ *El cachorro necesita exactamente igual que un bebé humano, revisiones periódicas durante sus primeros meses de vida para comprobar que se desarrolla con normalidad y para prevenir la aparición de enfermedades.*

Tener un cachorro saludable

✓ Pida cita en la clínica veterinaria para una revisión completa durante su primera semana en casa.

✓ Asegúrese de que recibe todas las vacunaciones y revacunaciones necesarias.

✓ Siga desparasitándolo con regularidad.

✓ Cepíllelo de forma regular. Examine atentamente el manto para asegurarse de que no tiene pulgas, y observe también sus orejas.

✓ Observe los dientes de su cachorro para comprobar que se están desarrollando bien.

✓ Plantéese suscribir un seguro que cubra todos los gastos médicos del perro.

Cuidados del perro

P/R...

● Cuando Jess, mi cachorro de Jack Russell terrier, vomitó, echó un montón de gusanos que tenían una forma parecida a la de los espaguetis. ¿Qué eran esos gusanos? ¿Pueden ser peligrosos para nosotros?

Esos gusanos con forma espaguetis son las lombrices intestinales, que viven en el estómago y el intestino delgado del cachorro (ver págs. 50-51). Las lombrices en sí no son peligrosas para la salud de los humanos, pero los ejemplares adultos ponen cientos de huevos que pasan directamente a las heces del animal. Unas tres semanas después, estos huevos eclosionan y se convierten en larvas. Si, por casualidad, un niño llegase a ingerir algunas de estas larvas (tal vez llevándose los dedos a la boca), podrían, en circunstancias excepcionales, provocarle algún trastorno o enfermedad. La solución es desparasitar internamente a su cachorro de forma regular.

● Woody, mi collie de 9 semanas, acaba de empezar un programa de vacunaciones, y el veterinario me ha dicho que no lo puedo llevar a ningún lugar público por lo menos hasta dentro de un mes. ¿Por qué no?

Mientras no esté revacunado, Woody no estará aún totalmente protegido contra las enfermedades contagiosas de los perros, que podría contraer con facilidad simplemente olisqueando los lugares por los que haya pasado otro animal no inmunizado. Sin embargo, es muy importante que Woody no permanezca aislado del mundo exterior a una edad tan temprana, así que debe proporcionarle la mayor cantidad de estímulos posibles. Salga a la calle con él en brazos, para que vaya acostumbrándose al tráfico y a los ruidos de la ciudad, y llévelo con usted en el coche siempre que pueda, para que adquiera gran cantidad de experiencias nuevas. Pida a sus amigos y vecinos que se pasen por casa a visitarlo, sobre todo si tienen niños pequeños.

▶ *Si ha empezado su vida con buen pie, lo lógico es que crezca sano, feliz y en excelente forma física. Algunas clínicas veterinarias poseen secciones específicas para cachorros y ofrecen clases especializadas en las que éstos aprenden a relacionarse con individuos de su misma edad, mientras sus amos tienen la oportunidad de consultar todas las dudas que se les planteen con personal especializado.*

Su veterinario le indicará el vermífugo más adecuado. Los cachorros deben ser desparasitados por sistema cada quince días hasta que cumplan doce semanas, y cada mes desde ese momento hasta que cumplan seis meses. El tratamiento antiparasitario mensual que se administra a los perros desde los tres meses de edad sirve también para prevenir las lombrices.

Pida que le aconsejen también un antiparasitario externo (para evitar las pulgas). Si su cachorro siente picores y tiene manchitas oscuras que forman grupos algo más extensos sobre su piel, significa que está infestado. Las pulgas se reproducen con mucha rapidez, así que hay que iniciar un tratamiento de inmediato. El tratamiento deberá completarse con la desinsectación de cualquier otro animal doméstico que viva en la misma casa, así como del lecho del perro infestado y de todas las alfombras y tapicerías de la casa.

Compruebe el estado de salud de su cachorro a diario. Límpiele las legañas todas las mañanas. Observe atentamente sus orejas, y también el interior de su boca. Deslice sus dedos bajo el manto, a contrapelo, para encontrar cualquier pulga, si la tuviese, y levántele la cola para comprobar que tiene limpia toda la zona que rodea el ano. Si hace todo esto diariamente, el cachorro se acostumbrará a ser manipulado y usted siempre podrá saber si existe algún problema de salud antes de que llegue a ser grave. No olvide que también conviene cepillar a los cachorros de cuando en cuando (ver págs. 30-31).

El control de los esfínteres

LOS PERROS APRENDEN A HACER sus necesidades fuera de casa gracias a un instinto natural que les obliga a no ensuciar la zona donde duerme la jauría. Para enseñarles a no defecar en casa hace falta paciencia, constancia y cierto conocimiento de las necesidades del cachorro. Un cachorro de ocho semanas de edad orina aproximadamente cada 2 horas durante el día y defeca entre tres y seis veces, dependiendo de su alimentación (lo mejor es una dieta fácil digerir y baja en fibra). Lo más probable es que sienta el deseo de hacer sus necesidades al despertarse, justo después de comer, al despertarse de una cabezadita y cuando esté nervioso por alguna razón (cuando llegan visitas, por ejemplo).

Cuando un cachorro tiene ganas de hacer sus necesidades, comienza a olisquear a su alrededor y a caminar en círculo. Lleve en ese momento a su cachorro al exterior y permanezca junto a él. En cuanto termine, si lo ha hecho en el lugar adecuado, felicítelo u ofrézcale algún premio. De este modo, cada vez que tenga ganas otra vez, deseará complacerle haciéndolo en el lugar indicado.

Si vive en un apartamento, coloque una hoja de periódico junto a la puerta y enseñe a su cachorro a utilizarla. Cuando haya aprendido a hacerlo, llévese la hoja a la calle y póngala en el suelo. Cada ver que su perro haga algo sobre ella, felicítelo. Algún tiempo después, podrá prescindir de la hoja de periódico y colmar de alabanzas al cachorro siempre que haga sus necesidades fuera de la casa. Deje a su cachorro durante algún tiempo a solas en una caseta de interiores o una jaula para perros. Así, si tiene que quedarse solo durante una pequeña parte del día, no manchará las alfombras.

«Se me escapó»

Indudablemente, a su cachorro se le escapará algo en un lugar indebido alguna que otra vez, pero a medida que se vaya haciendo mayor, estos accidentes se producirán cada vez con menor frecuencia. Limpie con agua caliente y aplique un desodorante biológico sobre la zona afectada, para que no quede ni rastro del olor, ya que éste impulsaría al animal a defecar más veces sobre el mismo lugar. Jamás castigue al perro por uno de estos despistes. Si lo encuentra con las manos en la masa, grite: «¡No!» y llévelo de inmediato al exterior. Si termina la faena fuera de la casa, no escatime los elogios.

Algunos cachorros aprenden a controlar sus esfínteres mucho más rápidamente que otros, pero lo más normal es que el cachorro deje de manchar la casa a partir de los siete u ocho meses de edad. Si ve que tiene problemas para adiestrar en este aspecto a su cachorro, coménteselo al veterinario, para que compruebe que los problemas no se deben a alguna clase de trastorno físico. Es probable que se le escape algo si cambia de alimentación, sobre todo cuando la nueva dieta es muy rica en fibra.

◀ *Hay que empezar a enseñarlo a hacer sus necesidades en el lugar adecuado lo antes posible. Ponga al cachorro sobre una hoja de papel de periódico cuando vea que tiene ganas de defecar y cólmelo de elogios si consigue hacerlo sobre el papel.*

Cuidados del perro

Cuando se les escapa a los adultos

Hasta a un perro adulto y bien enseñado se le puede escapar algo alguna vez. Sin embargo, cuando estos accidentes se repiten, lo más probable es que exista alguna causa profunda, ya sea de carácter médico o psicológico. A un perro macho le puede dar de pronto por levantar la pata sobre objetos habituales en el hogar como mesas, paredes, maceteros... y hasta las piernas de las visitas. Es una forma de marcar su territorio por medio de señales olfativas y suele suceder cuando los perros no se sienten seguros en el hogar. Tal vez porque se ha producido algún cambio en su rutina diaria, porque la familia se ha mudado a otra casa o porque en ella hay una nueva mascota. Con frecuencia este problema remite de forma espontánea con el tiempo o cuando cesa la situación que lo ha provocado, pero en algunos casos podría ser aconsejable esterilizar al perro.

Algunos perros sufren ataques de ansiedad cuando se quedan solos en la casa y reaccionan haciendo sus necesidades en el interior. En estos casos no hay que castigar ni reñir al animal, ya que probablemente sólo se conseguiría agravar el problema e incrementar la *angustia de separación* que origina este comportamiento (ver págs. 132-135). Este problema de conducta puede ser provocado por causas muy profundas y tal vez no vendría mal buscar ayuda profesional para atajarlo eficazmente.

La incontinencia persistente, ya sea de la vejiga o de los intestinos, puede ser síntoma de algún desorden físico, sobre todo en el caso de los perros ancianos. Un ataque de diarrea también obliga a un perro a defecar dentro de la casa. En todos estos casos hay que recurrir al veterinario.

▲ *Una gatera permite al perro salir al patio o jardín justo en el mismo instante en que siente la llamada de la naturaleza. Elimine los excrementos de forma higiénica y limpie todo el recinto.*

Enseñarlo a no defecar en casa

✓ Aprenda a reconocer sus gestos. Muchos empiezan a caminar en círculo y a olisquear a su alrededor.

✓ No saque al perro en brazos. Acompáñelo, pero haga que camine por su propio pie hasta la puerta.

✓ Cuando vea que está a punto de hacer algo en el lugar adecuado, repita frases tales como: «¡Ahí, sí!», «¡hazlo ahora!», u otras por el estilo. Eso le ayudará a inspirarse cada vez que lo oiga.

✓ Felicite o premie siempre a su mascota cuando haga sus necesidades en el lugar adecuado.

✓ Jamás castigue al perro porque se le ha escapado algo: con ello sólo conseguiría angustiarlo.

✓ Deje al cachorro encerrado en su jaulita para dormir hasta que sea capaz de controlar sus esfínteres durante toda la noche.

 P/R...

● **Matilda, mi setter irlandés de seis meses, siempre se orina sobre una alfombrilla que hay en la entrada cuando nos ve llegar. ¿Por qué hace eso?**

¿Ha reprendido usted con demasiada aspereza a Matilda alguna vez? Si es así, puede que su perra haya aprendido a tenerle miedo, y orinarse justo cuando le ve llegar a casa es su manera de expresar absoluta sumisión a su autoridad. La próxima vez que vuelva a casa, ignórela por completo hasta que abandone esa actitud excesivamente sumisa, y sólo entonces salúdela, pero sin excesivas alharacas, mostrando mucha calma. Nunca se muestre enfadada cuando la vea orinarse: ella, sencillamente, no puede evitarlo.

● **Acabo de adoptar una Yorkshire terrier, Jemma. Hasta ahora, solamente había vivido en la perrera. Se ensucia en casa a menudo, pero el veterinario me ha dicho que no padece ningún trastorno físico. ¿Qué puedo hacer?**

Los perros adoptados que nunca han conocido la vida familiar no saben que hacer las necesidades dentro de casa es inadmisible. Usted tendrá que enseñar a Jemma como si fuera un cachorrito. Aunque no será tan fácil, debido a su edad, no es imposible ni mucho menos. Esté pendiente de todos sus movimientos y salga con ella en cuanto note que tiene ganas de aliviarse. Cuando termine, felicítela y prémiela. Si tiene que quedarse sola en casa, colóquela en una caseta para interiores, asegurándose antes de encerrarla de que ya ha hecho todas sus necesidades, y no la deje sola durante mucho tiempo.

La alimentación del perro

▲ *Surtido de alimento para perros: 1. Pienso completo deshidratado (croquetas). 2. Pienso completo semihúmedo. 3. Menú completo enlatado, con cereales (en forma de pasta) y zanahoria incorporados. 4. Carne para perros enlatada: hay que añadirle carbohidratos. 5. Variedad de galletas para perros diseñadas para tomar mezcladas con la carne de lata o como golosina.*

Las necesidades alimenticias de los perros adultos, en general, no difieren de las de los cachorros. No obstante, puesto que ya han dejado de crecer, necesitan menor cantidad proteínas y de calorías. Aunque hay excepciones: una perra preñada o que está criando a su camada necesitará más proteínas y calorías, y un perro de trabajo en plena actividad necesitará ingerir más cantidad de calorías también.

Como en el caso de los cachorros, existe una enorme variedad de piensos a su disposición. Los piensos húmedos se venden enlatados y consisten en carnes preparadas. Algunos deben ser mezclados con galletas para perros para aportar los carbohidratos y fibra necesarios. Otros, llevan ya cereales incorporados, así que hay que tenerlo muy en cuenta cuando se compren. El pienso seco completo contiene sólo un 9% de humedad y puede servirse tal como viene en el envase o reblandecido con agua o jugo de carne. El pienso semihúmedo completo contiene un mayor porcentaje de agua que las croquetas.

En la elección del alimento más adecuado intervienen numerosos factores: el precio (las croquetas son más baratas), la comodidad (envases más manejables, piensos que pesen menos u ocupen menos espacio en la despensa, etc.) y el gusto o preferencia de la mascota en cuestión. Un perro siempre debe tener agua fresca a su entera disposición, pero si se alimenta con pienso seco, el cacharro del agua deberá estar siempre lleno hasta arriba a la hora de comer. Alimentar al perro con comida especial preparada en casa da mucho trabajo y no siempre ofrece resultados tan buenos como el pienso comercial de calidad. Si decide hacerlo, será mejor que pida consejo su veterinario para que pueda estar seguro de que el menú de su perro está bien equilibrado en nutrientes.

◄ *Las golosinas y huesos procesados, con elevado porcentaje de grasas y carbohidratos, deben tenerse en cuenta al calcular la ingesta diaria de calorías de la mascota. El chocolate es nocivo para la salud de los perros: nunca se lo ofrezca como golosina.*

Cuidados del perro

Necesidades energéticas diarias

	Razas ejemplo	Peso del animal	Ingesta calórica	Ración diaria de pienso	
				PIENSO SECO	COMIDA ENLATADA
PEQUEÑAS	Chihuahua	2kg	230	65g	230g
PEQUEÑAS	Pinscher miniatura	5kg	450	132g	450g
PEQUEÑAS	Ovejero de Shetland	10kg	750	220g	750g
MEDIANAS	Staff bull terrier	15kg	1010	297g	1kg
MEDIANAS	Springer spaniel	20kg	1250	368g	1,25kg
MEDIANAS	Chow chow	25kg	1470	432g	1,5kg
GRANDES	Labrador	30kg	1675	493g	1,7kg
GRANDES	Doberman	35kg	1875	552g	1,9k
GRANDES	Rottweiler	40kg	2070	609g	2kg

Las cifras indicadas deben considerarse solamente como una guía orientativa.

La ración diaria

En la actualidad, los perros no suelen tenerse como animal de trabajo. Dada la vida sedentaria de la mayor parte de las mascotas, con muchas menos oportunidades que antes para hacer ejercicio, no tiene nada de extraño que su principal trastorno nutricional sea hoy en día la obesidad. Es conveniente pesar a los perros de manera periódica y, si se observan cambios importantes en su peso, ajustar la ración diaria para evitar que lleguen a estar más delgados o gordos de lo debido. Podrá reconocer a simple vista los síntomas habituales del sobrepeso: el perro se siente pesado, se cansa fácilmente o se queda sin aliento con facilidad.

Siga las instrucciones que aparecen en el envase de pienso, pero no olvide que la raza, el temperamento y el estilo de vida de cada animal influyen en gran medida en sus necesidades calóricas. Un perro más bien perezoso tiende a necesitar menos calorías que otro nervioso o excitable, y engorda con mucha más facilidad. Los perros castrados necesitan menos alimento. Es mucho más fácil evitar que el perro engorde que hacerlo adelgazar poniéndolo a dieta cuando ya ha aparecido un problema de sobrepeso.

▶ Según la tradición, los perros deben comer sólo una vez al día, aunque repartiendo la ingesta diaria en dos raciones se forzaría menos su aparato digestivo. Nunca alimente a su perro ni antes hacer ejercicio ni inmediatamente después.

P/R...

● A Flint, mi terrier de un año de edad, le pongo de comer dos veces al día. Casi nunca se termina toda la ración de una sentada, pero vuelve a menudo al comedero durante el día para acabar de comer. ¿Es mala señal?

Los perros, como los humanos, tienen hábitos alimenticios individuales. Hay algunos que son muy tragones y otros que no lo son tanto. Si Flint está tomando la ración diaria adecuada para su tamaño y su edad, y no está engordando ni adelgazando tampoco, no hay ninguna razón para preocuparse, aunque no vendría mal que visitase al veterinario para que descarte cualquier trastorno de salud.

Un perro sano

UNA DIETA EQUILIBRADA, a pesar de ser tan importante, no es lo único que influye en la salud y felicidad de un perro. También influyen en gran medida su educación a edad temprana y el haber sido adiestrado correctamente para evitar que aparezcan trastornos de conducta cuando llegue a adulto (ver páginas 108-113), hacer diariamente suficiente ejercicio como para quemar su energía y recibir una enorme cantidad de estímulos que contribuyan a su desarrollo psicológico, en forma tanto de juguetes como de juegos interactivos con otros seres vivos, ya sean humanos u otras mascotas.

Un amo responsable lleva a su perro todos los años a la clínica veterinaria para revacunarlo contra las principales enfermedades contagiosas caninas (ver págs. 46-47). Normalmente, durante esta visita anual al veterinario, los perros son explorados de manera exhaustiva, pesados, y su ficha médica es actualizada también. Aproveche esta oportunidad para plantear todas las dudas o preocupaciones que tenga respecto al desarrollo o al comportamiento de su mascota. El veterinario le asesorará de buen grado en todo lo que respecta a la salud física del animal, como la prevención eficaz contra los parásitos, la esterilización, el apareamiento y la reproducción.

▲ *Los perros adultos necesitan dormir mucho. Proporciónele un lecho cómodo, colocado en algún rincón tranquilo de la casa y alejado de las corrientes de aire. La cama debe ser bastante grande para que el perro pueda estirarse sobre ella y, además, fácil de limpiar.*

¿Cuánto ejercicio debe hacer?

El ejercicio físico es esencial para que el perro esté en buena forma. Al amo tampoco le viene nada mal, y ambos podrían hacerse mutua compañía realizando algo de ejercicio diario, *jogging* por ejemplo. Lo ideal es que el perro disfrute de dos a tres paseos diarios, uno de los cuales debería durar por lo menos 30 minutos. Suelte al perro de la correa durante algún tiempo siempre que le sea posible. Él agradecerá esta libertad para explorar el mundo circundante y, posiblemente, acabe caminando tres o cuatro veces más que usted mismo. Pero nunca lo suelte si no está totalmente seguro de que volverá cuando lo llame, y hágalo sólo cuando el parque o campo donde lo lleva a pasear esté libre de peligros.

Algunas razas necesitan hacer más ejercicio físico que otras y pueden dar problemas si no se les permite quemar todo el exceso de energía. Las razas grandes y medianas, como por ejemplo los boxer y los dálmatas, tienen este problema, aunque el tamaño no siempre es proporcional a la energía que el perro necesita quemar. Hay razas pequeñas, pero muy vigorosas, que necesitan hacer más ejercicio que otros perros de tamaño mucho mayor.

◣ *Un perro sano y en buena forma no desperdicia ninguna oportunidad de divertirse, y no se lo piensa dos veces cuando lo invitan a jugar o pasear. Un perro que se aburre no tarda en dedicar la energía excedente a actividades mucho más destructivas que el juego.*

Cuidados del perro

▲ *Las pruebas de agilidad son una excelente manera de canalizar las energías de un perro activo, y también una excelente oportunidad para pasarlo en grande tanto el perro como su amo.*

P/R...

● **¿Cómo saber si mi perro está indispuesto o le duele algo?**

Los perros, por lo general, soportan el dolor mejor que los humanos. Si su perro está más inquieto de lo habitual, o deprimido, aletargado y alicaído (con las orejas gachas y el rabo bajo), probablemente no se encuentre bien.

● **¿Cómo hacerle tragar los comprimidos antiparasitarios?**

Casi siempre se trituran y mezclan con algún alimento, ya que los perros no suelen tragarse las pastillas enteras de buen grado. Un buen truco para conseguir que lo hagan es rebozando el comprimido en mantequilla, que enmascara su olor a medicina y suele atraerles mucho.

Necesidades del perro adulto

✓ Hacer mucho ejercicio. Normalmente, un perro sano necesita dar de dos a tres paseos al día.
✓ Una dieta equilibrada (ver págs. 26-27).
✓ Agua fresca siempre a su disposición. No deje que el cacharro del agua se quede nunca vacío.
✓ Ser cepillado con regularidad, aprovechando la sesión de cepillado para comprobar que no hay zonas inflamada, ulceradas o doloridas, así como tampoco bultos extraños o calvas en la piel o en el manto.
✓ Una visita anual al veterinario para recibir las revacunaciones pertinentes y un examen exhaustivo.
✓ Desparasitarlo con regularidad (ver págs. 48-51).
✓ Compañía: un perro, sobre todo si es joven, no debe quedarse solo durante demasiado tiempo.
✓ Una cama para él solo en la que pueda refugiarse en busca de tranquilidad durante el día y dormir a pierna suelta durante la noche.

El cepillado

A UN PERRO SE LE CEPILLA, básicamente, para eliminar los pelos muertos y la suciedad adherida al manto. También es una oportunidad para encontrar garrapatas o pulgas y para revisar el estado general del manto. Ésta debe parecer limpia y flexible, sin ningún signo de desescamación o grasa excesiva. Cualquier bulto inusual, o calva, deben ser examinados cuanto antes por el veterinario. Sobre todo, las sesiones de cepillado son una oportunidad para estrechar los lazos afectivos entre el perro y el amo.

El manto de los perros varía mucho en textura y grosor de una raza otra. Los perros de pelo largo y sedoso son los que necesitan más cuidados. A estos perros hay que pasarles el peine siempre después de haberlos llevado a pasear por una zona cubierta de hierbas o maleza, especialmente si en la zona donde se vive abundan las garrapatas.

Los cachorros deben acostumbrarse a la rutina del cepillado lo antes posible. Hasta los perros de pelo largo tienen, de cachorritos, sólo una especie de pelusa corta y esponjosa, así que en muy pocos minutos se puede completar la operación. Si espera a que el perro se haga mayor y desarrolle por completo el manto, éste se encontrará de pronto sometido a una manipulación extraña y aparentemente interminable que normalmente le resultará muy ingrata. Si acostumbra al cachorro a ser cepillado de forma rutinaria, lo estará acostumbrando también a ser manipulado y examinado atentamente en zonas tan delicadas como los ojos, las orejas o el interior de la boca.

Técnica básica

1. Desenrede todos los nudos. Utilice un peine de púas finas en las zonas de pelo largo y plumoso (desfilado), como las orejas, el cuello o bajo la cola. Busque garrapatas o cardos y extráigalos, si los ve.
2. Elimine los pelos muertos de la capa interior de pelo, sobre todo mientras el perro esté pelechando (mudando el pelo). Prácticamente todas las razas pelechan dos veces al año.
3. Utilice un cepillo adecuado para la clase de manto de su mascota (de cerdas duras si tiene el pelo duro o lanoso, pero de cerdas suaves si su pelo es sedoso).
4. Cepille en la dirección del pelo: de delante hacia atrás por el dorso y de arriba hacia abajo en las ijadas y en las patas. No olvide cepillar la parte inferior.
5. Observe si hay indicios de que el perro tiene pulgas (pequeñas manchas oscuras en la piel), sobre todo alrededor de la base de la cola.
6. Limpie la zona que rodea el ano y observe si los sáculos anales están inflamados.
7. Recorte con tijeras el pelo alrededor de las orejas, el morro y el trasero.
8. Retire la mucosidad acumulada en el lagrimal valiéndose de una bolita de algodón humedecida. La limpieza dental debe ser también parte de la rutina del cepillado. Su veterinario le indicará cómo llevarla a cabo. No bañe al perro más de lo necesario y utilice un champú suave para niños o un champú especial para perros. Evite los

▼ *La rutina del cepillado ayuda a estrechar los lazos afectivos entre el perro y el amo.*

Cuidados del perro

▲ *Si las uñas le han crecido demasiado, recórtelas con unos alicates especiales bien afilados. Hay que evitar por todos los medios lesionar la pulpa de la uña, es decir, la carne o tejido vivo que hay en el centro de la misma. El veterinario le enseñará cómo hacerlo.*

champúes de tratamiento si su perro es de los que hay que bañarlo con mucha frecuencia.

Los caniches necesitan un esquilado cada pocas semanas, que debe ser realizado por un peluquero canino. Los perros de pelo largo y de pelo duro necesitan un aclarado (entresacado) de cuando en cuando para eliminar del manto los pelos muertos, operación que suele realizarse utilizando un peine cortador.

Orejas y pies

Extraiga con cuidado el exceso de pelo del interior de las orejas para impedir que se acumule en ellas el cerumen, lo cual aumentaría el peligro de contraer una otitis (ver págs. 86-87). Las infecciones de oídos son un problema típico de los caniches. Algunos perros producen exceso de cera, y sus canales auditivos deben ser limpiados con regularidad con una solución específica que puede adquirirse en la clínica veterinaria.

Arranque cualquier espina, semilla o cuerpo extraño que encuentre entre los dedos y almohadillas de su perro. Si los dejase ahí, podrían incrustarse en la piel del animal provocándole un considerable dolor.

P/R...

● ¿Cuál es la mejor forma de acostumbrar a mi cachorro de labrador, Benson, al cepillado?

Elija un momento en el que Benson esté cansado de hacer ejercicio, acabe de tomar su ración de comida y se encuentre tranquilo. Coloque una alfombra de baño antideslizante sobre una mesa baja y ponga a su mascota encima de ella para evitar que resbale. Si puede, consiga que alguien le ayude sujetando al animal por la cabeza con una mano y pasando la otra por debajo de su cuerpo. Al principio, use un cepillo de cerdas suaves y ponga especial cuidado en no hacerle daño, o de lo contrario el cachorro aprenderá a ver las sesiones de cepillado como un suplicio. La operación debe durar muy poco tiempo al principio, e ir prolongándose de forma gradual. No olvide felicitarlo siempre al final y premiarle con alguna golosina que le guste.

● Monday, mi pastor inglés tradicional, odia el cepillado. Nunca me deja terminar de cepillarlo y el pelo se le ha enredado terriblemente. ¿Qué puedo hacer ahora?

El manto de estos perros es terriblemente espeso y su pelo muy largo, así que habría que estar todo el día cepillándolo para mantenerlo en buen estado. Vendría bien hacer que lo esquilasen cada cierto tiempo en la peluquería canina. De este modo, su manto podría ser cepillado en mucho menos tiempo.

● ¿De verdad tengo que cepillar a Arabella, mi cachorro de boxer? Tiene el pelo tan corto que no parece necesario.

Incluso los boxer mudan el pelo en primavera. Si cepilla a Arabella con regularidad, dejará menos pelos en los muebles y las tapicerías. Además, los boxer son muy propensos a padecer enfermedades cutáneas, y las sesiones de cepillado pueden ayudarle a descubrir cualquier bultito o llaga ocultos.

▼ *Selección de accesorios para el aseo. De izquierda a derecha: cortaúñas, tijeras y peine cortador, peines de púas finas y gruesas, y cepillos de cerdas y de alambre. La manopla de goma erizada de pequeños granitos se utiliza con los perros de pelo corto.*

31

Viajar con perro

Si dedica algún tiempo a acostumbrar a su perro al coche, con un poco de suerte se adaptará muy bien y no verá los viajes como un suplicio. Deje al cachorro dentro de su automóvil durante unos 10 minutos. Colóquelo sobre una mantita a la que esté acostumbrado, con algunos de sus juguetes. Quédese con él al principio, pero después déjelo solo. El siguiente paso será poner en marcha el motor con el perrito dentro del coche.

Asegúrese de que ya ha hecho sus necesidades. Siempre que sea posible, empiece el viaje cuando el perro tenga sueño. Intente que los primeros viajes sean más bien cortos. Todos los perros deberían viajar sujetos de alguna manera dentro del coche. La forma más sencilla de hacerlo es colocando a un cachorro o perro adulto en una caseta portátil o en una jaula de viaje. La caseta o jaula deberá ser colocada en el asiento trasero o en el maletero, si es un sedán; si es una ranchera, de forma que no pueda desplazarse. También son útiles los arneses especiales para coche y las rejillas de separación.

En los viajes largos, pare cada 2 horas aproximadamente para que el cachorro pueda estirar las patas y beber un poco. Rodéelo con sus juguetes y mordedores para que se entretenga durante el viaje: no puede imaginarse los destrozos que un cachorro aburrido es capaz de hacer en un automóvil, sobre todo cuando está echando los dientes.

Muchos cachorros se marean durante los primeros viajes en coche. Un cachorro mareado tiene muy mal aspecto, produce mucha saliva y, finalmente, vomita. Los trayectos deberán ser cortos y siempre se deberá dejar una ventanilla un poco abierta. La mayoría se acostumbran muy deprisa, pero si el suyo no pertenece a esta categoría de perros, el veterinario le podrá recetar sedantes y antieméticos.

Los perros tienen más problemas para controlar su tem-

▲ *Cara al viento... a muchos perros les encanta viajar en coche. No permita que su perro viaje sin algún tipo de sujeción o en el asiento del copiloto, donde podría distraer a quien conduce.*

◀ *Las rejillas de separación especiales impiden a los perros saltar o trepar desde el maletero hasta la zona de los asientos. Este coche lleva también una rejilla trasera para impedir que los perros salten a la carretera. De este modo, tiene espacio suficiente para viajar de forma relajada.*

▶ *Arnés especial para automóvil: una especie de cinturón de seguridad para los perros.*

Cuidados del perro

peratura corporal que los humanos. Si se les deja encerrados en un coche cuando hace mucho calor, pueden sufrir un colapso en cuestión de instantes. Ponga alguna pantalla protectora en las ventanillas para impedir la entrada de sol directo y utilice un vaporizador para refrescar a su perro.

Volar con el perro

Para transportar a un perro en avión suele ser necesario dejarlo en una cabina presurizada, en el compartimento de equipajes. Algunas líneas aéreas permiten a los perros de pequeño tamaño viajar en la cabina de pasajeros, junto a su amo, como si fuera una bolsa de mano más. Infórmese muy bien de la normativa con tiempo suficiente. La compañía aérea le indicará el tipo de jaula o bolsa de viaje que necesita para trasladar a su perro, así como otras muchas normas propias de la empresa. Algunas se niegan a trasladar razas de morro chato los boxer, bull-dog, pequineses, carlinos, etc., salvo si se presenta un documento que certifique que el animal está libre de problemas respiratorios. Para viajar al extranjero es necesario un certificado internacional de vacunaciones y un informe sanitario actualizado firmado por el veterinario que se ocupa del animal. Los requisitos de entrada varían según el país, de modo que es conveniente ponerse en contacto con el consulado del país al que se desee viajar para recibir toda la información necesaria con tiempo de sobra antes de la fecha de salida. Algunos países en los que se ha erradicado la rabia imponen una estricta cuarentena a cualquier animal procedente del exterior.

● **Acabo de hacerme cargo de un springer spaniel de 5 años, Jasper. Cada vez que lo llevo al parque en mi automóvil se vuelve loco y no consigo que deje de ladrar a todo el mundo. Su antiguo propietario no tenía coche. ¿Qué puedo hacer?**

Jasper ha aprendido a asociar los viajes en coche con los paseos por el parque, una actividad que le encanta. Pruebe a llevarlo con uno de sus juguetes, o un hueso procesado para perros. Si esto no funciona, deje a Jasper dentro del coche durante breves espacios de tiempo, pero sin llevarlo a ninguna parte. Cuando haya conseguido que el perro aprenda a estar dentro del coche sin excitarse, dése una vuelta con él. Si se sigue poniendo nervioso, colóquelo en el suelo para que no pueda mirar por la ventanilla.

● **Mi airedale Freddie arma unos escándalos horrorosos cada vez que lo llevo en mi coche. Ladra furiosamente a toda la gente que pasa. ¿Qué puedo hacer?**

Su perro defiende el automóvil de los extraños porque lo considera parte de su territorio. Puede frenar en seco esta actitud si lleva consigo una pistola de agua y le propina un buen jeringazo cada vez que ladre o gruña a los desconocidos. Cada vez que deje pasar a alguien junto al coche sin ladrar, déle algún premio. Si lo coloca en un sitio desde el cual no pueda ver por la ventanilla, reducirá los estímulos que desencadenan su agresividad.

Antes de ponerse en camino...

✓ Sujete al perro de alguna forma: una caseta portátil, una jaula de viaje, un arnés especial para el automóvil o una rejilla de separación

✓ Recuerde que jamás hay que dejar a un perro dentro de un coche aparcado al sol

✓ Asegúrese de que ha hecho todas sus necesidades.

✓ Tenga en cuenta que deberá parar de vez en cuando para que el perro haga un poco de ejercicio y beba agua bien limpia y fresca.

✓ Si el viaje es muy largo, no olvide llevar consigo alimento para perros, pero tampoco le dé demasiado de comer.

✓ Abra un poco una de las ventanillas para evitar que el perro se maree.

✓ Si va a viajar en avión, póngase en contacto con la línea aérea elegida con tiempo suficiente para recabar toda información necesaria y para asegurarse de que su perro dispondrá de un espacio amplio, sobre todo si es de raza grande.

Vacaciones y mudanzas

CASI CUALQUIERA QUE TENGA perro se ha enfrentado alguna vez con el problema de buscar quien se lo cuide durante las vacaciones. A veces los propietarios se llevan al perro consigo, lo cual es perfectamente factible cuando el viaje se hace en coche, el lugar de destino no está demasiado lejos y la familia piensa a alojarse en un camping o bien en un piso o casa unifamiliar de alquiler (siempre que admitan perros: no se comprometa a alquilar nada sin consultarlo antes). Algunas pensiones permiten el acceso de los perros a las habitaciones. Más raro es el caso de los hoteles y hostales que lo permiten, y más infrecuente es todavía encontrar alojamientos de este tipo que ofrezcan servicio de residencia canina independiente. Hasta cuando dicen expresamente «Se admiten perros», se sobreentiende en la mayor parte de los casos que el perro podrá estar siempre en la habitación.

Si no puede llevarse el perro a donde va, y tiene más de una mascota en casa, lo menos agobiante para los animales es que alguien se traslade a su propio domicilio para cuidarlos durante su ausencia, tal vez un amigo o alguien dispuesto a hacer de niñera de sus perros a cambio de cierta cantidad de dinero. Es preferible que la persona encargada de cuidarlos los conozca de antes. Si nada de esto es factible,

● Voy a dejar a Flame, mi caniche de cinco años, en una residencia canina por primera vez en su vida. ¿Qué puedo hacer para que se sienta segura en mi ausencia?

Llévela con algún objeto que le sea familiar, como por ejemplo su mantita, una camiseta suya vieja, juguetes... Si puede, déjela allí solamente una mañana o un día entero antes del viaje, para que vaya familiarizándose con el personal y las instalaciones. Cuando la deje de forma definitiva, ella sabrá que el «abandono» es provisional.

● Me voy a mudar a un chalet con un jardín muy grande. Hasta ahora, habíamos vivido siempre en un apartamento. ¿Será seguro para Ross, nuestro cocker spaniel de cuatro años, quedarse en el jardín sin que nadie lo vigile? ¡Se oyen tantas historias de perros que se pierden y aparecen en la antigua vivienda del propietario...!

Los perros son felices disfrutando de la libertad del jardín, y si se asegura de cuando en cuando de que las verjas están en perfectas condiciones, no hay motivo para pensar que Ross pueda correr ningún riesgo. Eso sí, por si acaso, que no salga al jardín sin su collar y una chapa de identificación que indique claramente su nueva dirección.

◄ «¿Y qué será de mí ahora...?» Tanto si se va de vacaciones como si se muda a una nueva casa, el perro presentirá que su vida está apunto de dar un vuelco incluso antes de que usted empiece a bajar maletas del desván. Ambas circunstancias resultan muy estresantes para las mascotas, ya que no pueden saber si ese cataclismo es definitivo o sólo circunstancial. Piense en quién y cómo se hará cargo de su perro con tiempo suficiente y reconfórtelo tanto como pueda.

Cuidados del perro

◀ Un empleado de la residencia canina recibe a este west highland terrier. La propietaria visitó el establecimiento para asegurarse de que dejaría a su perro en buenas manos. Además, le deja su propia cama y sus juguetes preferidos.

Antes de irse

- ✓ Asegúrese de que su perro ha sido revacunado en la fecha correcta.
- ✓ Vacúnelo contra la tos de las perreras (para inmunizarlo, debe ser inoculado con dos o tres semanas de antelación) y déjelo convenientemente protegido contra los parásitos externos.
- ✓ Informe al personal de la dieta y hábitos alimenticias de su perro: un cambio brusco de alimentación podría hacerle daño.
- ✓ Informe por escrito sobre cualquier medicación que esté tomando su mascota, incluyendo la marca de vermífugo utilizada.
- ✓ Lleve también su mantita y algunos juguetes a los que esté acostumbrado para que se sienta más cómodo y seguro.
- ✓ Deje dicho el nombre de su veterinario por si se produjese cualquier emergencia.
- ✓ Deje siempre un teléfono de contacto, el suyo o el de cualquier miembro de su familia o amigo.

tal vez algún amigo o pariente suyo esté dispuesto a acoger al perro en su propia casa por un tiempo.

A pesar de todas las opciones anteriores, a muchos propietarios no les queda más remedio que recurrir a una residencia canina. Los amos suelen inquietarse mucho, imaginando que sus perros se sentirán desgraciados y se morirán de añoranza en cuanto se vean solos, pero lo cierto es que la mayoría de los perros se adaptan a la nueva situación sin problemas. No deje de visitar el establecimiento antes de dejar a su perro en él. Si ve cualquier cosa que no le guste, busque otra residencia. Las instalaciones deben estar limpias y bien ventiladas. Para prevenir contagios, los perros deben alojarse en habitaciones o jaulas individuales (salvo los que viven habitualmente juntos en la misma casa). Si el perro va a estar al aire libre, la zona de dormir debe ser cálida y estar libre de corrientes de aire, y también debe contar con calefacción durante el invierno. Debe haber algún lugar de esparcimiento donde el perro pueda hacer ejercicio. En muchas residencias caninas se puede contratar el servicio de paseo diario.

Mudanzas

Una mudanza no es menos estresante para el perro que para su propietario. Piense con antelación cómo va a ocuparse de su perro durante ese período. Tal vez decida contratar los servicios de una residencia canina o llevar al perro a casa de unos amigos durante algunos días.

Asegúrese de que el día de la mudanza el perro ha hecho bastante ejercicio a primera hora de la mañana, ya que tal vez después no encuentre tiempo suficiente para que lo haga. Busque un lugar seguro para dejar al perro mientras se embalan todas sus pertenencias, tal vez en casa de un amigo o un vecino, o bien reserve una habitación silenciosa de la casa para él, para que pueda refugiarse en ella.

No lleve al perro a la nueva casa hasta haya instalado todos los muebles y los bultos estén mínimamente ordenados. Muestre al perro donde estará su cama tan pronto como pueda, para que sepa que cuenta con un espacio propio donde refugiarse. Se acostumbrará muy pronto a ver los objetos de siempre en un entorno nuevo, sobre todo si la gente con la que va a convivir sigue siendo la misma.

El perro anciano

¿A QUÉ EDAD SON ANCIANOS LOS PERROS? Suele decirse que cada año de vida de un perro equivale a siete años humanos. No obstante, esta afirmación no debe ser tomada muy al pie de la letra. Los perros crecen y se desarrollan a enorme velocidad durante los primeros años de vida, y empiezan a decaer a partir de esa edad. Un perro de un año de edad es ya adolescente, aproximadamente como un humano de 15 años. Un perro de seis se corresponde con un adulto humanos de 40. A los doce, es anciano, y si llega hasta 15, sería como un humano que ya ha cumplido los 80.

Las razas pequeñas, como los terrier y los caniches, tienden a ser más longevas. Siguen plenamente activos a los trece y catorce años de edad y muchas veces llegan a vivir 16 o 17 años. Las razas gigantes, como el gran danés y el wolfhound, por ejemplo, empiezan a decaer alrededor de los cinco años de edad y rara vez viven más de ocho o nueve años. Obviamente, existen excepciones.

Los perros viejos son más propensos a engordar. Como cada vez hay menos cosas que les interesen y diviertan, suelen dar más importancia que antes a la comida. Sin embargo, al llevar una vida más sedentaria, sus necesidades calóricas se reducen. La obesidad es muy perjudicial para los perros ancianos, ya que obliga a sus articulaciones, músculos, corazón y pulmones a realizar un esfuerzo excesivo y facilita el desarrollo de diabetes y tumores. Pese a su perro de forma regular para detectar un aumento de peso y realizar los ajustes necesarios en su dieta. Hay numerosas formas de reducir la ingesta de calorías. Una forma de hacerlo es dándole menos cantidad de la misma comida de siempre y otra, dándole de comer la misma cantidad, pero cambiando su alimento habitual por otro más bajo en calorías. Si ve que su perro parece hambriento entre una comida y otra, puede alimentarlo más a menudo, pero dándole raciones más exiguas.

La dieta del perro anciano debe ser más pobre en proteínas, pero estas proteínas deben ser de buena calidad (carnes rojas, pescado, pollo). Debe contener más fibra (en forma de salvado, verduras, etcétera) para prevenir el estreñimiento, y debe ser baja en grasas y en sal para prevenir las enfermedades coronarias. No es mala idea cambiar el alimento habitual por un pienso específico para perros ancianos.

Síntomas de la vejez

El encanecimiento del manto, la pérdida de visión o audición, el ligero entumecimiento de los miembros a la hora de despertarse, la pérdida de interés por el juego y la necesidad de dormir más horas son típicos síntomas de vejez. Algunos perros ancianos se vuelven bastante irritables, sobre todo cuando son molestados por cachorros o por niños revoltosos. Si tiene un perro anciano, impida que lo molesten cuando el perro da muestras de desear que lo dejen tranquilo. Si el comportamiento de su perro cambia de forma repentina, consulte con el veterinario sin pérdida de tiempo.

No obligue a un perro anciano a hacer más ejercicio físico, o un ejercicio más intenso, de lo que sería razonable. Acorte las caminatas y vaya más despacio, pero llévelo más a menudo a pasear para que no pierda la agilidad de sus patas. La rigidez en las articulaciones que suele afectar a los perros ancianos se debe casi siempre a un problema de osteoartritis que provoca una malformación degenerativa en las articulaciones. Alivie los síntomas de la artritis obligando al perro a hacer menos ejercicio, sometiéndolo a una dieta de adelgazamiento y colocando un colchón o colchoneta bien mullidos en el lugar que utiliza para dormir. En los casos leves, la aspirina puede ayudar combatir el dolor articular, pero antes de suministrársela, es necesario que consulte con su veterinario.

Un perro anciano necesita

- ✓ Alimentos sabrosos y altamente digeribles, pero más bajos en calorías. Una dieta con elevado contenido en fibra y bajo contenido en sodio.
- ✓ Ser cepillado por el amo, más aún que cuando era un perro joven, ya que su espina dorsal está perdiendo la flexibilidad y cada vez le resultará más difícil asearse él mismo. Utilice un cepillo de cerdas más suaves, porque el manto de su perro se habrá vuelto menos denso y su piel, más fina y delicada.
- ✓ Estar cómodo a la hora de dormir: un colchón mullido aliviará los síntomas de la artritis.
- ✓ Un poco de masaje en las articulaciones, sobre todo después de despertarse. Eso le ayudará a seguir llevando una vida activa.
- ✓ Ejercicio moderado. Cuando quiera volver a casa, él se lo hará saber.

Cuidados del perro

▲ Toda una vida juntos... un perro que se siente querido por el amo y es cuidado de forma adecuada puede muy bien seguir disfrutando de la vida aunque sea razonablemente viejo. Eso sí, lo más normal es que agradezca que le den la oportunidad de tomarse la vida con calma.

P/R...

● A Twinkie, mi yorkshire terrier de trece años, se le está nublando un poco un ojo. ¿Es eso normal?

Los ojos de los perros ancianos con frecuencia se opacan debido los cambios que se producen en el cristalino y en la retina con la edad. No obstante, este empañamiento pueden significar que el perro esté desarrollando cataratas. Los yorkshire terrier son propensos, así que visite al veterinario sin pérdida de tiempo.

● Henry, mi boxer, que está a punto de cumplir diez años, se pasa todo el día durmiendo. ¿Estará enfermo?

Los perros, a medida que se van haciendo viejos, necesitan cada vez más y más tiempo para dormir. Diez años es una edad bastante respetable para un boxer, así que lo más probable es que no le pase absolutamente nada.

● Tinka, mi perra mestiza, está envejeciendo a pasos agigantados. ¿Hay algún sitio donde me puedan enseñar a cuidarla lo mejor posible durante su vejez?

En muchas clínicas veterinarias pueden ofrecerle toda la información y consejos que necesite.

Si un perro anciano parece quedarse a menudo sin aliento, tiende a evitar el ejercicio físico y además tose, puede ser que esté empezando a desarrollar alguna disfunción cardiorrespiratoria. Los bultitos superficiales de la piel suelen agrandarse o multiplicarse. La mayoría son sólo acumulaciones de grasa o verruguillas, pero, por si acaso, procure que los vea el veterinario. Los perros ancianos necesitan probablemente orinar más a menudo, sobre todo si beben más agua que antes. Como pueden tener más dificultades para controlar sus esfínteres, hay que sacarlos a pasear más a menudo.

Otras afecciones muy comunes son las caries e infecciones periodontales, y una pérdida repentina del apetito puede deberse simplemente a un dolor en un diente o una encía. Los problemas bucales se reconocen también por el mal aliento, la alteración del color de los dientes y el sangrado de las encías.

La muerte de su mascota

TODOS LOS PROPIETARIOS DEBEN ASUMIR que tarde o temprano perderán al que tal vez sea uno de sus seres más queridos. Por mucho que creamos tener perfectamente asumida esta realidad, cuando llega el momento de la verdad, muchos nos sentimos totalmente sobrepasados por la intensidad de nuestro dolor, incluso aunque no sea el primer ser querido que perdemos en la vida. La gente que nunca ha tenido perro muchas veces no es capaz de entender nuestro sufrimiento.

Son muchísimos los perros que no mueren de muerte natural, sino por medio de la eutanasia (que los duerme sin provocarles el menor dolor). La mayor parte de los propietarios y de los veterinarios creen en la eutanasia como la única respuesta ética y verdaderamente caritativa de acabar con los sufrimiento de un animal enfermo terminal, o que sufre permanentemente un dolor para el que no hay cura, o que ha perdido algunas de sus funciones corporales más esenciales y para el cual no hay ninguna esperanza de volver a llevar una vida activa. A ningún veterinario le gusta quedarse sin un paciente pero algunos amos se niegan a continuar un tratamiento y solicitan que su perro sea sometido a la eutanasia. Si, en un caso como éste, el veterinario se negase a practicar la eutanasia, el amo debe llevarse a su perro y buscar otro veterinario que lo haga.

Un dulce viaje

Muchos propietarios son capaces de tomar una decisión tan difícil como ésta, pero, llegado el momento, no se sienten con valor para presenciar la eutanasia de su perro. El veterinario siempre respetará los sentimientos del amo sin entrar en ninguna discusión, pero conviene pensar que el animal dejará este mundo sintiéndose mucho más seguro y feliz si lo acompaña alguien conocido. Además, sólo viendo con sus propios ojos todo el procedimiento, y comprobando hasta qué punto la transición fue dulce y en absoluto traumática, podrá descartar cualquier clase de remordimiento.

El perro es sujetado con suavidad, y se le tumba o se le sienta mientras el veterinario toma su pata delantera y la levanta un poco para inyectarle una sobredosis de anestésico directamente en vena. Lo más normal es que el perro se sienta perfectamente relajado, ya que el hecho de sentarse y dar a alguien la patita es totalmente habitual en él.

P/R...

● *Ruffles, mi boxer de nueve años, murió hace tres meses, y yo sigo llorando por él todos los días. ¿Me estoy comportando de forma estúpida?*

Cualquiera que haya tenido perro alguna vez comprendería perfectamente sus sentimientos: esa congoja es totalmente natural. Tal vez, un nuevo cachorro contribuiría a aliviar su dolor, pero sólo si se siente preparada para tenerlo.

● *Pigalle, mi cavalier King Charles spaniel, está enferma del corazón. Sus síntomas empeoran, y mis amigos me dicen que debería hacer que la durmieran. Yo preferiría que ella se muriera de muerte natural. ¿Qué debo hacer?*

Debe afrontar cara a cara sus temores y consultarlo directamente con el veterinario. Tal vez se pueda aún hacer algo positivo por la salud de Pigalle, pero si no es así, lo mejor que puede hacer por su perra es permitir que se beneficie de la eutanasia. Hoy por hoy, ella no está en condiciones de disfrutar de la vida, y la muerte por un fallo cardíaco, suele ser dolorosa, cosa que no ocurre en la muerte por eutanasia.

Test de la calidad de vida

Para ayudarle a decidir si es necesario o no llevar a cabo la eutanasia, el veterinario le hará unas cuantas preguntas referentes a la calidad de vida de su perro. Si no se cumplen los requisitos mínimos, no tendría sentido prolongar su sufrimiento:

✓ ¿Está libre su perro de dolores, molestias o sufrimientos incontrolables?

✓ ¿Puede caminar y conserva el sentido del equilibrio?

✓ ¿Puede comer y beber sin sentir dolor o vomitar?

✓ ¿Está libre de tumores dolorosos e imposibles de operar?

✓ ¿Puede respirar sin sentir ningún ahogo?

✓ ¿Puede orinar o defecar sin dificultad y no sufre de incontinencia?

✓ ¿Ve y oye?

Si ha contestado de forma negativa a alguna de estas preguntas y las posibilidades terapéuticas se han agotado, el perro nunca más podrá llevar una vida normal y libre de sufrimiento. Lo mejor que se puede hacer por él es poner fin a sus sufrimientos proporcionándole una muerte dulce.

Cuidados del perro

▲ *En los ojos de este perro anciano aún puede verse un destello de vida, pero con el tiempo, las enfermedades y el proceso de envejecimiento irán mermando su calidad de vida. Cualquiera que tenga perro debe estar preparado para asumir que tarde o temprano ha de llegar el momento de afrontar el último adiós.*

Si se mostrara inquieto, o el veterinario sintiese alguna incomodidad, al animal se le administraría antes de nada un sedante. Normalmente, el perro ni siquiera nota que le está poniendo una inyección, y se queda dormido de cinco a diez segundos después. En uno o dos minutos, deja de respirar, y muy poco después, su corazón cesa también de latir. La muerte siempre es dulce y tranquila, aunque tal vez el cuerpo sufra algún espasmo o estertor.

Su veterinario podrá indicarle qué hacer con el cuerpo del perro, y en la propia clínica veterinaria muchas veces cuentan con un servicio de crematorio o de inhumación. Muchos propietarios deciden enterrar a su perro en un cementerio para mascotas. Otros prefieren inhumarlo en su rincón favorito del jardín. Normalmente, esto puede hacerse sin problemas si se cumplen los requisitos necesarios desde el punto de vista legal y sanitario.

Después... no se extrañe ante la intensidad de su aflicción. Si tiene hijos, no les mienta, y explíqueles lo que ha ocurrido. Probablemente le alivie hablar de ello con amigos que puedan comprenderle, o con el veterinario o el personal de la clínica, unos días después. No se culpe por el fallecimiento de su perro: si tomó la decisión de forma razonada y fue apoyado por el consejo de los expertos, hizo justamente lo que tenía que hacer. No se apresure a reemplazar al amigo perdido sin pensar fríamente que en realidad sigue deseando tener perro. Pero tampoco se niegue a aceptar otro sólo porque cree que sería una especie de traición.

La salud del perro

Por muy bien que se les cuide, raro es el perro que no se pone enfermo por lo menos una vez en la vida. La clave para tener perros sanos, activos y que vivan muchos años es ser capaces de detectar en seguida cualquier anomalía que pudiera surgir y llevarlos al veterinario sin tardanza. Como el perro no puede describirnos sus síntomas, es importante que apuntemos cualquier anormalidad observada tanto en el físico como en el comportamiento de nuestro perro para poder describírselas al veterinario con la mayor exactitud posible. Para ayudarle a entender los problemas que pudieran surgir y el funcionamiento del cuerpo de su perro, empezaremos describiendo los aspectos más básicos de la anatomía canina, y a continuación se enumeran las principales enfermedades y parásitos que aquejan a los perros.

Nos hemos centrado en los problemas médicos más frecuentes. Partiendo de los síntomas que deben alertarnos, llegamos a las causas más probables de su aparición y terminamos con algunos consejos para prevenir la enfermedad y con la descripción del tratamiento que más probablemente habrá de aplicarse en cada caso. También incluimos consejos referentes a la esterilización o no esterilización de las mascotas, al apareamiento y la reproducción, y técnicas para aplicar los primeros auxilios en caso de emergencia.

Anatomía del perro 42
Sacar el máximo partido a nuestro veterinario 44
Enfermedades contagiosas 46
Parásitos más comunes 48
Enfermedades de la piel que causan picor 52
Enfermedades de la piel que no causan picor 54
Problemas capilares 56
La tos 58
Problemas respiratorios y sofocos 60
Desvanecimientos y colapsos 62
Espasmos y convulsiones 64
Pérdida de equilibrio 66
Vómitos 68
Diarrea y otros problemas intestinales 70
Aumento del apetito 72
Aumento de la sed 74
Trastornos urinarios 76
Tumores y quistes 78
Cojera 80
Manos y pies 82
Problemas orales y dentales 84
El oído y la oreja 86
Problemas oculares 88
Esterilización del perro macho 90
Problemas específicos de la perra 92
Apareamiento y reproducción 94
Urgencias y primeros auxilios 98

Anatomía del perro

El cuerpo del perro es una máquina admirable. Su esqueleto es una excelente jaula protectora para todos los órganos internos y su poderosa musculatura le confiere una potencia y una agilidad formidables.

Pocas especies animales difieren tanto de una raza a otra como la canina. En gran medida, la cría selectiva llevada a cabo por los humanos es la responsable de tan extrema variedad, pero las razas enanas y miniatura se dan también de manera espontánea en la naturaleza. Todos los perros tienen el mismo número de huesos, pero éstos difieren enormemente en tamaño y proporción de una raza a otra. Las razas enanas, como los dachshund, tienen los huesos de las extremidades sumamente cortos, y, en proporción, sus articulaciones son gigantes comparadas con las de sus primos lejanos de talla grande, como puede observarse en la ilustración inferior.

Las articulaciones caninas son prácticamente idénticas a las nuestras. Tienen la misma articulación de nuestras rodillas en sus patas, y lo que llamamos el corvejón no es otra cosa que la articulación del tobillo en el perro. Las malformaciones articulares, y sobre todo las de la cadera, aparecen a veces durante la etapa de crecimiento. Los problemas dorsales suelen aparecer en las partes de la columna donde confluyen distintos tipos de vértebras, como la parte central del lomo, y se dan con mucha más frecuencia en las razas enanas.

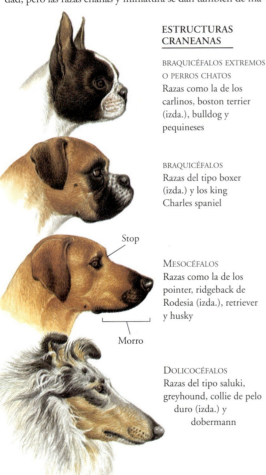

ESTRUCTURAS CRANEANAS

BRAQUICÉFALOS EXTREMOS O PERROS CHATOS
Razas como la de los carlinos, boston terrier (izda.), bulldog y pequineses

BRAQUICÉFALOS
Razas del tipo boxer (izda.) y los king Charles spaniel

MESOCÉFALOS
Razas como la de los pointer, ridgeback de Rodesia (izda.), retriever y husky

DOLICOCÉFALOS
Razas del tipo saluki, greyhound, collie de pelo duro (izda.) y dobermann

▲ La cría selectiva llevada a cabo por los humanos ha contribuido a crear estas cuatro morfologías básicas. Los perros chatos son más propensos a padecer toda clase de problemas respiratorios, pero los perros de morro muy alargado tienen más problemas con la trufa (nariz).

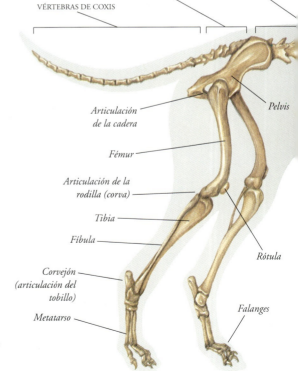

La salud del perro

● ¿Cómo se desarrollan los huesos?

Durante los primeros meses de vida, los largos huesos de las patas se desarrollan a partir de delgadas láminas de tejido conectivo fibroso situadas cerca de los extremos de las patas, denominadas placas madre o generativas. Este tejido, blando y de rápido desarrollo, se transforma primero en cartílagos y finalmente en huesos, ya alejados del punto de origen. Estas zonas se dañan con facilidad, provocando la formación de patas torcidas. Las razas muy grandes, que crecen con enorme rapidez, como los rottweiler y los pastores alemanes por ejemplo, son especialmente propensas a malformaciones de los huesos durante la etapa de crecimiento. Por esta razón, no deben hacer excesivo ejercicio durante los primeros seis meses de vida. Las placas generativas se cierran al llegar la madurez.

● ¿Sirve para algo amputarles la cola?

En realidad, no. Las principales razones por las que se amputa o recorta la cola de los perros son la tradición y la moda. Un perro sin rabo no puede hacerse heridas en el rabo, pero los perros de compañía normalmente no sufren este tipo de lesiones. Son muchos más los gatos que van al veterinario para curarse heridas en la cola que los perros, y nadie piensa en cortarles la cola a los gatos. La cola es importante para mantener el equilibrio, pero lo es sobre todo para expresar las emociones. Los veterinarios y sus asociaciones profesionales consideran esta operación como una mutilación cruel y de todo punto innecesaria.

● ¿Por qué algunas razas caninas tienen tanta tendencia a sufrir malformaciones de cadera?

La displasia de cadera, que es el problema más habitual, se produce mientras el perro se está desarrollando. La junta de la cadera no se ajusta bien, no llega a acoplarse, lo que provoca un desgaste excesivo de la articulación, que no llega a formarse correctamente. Suele ocurrirle a las razas grandes y gigantes, por su excesivo tamaño, que somete a las articulaciones aún no formadas del todo a un esfuerzo desmedido. Además, existe una tendencia congénita a displasia de cadera en determinadas razas caninas (ver características de las principales razas, en págs. 150-199).

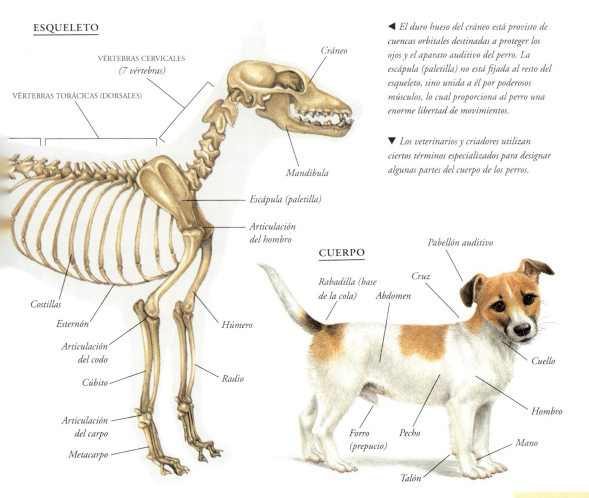

◄ El duro hueso del cráneo está provisto de cuencas orbitales destinadas a proteger los ojos y el aparato auditivo del perro. La escápula (paletilla) no está fijada al resto del esqueleto, sino unida a él por poderosos músculos, lo cual proporciona al perro una enorme libertad de movimientos.

▼ Los veterinarios y criadores utilizan ciertos términos especializados para designar algunas partes del cuerpo de los perros.

Sacar el máximo partido al veterinario

La atención veterinaria será esencial en la vida de su perro desde el primer momento de su vida hasta que muera, así que conviene elegir al veterinario con tanto cuidado como a nuestro propio médico de cabecera. Los consejos de amigos, vecinos y compañeros de parque a la hora de pasear al perro constituyen un excelente punto de partida.

La clínica no debe quedar demasiado lejos de casa: a nadie le interesa obligar a un perro enfermo a pasar una hora entera dando vueltas en el coche. Los equipos y el número de servicios especiales disponibles en la misma clínica variarán de un dispensario a otro: las grandes clínicas suelen contar con más y mejor equipamiento, y eso siempre se nota en las facturas. Un hospital de mascotas muy grande probablemente podrá ofrecerle servicios especiales de cirugía, oftalmología, cardiología, radiología, odontología, dermatología y terapia de la conducta. No estaría mal que visitase el establecimiento y solicitase que le mostraran las instalaciones. Es posible que se relacione de forma más estrecha con los auxiliares que con el veterinario en sí, así que conviene asegurarse de que también ellos son amables y eficientes tanto con usted como con su perro. Lo esencial es que usted tenga la sensación de que su perro está en buenas manos. El veterinario elegido deberá inspirar confianza y simpatía tanto en usted como en el paciente.

Cuando visite al veterinario

Debe
- ✓ Estar preparado para responder a cualquier pregunta sobre la salud de su perro en general y los síntomas específicos.
- ✓ No olvidar la cartilla veterinaria y toda la documentación relacionada con su perro.
- ✓ Llevar cualquier muestra que le hayan solicitado en un recipiente limpio y cerrado herméticamente.

No debe
- ✗ Pedir a alguien que lleve al perro por usted: nadie conoce tan bien todos sus síntomas.
- ✗ Olvidar la traílla y un bozal, si cree que su perro podría reaccionar de forma agresiva.
- ✗ Llamar al veterinario por la noche o durante el fin de semana si no es una emergencia.

No espere hasta que surja algún problema

Pida cita para un chequeo de rutina sin esperar a que su perro caiga enfermo: ni al perro (sobre todo si es cachorro todavía) ni al veterinario les conviene que el primer reconocimiento se haga con prisas o problemas añadidos. El facultativo explorará y pesará al perro, y apuntará todos los datos en su ficha para que le sirvan de referencia en posteriores visitas. Las clínicas veterinarias actuales suelen llevar un registro informatizado del historial de todos sus clientes. En la primera visita, el veterinario le informará sobre el programa de vacunaciones y desparasitaciones a que deberá someterse su perro. Muchos antiparasitarios externos e internos, al igual que numerosos fármacos contra enfermedades caninas, se venden sólo con receta.

Si surge una emergencia, llame a la clínica y explique cuál es exactamente el problema. Éstos le informarán sobre las medidas que debe tomar de inmediato y le dirán si conviene llevar al perro al veterinario en ese momento o esperar. Si la emergencia se ha producido fuera de las horas normales de atención al público, tal vez tenga que llevar a su perro a una clínica de urgencia, situada en otro lugar: infórmese bien antes de salir de casa.

Siempre es mejor llevar al perro a la clínica que hacer que el veterinario lo visite en su propia casa, ya que los equipos quirúrgicos o de diagnóstico no son portátiles. No obstante, a veces no hay más remedio que traer al veterinario a casa, cuando el perro no puede ser desplazado o muchas mascotas se han puesto enfermas. Intente no molestar al veterinario si no es absolutamente necesario.

Normalmente, siempre hay que esperar un rato en la clínica veterinaria hasta que llega nuestro turno. Esta espera puede poner nervioso hasta al más flemático de los perros, de modo que conviene tener el bozal a mano. Si el recepcionista le ha pedido que lleve consigo una muestra de orina o de heces, llévela en un recipiente limpio y cerrado herméticamente. En la clínica pueden proporcionarle un juego de recipientes y utensilios con que tomar las muestras, pero cualquier frasco o tarro de comida vacío y debidamente fregado sirve perfectamente para hacerlo. Antes de abandonar el dispensario, debe haber entendido a la perfección todas las instrucciones referentes a la administración de los medicamentos, y no tener dudas sobre si debe volver a revisión o no.

La salud del perro

▲ *Esta yorkshire terrier deja al veterinario examinar sus ojos sin armar ningún escándalo. Si las primeras visitas a la clínica se llevaron a cabo con el debido tacto cuando el perro era cachorro, el perro adulto no tiene por qué ver al veterinario como un ogro.*

- **¿Con qué frecuencia hay que hacerles los chequeos?**

Un perro sano y adulto tiene bastante con la revisión que le harán todos los años, antes de ponerle sus vacunas anuales. Los cachorros, los perros ancianos y aquellos que padecen enfermedades crónicas deben ir a revisión con mayor frecuencia. Los chequeos de rutina facilitan en gran medida el diagnóstico precoz algunas enfermedades. La revisión periódica también a ayuda al veterinario a conocer mejor a su paciente.

- **¿Por qué tengo que llevar otra vez a Cassie al veterinario para que le mire el oído? Se supone que el tratamiento que le ha mandado va a curarle la otitis.**

Los perros no pueden decirnos si algo les ha dejado de doler o les duele aún, y por eso los veterinarios casi siempre ven al perro después del tratamiento, para asegurarse de que éste ha surtido el efecto deseado. Si quedase el menor resto de infección, la otitis reaparecería. Es mejor asegurarse del todo, ya que una infección prolongada en los oídos puede causar lesiones serias.

- **Van a hacer a mi perro una sencilla operación quirúrgica, pero con anestesia general, y me gustaría saber qué es lo que le espera.**

La anestesia es muy segura en nuestros días. Probablemente, le pedirán que lleve a su perro al hospital a primera hora de la mañana y en ayunas desde la noche anterior. Antes de anestesiarlo, lo sedarán, cosa que suele hacerse inyectándole el anestésico en vena, en la pata delantera. El perro quedará inconsciente en cuestión de segundos, le insertarán un tubo de ventilación en la tráquea y lo conectarán al dispositivo de la anestesia. La respiración y el ritmo cardíaco del perro son monitorizados durante toda la operación. Una vez terminada ésta, lo llevarán a una sala de recuperación en la que lo mantendrán caliente, cómodo y vigilado.

Enfermedades contagiosas

LOS PERROS PUEDEN CONTRAER cierto número de enfermedades víricas que se transmiten fácilmente de un animal a otro, propagándose con enorme rapidez. Casi todas estas enfermedades pueden prevenirse con éxito gracias a los programas de vacunación. Aunque para muchos estas enfermedades no sean más que el nombre de las vacunas obligatorias, lo cierto es que en muchas partes del planeta siguen azotando de forma terrible a la especie canina. Es absolutamente necesario vacunar a los cachorros por primera vez entre las seis y las ocho semanas de edad. A esta primera dosis seguirán una serie de revacunaciones, y todos los perros deben renovarlas durante toda su vida.

El moquillo es una enfermedad mortal de origen vírico que suele cebarse en los cachorros de hasta un año de edad. Se propaga por el aire, en las gotitas de saliva que expelen los animales infectados cuando estornudan o tosen, y es tremendamente contagiosa. Al principio, el perro tose, lagrimea y moquea, y después suelen sobrevenir la neumonía, la diarrea y los vómitos. La infección a veces puede combatirse con antibióticos, pero los perros enfermos suelen padecer convulsiones, espasmos y parálisis, y normalmente no hay más remedio que *dormirlos*.

La hepatitis infecciosa canina (HIC) es provocada por un virus que ataca el hígado de los perros. En los casos más severos, el perro deja por completo de comer, cae en una profunda depresión y sufre un colapso. La muerte es prácticamente inevitable, y puede sobrevenir de manera muy rápida. La HIC se transmite a través de la orina y puede contraerse simplemente olisqueando cualquier punto donde haya orinado un animal infectado.

La leptospirosis puede manifestarse de dos maneras: como *l. canicola*, que provoca una nefritis aguda, y como *l. icterohaemorrhagiae*, o enfermedad de Weil, que ataca el hígado. En ambos casos puede transmitirse a otras especies, incluida la humana. Los perros contraen a veces la enfermedad de Weil bañándose en charcas o ríos donde han orinado las ratas.

La parvovirosis canina, una forma de enteritis infecciosa, provoca vómitos y diarrea, a veces con hemorragia. Se manifiesta de forma repentina, y los perros suelen morir deshidratados si no se les suministra suero intravenoso para restablecer los fluidos corporales. Los perros infectados transmiten los virus por las heces y éstos pueden permanecer activos, sobre la hierba o la tierra, más de un año.

▲ *Este pobre cachorrito con los ojos y la trufa llenos de costras ha contraído el moquillo. Aunque la enfermedad no es mortal, los perros afectados suelen ser sacrificados para evitarles un sufrimiento terrible.*

▲ *Ningún lugar frecuentado por los perros está libre de virus, que se transmiten a través de su orina y de sus heces. La única forma de proteger a nuestro perro es revacunándole periódicamente.*

La salud del perro

P/R...

● *Mi perro Paddy tiene cinco años y está más fuerte que un roble. ¿Es realmente necesario que lo revacune todos los años? Al fin y al cabo, ni siquiera yo mismo me vacuno así porque sí. ¿No será que los veterinarios y la industria farmacológica se han inventado todo esto de las vacunas para sacarnos todavía más dinero?*

La eficacia de las revacunaciones caninas está científicamente demostrada. Piense que los perros están expuestos a muchas más enfermedades que nosotros, los humanos. Lo olfatean todo, y prácticamente están tocando el suelo con su boca y con la trufa. Son muchos los virus y las bacterias que se transmiten a través de la orina y de las heces, y los perros precisamente olfatean con más interés las zonas en donde hay más concentración de heces y orines de otros perros.

● *A mi amiga se le murió de moquillo un cachorro de labrador hace unas cuatro semanas. Lo echa muchísimo de menos y me ha pedido que vaya a visitarla con Glenn, mi perro labrador. Glenn tiene dos años y ya tiene todas las vacunas. ¿Correrá algún peligro si lo llevo?*

No, en absoluto. Ni siquiera lo correría aunque no estuviese vacunado, porque para transmitir el moquillo los perros deben estar en contacto directo. El virus no sobrevive mucho tiempo fuera del cuerpo del animal.

● *Hace seis meses, Lucy, mi fox terrier, pasó algunos días en una residencia canina, y yo la vacuné contra la tos de las perreras antes de dejarla allí. Ahora estoy pensando en llevarla a una exposición canina. ¿Le valdrá todavía el efecto de la vacuna?*

No. No se fíe. Las gotas nasales que se instilan para prevenir la bordatella dejan de hacer efecto entre seis y nueve meses después y como Lucy va exponerse de manera muy intensa al peligro de contraer dicha enfermedad y han pasado ya más de seis meses desde la última vacunación, lo más seguro es repetir el tratamiento.

La rabia es una infección viral muy virulenta que afecta a diversos animales, como los perros, los gatos, los zorros y los murciélagos, y se transmite a través de la saliva cuando uno de estos animales muerde a cualquier otro. El virus llega, por medio de la sangre, hasta el cerebro, y ataca el sistema nervioso central del animal infectado. Los síntomas tardan desde diez días hasta seis meses en manifestarse, y el animal suele morir en los diez días siguientes a la aparición de los primeros síntomas. La rabia es una enfermedad endémica en casi todo el mundo, con la excepción de algunas zonas como Japón, Australia, Nueva Zelanda, el Reino Unido, Irlanda, Escandinavia, España y Portugal. Para llevar a un perro procedente del extranjero a estos países, es necesario presentar un certificado de vacunación antirrábica en regla.

La tos de las perreras es el nombre genérico con que se designa un grupo de infecciones de origen vírico o bacteriano que provocan tos persistente. No suele ser fatal, pero se propaga rápidamente cuando los perros concurren de forma masiva en algún lugar. Las revacunaciones anuales suelen incluir una dosis de suero contra el virus de la *parainfluenza*. La *bordetella*, por su parte, se previene instilando unas gotas en la nariz del perro dos o tres semanas antes de enviarlo a una residencia canina.

La enteritis infecciosa es el nombre que se da a cualquier infección provocada por un virus o bacteria que se manifiesta con diarrea muy severa y vómitos. No existe ninguna vacuna efectiva contra esta enfermedad. Las infecciones más importantes son las de *campyloblacter* y *salmonella*, ambas capaces de transmitirse a los seres humanos. Si la diarrea es persistente, el veterinario toma muestras de sangre y de heces para analizarlas y determinar el microorganismo responsable, y administra suero intravenoso y antibióticos cuando las circunstancias lo requieren.

Qué puede hacer usted

✓ Llevar al perro a vacunar cuando tenga entre seis y ocho semanas de edad.

✓ Seguir revacunándolo dentro del plazos indicados por el veterinario.

✓ No permitir que su cachorro pise directamente el suelo de ningún lugar público hasta que haya recibido su primer ciclo de vacunas completo.

✓ Asegurarse de que su perro es revacunado.

✓ Mantener totalmente aislado a cualquier perro que padezca una enfermedad contagiosa.

✓ Proteger a su perro contra la tos de las perreras entre dos y tres semanas antes de juntarlo con muchos otros perros.

✓ Puesto que algunos virus, como el parvovirus, pueden transmitirse a otros animales a través de la ropa o piel de los seres humanos.

✓ Si sospecha que su perro ha contraído alguna enfermedad infecciosa, avise de ello a la clínica veterinaria antes de llevarlo y espere con él en el coche hasta que puedan atenderle.

Parásitos más comunes

Los perros son huéspedes típicos de multitud de parásitos. Algunos son insectos que viven sobre su piel o cerca de ella, alimentándose con su sangre. Estos insectos irritan su piel y provocan la aparición de calvas en su manto y, si proliferan demasiado, pueden llegar a extraerle tanta sangre que el perro quede sumamente debilitado y anémico. En el intestino y otras partes internas pueden desarrollar gusanos parasitarios que provocan dolor abdominal, diarrea, anemia y pérdida de peso. Algunos parásitos caninos pueden pasar a los seres humanos y son, por tanto, un serio peligro para la salud de toda la familia. Por todo ello es importante proteger a nuestros perros frente a los parásitos de forma rutinaria.

El tipo de parásito que con mayor probabilidad puede infestar a su perro depende en gran medida de la zona en la que viven. Su veterinario puede asesorarle mejor que nadie en este punto. Los pulguicidas y vermicidas se presentan de muchas formas diferentes, y su veterinario le aconsejará el más indicado para su perro en concreto.

Parásitos externos

Las pulgas son los parásitos externos más típicos, y la causa más probable de que su perro se rasque, torturado por los picores (ver págs. 52-53). El ciclo vital de una pulga dura unas tres semanas, pero sus huevos y larvas son capaces de sobrevivir fuera del perro, en estado latente, durante mucho tiempo en clima frío. Sólo el insecto adulto vive en la piel del perro, alimentándose con su sangre. Un insecto hembra puede poner 50 huevos al día. Éstos caen al suelo, o en el entorno, y eclosionan en dos o tres días si el tiempo es cálido. Cuando aún son larvas o ninfas permanecen fuera del perro, pero al llegar a la forma perfecta, o de insecto adulto, buscan un huésped para alimentarse. Para controlar las pulgas con eficacia, no basta con matar a los insectos adultos, sino también larvas y crisálidas. Esto significa que hay que tratar con pulguicida al propio perro infestado, pero también su cama y todas las alfombras, cortinas o tapicería de la casa, y a los demás animales domésticos aunque no estén infestados aún. Los productos más efectivos son los que receta el veterinario, y pueden adquirirse en forma de aerosol, loción o píldoras que impiden la reproducción del insecto.

Los piojos son apenas visibles a simple vista. Atacan principalmente a los perros mal cuidados, enfermos o debilitados y a los cachorros, y adhieren sus huevos (liendres) a los pelos del manto. Los piojos suelen ser eliminados por los tratamientos antipulgas más habituales.

CICLO VITAL DE LA PULGA

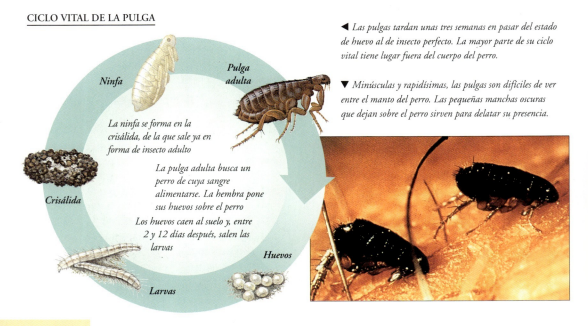

◀ *Las pulgas tardan unas tres semanas en pasar del estado de huevo al de insecto perfecto. La mayor parte de su ciclo vital tiene lugar fuera del cuerpo del perro.*

▼ *Minúsculas y rapidísimas, las pulgas son difíciles de ver entre el manto del perro. Las pequeñas manchas oscuras que dejan sobre el perro sirven para delatar su presencia.*

Ninfa — La ninfa se forma en la crisálida, de la que sale ya en forma de insecto adulto

Pulga adulta — La pulga adulta busca un perro de cuya sangre alimentarse. La hembra pone sus huevos sobre el perro

Huevos — Los huevos caen al suelo y, entre 2 y 12 días después, salen las larvas

Larvas

Crisálida

La salud del perro

Parásitos externos

Parásito	Localización y síntomas	Prevención y tratamiento
Pulgas	El calor estimula a las hembras para que pongan sus huevos entre el manto. Éstos eclosionan en el entorno, y el insecto adulto busca un huésped con cuya sangre alimentarse. Sus picaduras provocan alergias	Examine la piel de su perro con regularidad para descubrir las pequeñas motas oscuras que delatan su presencia. Trate a todos sus animales domésticos y telas de su casa con un pulguicida de calidad
Piojos	Todo su ciclo vital transcurre sobre el perro. Provocan irritaciones y, si proliferan en exceso, anemia	Suelen destruirlos los preparados antipulgas
Garrapatas	Se agarran firmemente a la piel del perro. Cuando están henchidas de sangre, se desprenden. Producen irritación localizada y su saliva puede transmitir enfermedades	Examine el manto del perro a diario y utilice un tratamiento contra las garrapatas. Mate todos los insectos que encuentre antes de desprenderlos
Ácaros	Viven sobre la piel u horadando túneles en ella. El arador de la sarna es contagioso, causa terribles picores y puede transmitirse a las personas. El *demodex* provoca una roña que no pica, pero hace caer el pelo con rapidez	Examine la piel, el pelaje, las orejas, los codos, y alrededor de los ojos y del ano de forma regular. Use acaricidas específicos que le proporcionarán en la clínica veterinaria

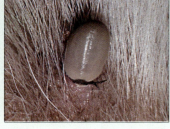
Garrapata

Piojo canino

Infección de ácaros

Las garrapatas pertenecen a la misma familia que las arañas, y realmente parecen arañas muy pequeñas. Viven en la vegetación, de donde pasan al cuerpo de los perros cuando éstos rozan la hierba o la maleza. Una vez en el manto, se aferran con fuerza a la piel. Cuanta más sangre succionan, más se hinchan, y finalmente adquieren el tamaño de un pequeño guisante. Algunas garrapatas transmiten enfermedades que pueden también afectar a los humanos, como la fiebre eruptiva de las Montañas Rocosas y la enfermedad de Lyme, esta última, transmitida por la garrapata del ciervo. En algunas regiones cálidas y costeras existe una garrapata que provoca parálisis total en su huésped. Si vive en una zona infestada de garrapatas, examine el manto de su perro a diario y use un champú tratante o una loción específica de forma regular. El peligro de contagio llega a su punto culminante después de las primeras 72 horas de vida en el perro, cuando el insecto está ya henchido con su sangre.

Los ácaros son minúsculas criaturas emparentadas con las arañas y las garrapatas. Muchas variedades de ácaros se ceban en los perros, horadando túneles en su piel y sus orejas. Suelen tratarse con champúes antiparasitarios, aerosoles o inyecciones.

● **¿Cómo puedo saber si mi perro tiene pulgas?**

Pase sus dedos a contrapelo por el manto, hundiéndolos bien entre el pelo, para descubrir la piel. Si encuentra motas negras muy pequeñas, retírelas con una esponja. Si se tiñe de rojo, significa que el perro está infestado.

● **El veterinario me ha recomendado un tratamiento preventivo contra las pulgas. ¿Qué es lo que hace?**

Contienen un principio activo que pasa al torrente sanguíneo del perro. Cuando una pulga hembra ingiere parte de esa sangre, asimila también este compuesto, y se queda estéril. El fármaco no afecta al perro en absoluto. Trate también a otros perros y gatos que tenga en casa y pase la aspiradora por todas las alfombras y tapicerías, además de rociarlas convenientemente con un insecticida para destruir cualquier huevo o larva que sobreviva en estado latente fuera del perro.

● **¿Cuál es la mejor forma de quitar una garrapata?**

Mátela primero con alcohol quirúrgico. Luego, con pinzas de depilar o con sus dedos, extráigala. No la pellizque, porque liberaría todavía más toxinas. En las clínicas veterinarias venden preparados específicos.

Parásitos más comunes

Parásitos internos

Lombrices (arriba)

Tenia (izda.) y cabeza de un anquilostoma (derecha)

PARÁSITO	LOCALIZACIÓN Y SÍNTOMAS	PREVENCIÓN
Lombrices	Intestino y pulmones. Inflamación, diarrea, dolor	Desparasitación periódica de rutina a partir de los primeros 14 días de vida. Análisis de las heces durante el chequeo anual
Tenia	Intestino. Diarrea, vómitos, pérdida de peso	Evitar el ataque de las pulgas. No darle nunca carne cruda ni vísceras. Análisis de las heces durante el chequeo anual
Anquilostoma A	Intestino. Inflamación, diarrea, heces sanguinolentas, pérdida de peso, anemia	Desparasitación periódica. Análisis de las heces durante el chequeo anual
Anquilostoma B	Intestino. Diarrea, heces sanguinolentas, pelaje más ralo y deslucido, pérdida de peso, anemia	Desparasitación periódica. Análisis de las heces durante el chequeo anual
Parásitos coronarios	Corazón y pulmones. Tos, pérdida de peso, debilidad, hinchazón abdominal, anemia	Una pastilla diaria o mensual. Análisis de las heces durante el chequeo anual. Si viaja a una región endémica, empiece el tratamiento dos semanas antes y continúe durante 90 días después

Parásitos internos

Los parásitos internos son gusanos que el perro absorbe del exterior. La mayor parte se alojan en su intestino. Es muy importante desparasitar a los perros de forma preventiva y aprender a reconocer los principales síntomas de infestación. Los perros que viven en la ciudad, en estrecho contacto con otros perros, suelen correr más riesgo de infestarse que los perros de las zonas rurales.

Las lombrices (*toxocara canis*) son el parásito interno más habitual. Son gusanos cilíndricos y blancos que pueden llegar a medir hasta 20cm de longitud. Normalmente aparecen en las heces, pero a veces los perros vomitan montoncitos de lombrices enrolladas. Ponen miles de huevos microscópicos en el interior de los perros infestados y éstos son expulsados junto a las heces. Después de tres semanas, las lombrices están en condiciones de invadir otro huésped, especialmente un cachorrito, que las absorbe tragándose los huevos. Éstos eclosionan en el intestino, y las larvas perforan la pared intestinal y se abren paso hasta el hígado y los pulmones. Algunas son expulsadas cuando el perro tose, y después ingeridas, para a continuación alojarse en el intestino y transformarse, dentro de él, en lombrices adultas. Los cachorros deben ser desparasitados de forma rutinaria cada dos o tres semanas, hasta que cumplan los tres meses de edad. A partir de entonces, y hasta que cumplan medio año, deben desparasitarse una vez al mes. La desparasitación de rutina del perro adulto debe llevarse a cabo cada seis meses. Los perros que están recibiendo un

La salud del perro

tratamiento contra las lombrices coronarias (ver abajo) de forma regular no necesitan ningún tratamiento adicional contra las lombrices intestinales.

Las tenias tienen forma de cinta y su cuerpo está formado por numerosos segmentos y una cabeza pequeña y puntiaguda que utilizan para fijarse a las paredes intestinales de su huésped. Hay una gran variedad de tenias que pueden infestar a nuestros perros. La tenia común del perro (*dipylidium caninum*) va creciendo y desarrollándose en el intestino, y a medida que crece van soltándose algunos de sus segmentos posteriores, que salen por el ano y quedan fijados al pelo que rodea la región anal. Los segmentos pueden moverse y están repletos de huevos. Con el tiempo se secan, lo que les confiere un aspecto que recuerda al de un grano de arroz, y se resquebrajan, liberando los huevos que contienen. Las larvas de las pulgas que viven en el suelo ingieren estos huevecillos. Si un perro llega a tragarse una pulga adulta mientras se rasca y acicala el manto, el huevo de la tenia eclosionará y se desarrollará en su intestino. La tenia puede perjudicar gravemente a los perros demasiado jóvenes, o bien enfermos o ancianos. Los análisis de heces revelan cualquier infestación.

Los anquilostomas son parásitos intestinales bastante comunes en los perros. El anquilostoma A, ganchudo, constituye una seria amenaza en las regiones tropicales. Sus huevos son capaces de sobrevivir sobre el terreno durante años. Las larvas perforan la piel, sobre todo la de los pies o patas, para adentrarse en el cuerpo de la víctima, causando irritaciones cutáneas muy intensas. Los gusanos adultos se enquistan en las paredes intestinales, que perforan, provocando hemorragias y diarrea, lo que a su vez provoca pérdida de peso y anemia en el huésped. Los cachorros son infestados a través de la leche materna.

Las lombrices coronarias son pequeños gusanos parasitarios que viven en el corazón y en las arterias pulmonares. Los perros son invadidos por sus larvas cuando los pica un mosquito infestado. Se incorporan al torrente sanguíneo del perro y se alojan dentro de su corazón, donde alcanzan la madurez. Los gusanos adultos crecen en número y tamaño, haciendo que aumente la presión en la parte derecha el corazón hasta el punto de provocar la muerte del huésped por fallo cardíaco. El perro puede tardar años en manifestar el cuadro completo de síntomas. La lombriz coronaria no es fácil de tratar.

▶ *Gran cantidad de gusanos se alojan, hacinados, en el corazón del perro, dificultando seriamente el paso de la sangre a los pulmones, lo que acaba provocándole un paro cardíaco.*

P/R...

● **¿Cómo es posible que los cachorros nazcan ya con lombrices?**

Las larvas de lombriz pueden vivir en estado latente en los tejidos del perro. Cuando una hembra se queda preñada, los cambios hormonales que se producen en su cuerpo provocan el despertar de las larvas, que inician un viaje hacia el intestino de la perra madre, donde maduran. Otras larvas viajan a través de la placenta hasta el cuerpo de los fetos o embriones. Pero los cachorros también pueden ingerir larvas en la leche materna.

● **¿Puede un perro transmitir a otro la tenia, por ejemplo, sólo por dormir en la misma cama?**

No: siempre ha de haber un huésped intermediario. En el caso de la tenia canina común, el huésped intermediario es la pulga. Ésta es una razón más para tratar convenientemente al perro contra las pulgas. Hay otras tenias que infestan a los perros cuando comen carne cruda de un animal previamente infestado, o cuando cazan pequeños animales tales como ratones, lagartos o lagartijas, conejos, etc.

● **¿Es cierto que la lombriz coronaria está empezando a extenderse por todo el mundo?**

Desgraciadamente, sí. Al principio, sólo se daba en algunas zonas húmedas y cálidas del planeta pero lo más probable es que los perros viajeros hayan llevado el parásito consigo a las nuevas zonas, viajando con sus amos cuando éstos emigraban hacia el norte. Y es posible que allí se haya desarrollado una nueva raza de parásitos capaces de sobrevivir en climas mucho más fríos.

LA LOMBRIZ CORONARIA

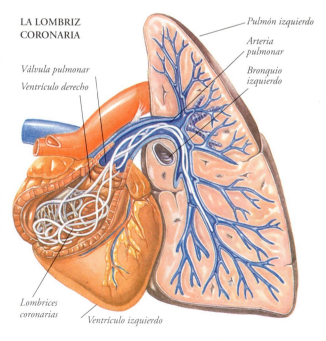

Enfermedades de la piel que causan picor

◄ *Todos los perros se rascan de vez en cuando: es algo totalmente natural. No obstante, si ve a su perro torturado por los picores, rascándose, mordisqueándose la piel, restregándose contra algo o sacudiéndose desesperadamente, debe hacer que lo vea un veterinario.*

IDENTIFICAR LA CAUSA DE UNA IRRITACIÓN CUTÁNEA puede ser muy difícil. Un perro que empieza a sufrir picores repentinamente a principios del verano, por ejemplo, puede estar infestado de pulgas o simplemente ser alérgico al polen. Para realizar su diagnóstico, el veterinario necesitará realizar numerosas preguntas al propietario.

Picaduras

Los parásitos que viven en la piel y el manto de los perros son los responsables de gran parte de las irritaciones cutáneas que éstos sufren. Puede tratarse de pulgas, ácaros, garrapatas o piojos (ver págs. 48-49). Si un perro se acicala el manto más de lo habitual, o se lame o rasca alguna zona con especial insistencia, sobre todo la grupa o las patas traseras, puede estar sufriendo una intensa reacción alérgica frente a la picadura de las pulgas. Las picaduras de los mosquitos suelen curarse solas con el tiempo, pero tal vez el perro se haya rascado de forma tan brutal que tenga heridas infectadas. A veces, las picaduras infectadas provocan el llamado eccema húmedo: zonas de la piel doloridas e infectadas que exudan humedad y cuya curación el perro dificulta o impide con sus desesperados lamidos o rascamientos. En algunos casos, aunque no es muy frecuente, los perros se llenan de habones, o bultos en la piel sumamente pruriginosos provocados por una intensa reacción alérgica frente a las picaduras de los insectos, y es necesario llevarlos al veterinario con urgencia.

Otras causas del picor

Muchas veces, la irritación persistente se debe a una reacción alérgica ante diversos agentes, tales como determinados alimentos, el polvo o los ácaros del polvo o ciertos

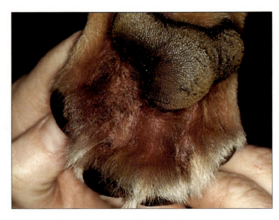

▲ *La pata de este perro, enrojecida, inflamada y en carne viva, pica de forma horrible a causa de una alergia cutánea. Estas alergias aparecen sobre todo en las patas, en las orejas y en la piel desnuda de la ingle.*

La salud del perro

Algunas posibles causas de irritación

SÍNTOMAS	ZONAS AFECTADAS PRINCIPALMENTE	POSIBLES CAUSAS*	TRATAMIENTO
Motas negras sobre la piel; el perro se rasca o mordisquea; calvas localizadas; úlceras	Grupa, patas traseras, base de la cola	Pulgas	Preparados insecticidas diversos interrumpen el ciclo reproductor de la pulga. Tratar también a las demás mascotas y el entorno doméstico
Prurito intenso; erupción rojiza	Orejas, codos, patas traseras	Cualquier variedad de ácaro de la sarna	Es contagioso: tratar con acaricida a las otras mascotas no infestadas y el entorno doméstico
El perro agita o rasca su cabeza; cerumen de color negro	Orejas	Ácaros de las orejas	Es contagioso: instilar acaricida en gotas en los oídos de los otros animales domésticos
Picores y pelaje casposo	Todo el cuerpo	Ácaros del manto (*Cheyletiella*)	Es contagioso: tratar otras mascotas y el entorno con un acaricida
Inflamación cutánea; el perro lame o rasca desesperadamente la zona afectada	Todo el cuerpo, y sobre todo las orejas, manos y piel desnuda de la ingle	Alergia	Vacunas antialérgicas, lociones (de uso tópico) y diversos antiinflamatorios
Bultos rojos en la piel; el perro se rasca con violencia con riesgo de infectar las lesiones	Cualquier parte del cuerpo	Picaduras de insectos	Antiinflamatorios
Zonas de la piel siempre húmedas que duelen, escuecen y emiten un olor característico	Cualquier zona, y sobre todo la cara y el cuello	Eccema húmedo	Antibióticos y/o antiinflamatorios
Picor intenso; bultos en la piel con aspecto de colmena	Cualquier zona del cuerpo	Reacción de hipersensibilidad	Antiinflamatorios

*Normalmente no puede establecerse la causa de forma segura sin realizar los análisis correspondientes en el laboratorio.

productos químicos. La alergia suele empezar ya a manifestarse cuando el perro es bastante joven. Zonas bastante extensas de la piel se inflaman, y el perro las lame y muerde con insistencia, agravando así tanto la inflamación como el prurito. El picor también puede deberse a una infección bacteriana, cosa que ocurre sobre todo en zonas de la piel poco ventiladas como los pliegues que se forman en la cara de los perros de morro chato y los espacios existentes entre las almohadillas de las patas.

Los más probable es que el veterinario no diagnostique la causa exacta del picor sin realizar pruebas en el laboratorio. Las pruebas pueden consistir en citologías (raspados leves de la piel), análisis de pelos arrancados o de los pelos que quedan adheridos al cepillo y en análisis de sangre. Si el veterinario sospecha que puede tratarse de una alergia, inyectará pequeñas dosis de los posibles agentes alergénicos bajo la piel del perro y esperará para ver si se produce reacción. El tratamiento dependerá del diagnóstico exacto pero, entre tanto, y por si acaso, compruebe que el preparado que está utilizando contra las pulgas es eficaz. Para aliviar las molestias del animal, lo mejor es limpiar suavemente la zona afectada con una esponja humedecida con agua muy fría.

● **He notado que el manto de mi cachorrito está como lleno de caspa, y a mi hijo, que juega con él, le ha salido una erupción en las manos. ¿Puede haber alguna relación?**

Lo más probable es que el responsable de ambas cosas sea un ácaro que provoca una enfermedad denominada *cheyletiellosis*. Puede atacar la piel de los humanos, sobre todo en las zonas que están en contacto directo con el pelo del animal. El veterinario puede identificar estos ácaros mirándolos a través de una lupa. Tendrá que rociar con acaricida a su cachorro y también su hogar. En cuanto al niño, su erupción se curará rápidamente y sin problemas.

● **Nero, mi pastor alemán, se frota el trasero con el suelo constantemente. ¿Por qué lo hace?**

Muchas causas pueden provocar prurito intenso. Una de ellas es la obstrucción de los sáculos perianales. Éstos son unas glándulas situadas a ambos lados del ano destinadas a secretar una sustancia muy olorosa que hace que los perros se reconozcan perfectamente oliéndose el trasero. Cuando están llenas, provocan muchas molestias. Lleve a Nero al veterinario. Tal vez necesite vaciar sus sáculos anales para evitar posibles infecciones.

Enfermedades de la piel que no causan picor

EN LA PIEL DE SU PERRO PUEDEN aparecer desescamaciones, manchas, alteraciones de la pigmentación, quistes o tumores y erupciones que no provocan picor alguno. Suelen provocar pérdida de pelo, aunque no siempre y las calvas o zonas más ralas de la piel pueden ser los signos más visibles de la enfermedad. Esta clase de problemas cutáneos rara vez se curan sin la ayuda del veterinario y pueden ser difíciles de diagnosticar sin analizar algunas muestras.

El veterinario querrá saber si los bultos o manchas han aumentado o variado su tamaño desde que los observó por primera vez. También le preguntará si su perro sintió picores antes o después de la aparición de los síntomas, si usted o algún miembro de su familia ha observado síntomas semejantes en alguna zona del cuerpo, con qué alimenta a su perro, si ha habido algún cambio en su dieta habitual recientemente y si, por lo demás, parece sano en general.

Tiña

La tiña es una micosis sumamente contagiosa que puede atacar la piel, el pelo y los folículos pilosos del individuo afectado, que se transmite por contacto con la tierra o con otros animales y que puede contagiarse a los humanos. Con frecuencia aparece en primer lugar en la cabeza y en las patas traseras pero, una vez infectado el animal, se extiende rápidamente por todo el cuerpo. El veterinario tomará muestras de piel y pelo de las partes afectadas para observarlas a través del microscopio y hacer cultivos. El tratamiento consiste en lavar al perro con un champú fungicida, en tratar las partes afectadas con lociones o pomadas fungicidas o en hacerle tragar pastillas con las mismas propiedades.

Demodicosis

Existe un ácaro denominado *demodex canis* que vive habitualmente en los folículos pilosos del perro y que puede provocar desescamación en la piel y calvas localizadas en el manto. Parece ser que la presencia de este ácaro en el cuerpo del perro es permanente, pero, si el sistema inmunológico del animal se debilita por cualquier motivo, prolifera en exceso, provocando los síntomas mencionados. Suele aparecer sólo en una zona determinada del cuerpo cuando los perros son jóvenes, especialmente en la cabeza o en las manos, y puede curarse sin tratamiento. Las lesiones no provocan picor, salvo cuando se infectan con hongos o con bacterias. Si los perros son jóvenes, el problema tiende a extenderse por todo el cuerpo y la enfermedad es más difícil de curar.

Otros problemas cutáneos

Una dieta inadecuada puede causar deficiencias nutricionales que provocan desescamaciones, costras, calvicie y pérdida total de brillo en el manto. Las zonas más afectadas suelen ser la piel que rodea los ojos, las orejas, el hoci-

Enfermedades cutáneas sin picor

SÍNTOMAS	POSIBLE CAUSA*	TRATAMIENTO
Calvas de forma redondeada que dejan a la vista una piel desescamada y abultada	Tiña	Fungicidas orales, lociones, pomadas o champú terapéutico
Descamación cutánea y caída del pelo en zonas concretas. Lesiones localizadas en animales jóvenes y generalizadas en viejos	Demodicosis	Rociado con acaricida, administración de estimulantes del sistema inmunológico, eliminación de otro problema médico
Zonas de la piel ennegrecidas, pérdida de pelo en las ijadas	Problemas hormonales (ver págs. 56-57)	Depende del problema hormonal en concreto
Costras, desescamación, calvicie, manto deslucido	Deficiencias nutricionales	Cambio de dieta
Síntomas múltiples	Síndrome de autoinmunidad	Administración de fármacos reguladores
Variables: zonas inflamadas, tumores, nódulos de gran tamaño	Cáncer de piel	El adecuado para cada tipo de cáncer en particular

*Normalmente es necesario realizar análisis en el laboratorio antes de precisar la causa

La salud del perro

◀ *Para diagnosticar con exactitud la causa de un problema dermatológico determinado, el veterinario toma una pequeña muestra de piel con un escalpelo para examinarla a través del microscopio.*

co y las manos. El problema puede tratarse administrando un suplemento alimenticio o cambiando la dieta por completo, lo que suele solucionar radicalmente el problema. A veces, por alguna razón, un perro puede empezar a desarrollar anticuerpos contra determinadas partes de su propia piel. El síndrome de autoinmunidad es difícil de diagnosticar, ya que sus síntomas coinciden plenamente con los de otras enfermedades cutáneas. Se detecta por medio de análisis de sangre y biopsias. Existen fármacos que impiden al organismo del perro continuar produciendo anticuerpos contra sí mismo, pero rara vez se logra curar por completo la enfermedad. Los fármacos mencionados pueden provocar algunos efectos secundarios, y si se le administran, el perro deberá someterse a revisiones periódicas durante el resto de su vida.

El cáncer de piel puede manifestarse de formas muy diversas, desde en forma de ligeras inflamaciones localizas en zonas muy restringidas hasta en forma de tumores o nódulos gigantescos. Si nota un quiste o tumor en la piel de su perro, o cualquier cambio sospechoso en su piel, llévelo al veterinario sin pérdida de tiempo. La biopsia revelará la benignidad o malignidad del tumor. Si fuese canceroso, el veterinario le indicaría si tiene cura o no y las posibles alternativas de tratamiento.

P/R...

● **¿Es cierto que los perros también pueden quemarse con el sol?**

Sí. El sol directo puede provocar úlceras e inflamaciones, normalmente en la zona de la trufa, pero también a veces en las partes del cuerpo que están menos protegidas por el pelo, por carecer de él o porque el manto es de color blanco. Algunas lesiones cutáneas provocadas por el sol se consideran precancerosas, de modo que, si sospecha que su perro puede tener este problema, debe llevarlo al veterinario.

● **A Jacob, mi San Bernardo, se le ha engrosado y endurecido mucho la piel de los codos y hace poco se le ha agrietado esa parte de la piel. ¿Qué debo hacer?**

A Jacob le han salido callos, un engrosamiento de la piel en las zonas que han de soportar mayor peso, como es el caso del codo. Ocurre con frecuencia en las razas más corpulentas y pesadas. Normalmente, no hay por qué preocuparse, pero algunas veces se infectan, de modo que conviene hacer que lo vea un veterinario. Ayudará poner una colchoneta más mullida en la cama del perro.

● **A mi labrador, Barney, le han recetado una loción acaricida específica para la demodicosis. ¿Durante cuánto tiempo tengo que utilizarla?**

Normalmente se prescribe un rociado semanal, y hay que seguir con el tratamiento hasta que las pruebas de laboratorio den resultado negativo dos veces consecutivas como mínimo.

▶ *La piel escamosa que puede verse en la mano de este perro delata la proliferación excesiva de un ácaro denominado* demodex canis, *presente de manera habitual en los folículos pilosos del perro.*

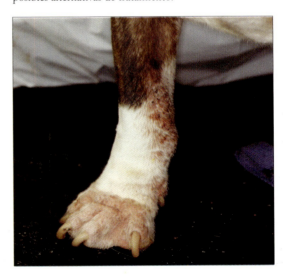

Problemas capilares

La caída del pelo es totalmente natural: los pelos caen cuando envejecen y mueren. El pelaje no crece al mismo tiempo, ni al mismo ritmo, en todas las partes del cuerpo, de modo que a un perro puede estarle creciendo pelo en una zonas, mientras lo muda (se le cae) en otras. En el ciclo vital del manto influyen numerosos factores, como las variaciones de luz y temperatura que provocan los cambios estacionales, las hormonas o la dieta. Las hembras a veces pierden más pelo al terminar con el celo y durante el embarazo o la lactancia.

Si su perro empieza a perder pelo de forma espectacular, no siempre hay motivo alguno para que se alarme. Algunas razas con doble capa (una interior y otra exterior), como los pastores alemanes, a veces dejan caer mechones y mechones enteros de la capa interna, que es muy espesa, y aunque es probable que esta caída masiva alarme al dueño si no la había visto antes, lo cierto es que es perfectamente natural. Algunas razas, como los doberman pinscher, los bulldog ingleses y los airedale terrier, les ralea mucho el manto en algunas zonas de las ijadas durante la muda estacional. La piel de las zonas ralas suele oscurecerse casi siempre, pero el problema remite sin ayuda. Lo normal es que el pelaje se recupere por sí solo. La muda estacional varía de un perro a otro, aunque lo más habitual es que el manto se aclare durante los meses más cálidos y se espese cuando llega el tiempo frío.

Muchas veces, no obstante, la alopecia (pérdida total o parcial del pelo) se debe a algún problema de salud, de modo que nunca está de más llevar al perro al veterinario si se descubre alguna calva en su pelaje, o si su manto empieza a ralear sospechosamente. El veterinario le preguntará si su perro ha manifestado algún otro síntoma, aparte de la caída del pelo. Si, además de tener calvas en el manto, el perro se mordisquea la piel o rasca de manera excesiva, probablemente estará infestado por los parásitos o sufrirá algún tipo de alergia (ver págs. 52-53). Si la piel aparece desescamada o con una coloración anormal, pero no parece que el perro sienta ningún picor, el perro podría padecer tiña, demodicosis u otra enfermedad cutánea no comedogénica.

Trastornos hormonales

A veces el manto pierde espesor debido a algún trastorno hormonal, como el hipotiroidismo (insuficiencia funcional de la glándula tiroides) o la hiperadrenocorticosis o síndrome de Cushing. El pelo cae sin oponer apenas resistencia, muchas veces dejando calvas simétricas en las ija-

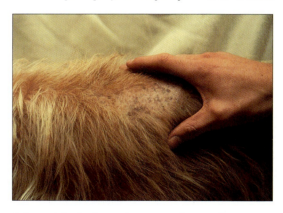

▲ La aparición de calvas en el manto es muchas veces el primer síntoma de una afección cutánea subyacente. El veterinario tendrá que realizar una serie de pruebas tales como raspados superficiales de la piel afectada, toma de muestras del pelo adherido al peine o cepillo, análisis de muestras de pelo arrancado y análisis de sangre, antes de diagnosticar la causa exacta del problema.

Sustancias peligrosas

Si su perro se mancha de forma accidental con alguna sustancia peligrosa, póngale inmediatamente un bozal para evitar que intente limpiarse la zona con lamidos. Si tiene quemaduras de origen químico en la piel, moje con cuidado la zona utilizando una esponja impregnada de agua muy fría, para eliminar todos los restos de producto. Cubra la zona afectada con un paño limpio, humedecido y póngase en contacto con el veterinario.

PINTURA O BARNIZ   Espere hasta que se seque y corte los pelos manchados. No aplique disolventes de ninguna clase, ya que podrían dañar la piel del perro.

PETRÓLEO   Impregne bien la parte afectada con aceite de cocina, o frótela con ese producto de consistencia gelatinosa que utilizan los automovilistas para limpiar sus manos de grasa en seco. Lave después con agua tibia a la que haya añadido una cierta cantidad de detergente líquido o lavavajillas y aclare.

ALQUITRÁN   Recorte los pelos manchados o frótelos con aceite de cocina y lávelos a continuación.

La salud del perro

das, y la piel que queda desnuda se vuelve negra a veces. Suele haber otros síntomas además. Los perros afectados de hipotiroidismo, por ejemplo, tienden a buscar lugares calientes para tumbarse, a evitar el ejercicio físico y a engordar. Para diagnosticar la enfermedad es necesario realizar análisis de sangre y, a veces, biopsias cutáneas. Los tratamientos varían según la causa del trastorno.

Granuloma del lamido

A veces, a los perros les da por lamerse una zona determinada del cuerpo con tanta insistencia que acaban provocándose calvas, ulceraciones, inflamación y dolor. Ese lamido compulsivo puede deberse a un trastorno psicológico o de conducta como, por ejemplo, el aburrimiento excesivo, o tal vez a algún trastorno de naturaleza física como por ejemplo una alergia o una infección bacteriana. Si no se trata de forma conveniente, el granuloma del lamido puede tardar muchísimo tiempo en curar. La clave es evitar que el perro lama sus lesiones, pero probablemente no sea fácil convencerle de que no debe hacerlo. Prácticamente ningún perro tiene dificultades para retirarse el vendaje protector y volver a lamerse la zona, y por ello los veterinarios suelen recomendar el uso de un collar isabelino (abajo) en casos como éstos. Normalmente, el prurito se alivia con preparados de uso tópico, pero el tratamiento varía dependiendo del origen del problema.

● **A Thor, mi doberman pinscher, se le cae el pelo de forma muy abundante con el cambio de estación. ¿Serviría de algo cepillarlo o bañarlo con champú, o empeoraría aún más las cosas?**

No creo que notase demasiado la diferencia, ni para bien ni para mal. Desde luego, el cepillado y el baño no son perjudiciales, pero tampoco estimulan el crecimiento de nuevo pelo. Los motivos de la muda periódica aún no se conocen, y actualmente no existe ningún tratamiento capaz de combatirla.

● **He notado que a Tonto, mi dachshund, le están saliendo calvas en las orejas. ¿Es mala señal?**

Los dachshund, sobre todo si son machos, tienden a perder el pelo que recubre sus orejas de forma progresiva desde que cumplen su primer año de vida, más o menos. Cuando cumplen 8 o 9 años, a veces carecen ya por completo de pelo en esa zona del cuerpo. No se puede hacer nada para evitarlo: tendrá que hacerse a la idea y conformarse, como hacemos los hombres cuando nos vamos quedando cada vez más calvos hasta que perdemos el pelo por completo. No obstante, esas calvas de Tonto podrían haber sido provocadas por una reacción de tipo alérgico, así que no está de más ir al veterinario sin tardanza.

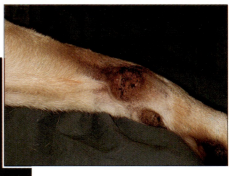

▲ *Una alergia ha llevado a este perro a lamerse y roerse la pata delantera hasta provocarse un granuloma del lamido, una calva ulcerada que puede tardar mucho en curarse.*

◀ *El collar isabelino es un trozo de plástico rígido o de cartón enrollado sobre sí mismo para darle una forma que recuerda a la de los viejos gramófonos. Resulta muy eficaz para impedir que un perro se lama un granuloma o cualquier zona irritada.*

La tos

LOS PERROS, COMO LOS HUMANOS, tosen cuando el tejido que reviste su tráquea o sus bronquiolos (minúsculas vías respiratorias de los pulmones) se irrita por alguna razón. La tos sirve para limpiar las vías respiratorias de los fluidos o mucosidades acumulados y para expulsar los cuerpos extraños que se introducen en ellas accidentalmente. Algunos accesos de tos aparecen de forma brusca y son violentos y frecuentes, y otros empiezan a manifestarse lentamente y son suaves y menos frecuentes, pero pueden durar varios días o incluso semanas. En ambos casos es necesario averiguar la causa que los produce. El veterinario pregunta cuándo y cómo empezaron los accesos y pide que se le describa la tos en sí: ¿suena como si fuera de pecho o de garganta? ¿Es violenta o suave, seca o húmeda? ¿El perro suele toser más por la noche o cuando bebe? ¿Ha observado usted algún otro síntoma, como pérdida de apetito, por ejemplo? ¿Se queda el perro extenuado cada vez que hace algún ejercicio físico?

Infecciones de las vías respiratorias

Son una de las causas más probables de la tos. Las mucosas que revisten las vías respiratorias superiores (laringe y tráquea) pueden haberse inflamado a causa de un grupo de infecciones bacterianas y virales conocido como «tos de las perreras». Producen una tos repentina, violenta, seca e improductiva, como si el perro se hubiera atragantado. El acceso de tos puede acabar con vómitos, y algunas veces el perro expulsa flemas blancas y espumosas. La tos de la perreras es sumamente contagiosa: si observa alguno de estos síntomas en su perro, manténgalo totalmente aislado de los demás perros y consulte con el veterinario. Para prevenir la infección, los perros que han de permanecer en una residencia canina o concurrir a exposiciones o exhibiciones caninas deben ser vacunados con antelación (ver Enfermedades contagiosas, págs. 46-47).

La tos de las perreras, afortunadamente, no es una enfermedad grave. Los perros no suelen manifestar otros síntomas, aparte de la tos mencionada. Si ve que su perro se está sintiendo mal, se niega a comer o parece aletargado, o si la infección se prolonga durante más de una semana, el veterinario deberá realizar pruebas de laboratorio y hacer radiografías de sus pulmones.

Cuando la infección se establece en los pulmones en vez de en las vías superiores, el perro puede contraer neumonía, una enfermedad grave y potencialmente mortal. Esto ocurre cuando el perro ha inhalado algún líquido, así que es necesario administrar los medicamentos que se presentan en forma líquida con sumo cuidado. Los síntomas son una tos profunda y húmeda que expulsa líquidos y una respiración dificultosa y agitada. Puede que, apoyando el oído contra el pecho del perro, se escuche un sonido borboteante (estos sonidos son muy fáciles de detectar por el veterinario, a través de su estetoscopio). Los perros no manifiestan deseo alguno de moverse y se les nota a todas luces que no se encuentran bien. Si sospecha que su perro puede haber contraído una neumonía, póngase en contacto con el veterinario lo antes posible, para que le prescriba antibióticos adecuados.

▼ *La vacuna contra la* bordetella *se instila en la nariz del perro para protegerlo frente a la tos de las perreras.*

La salud del perro

▲ *El veterinario aplica el estetoscopio sobre el pecho del perro para establecer su diagnóstico. La tos persistente es muchas veces síntoma de algún problema coronario.*

Tos crónica

En los perros ancianos, y sobre todo si son de raza pequeña, la tos persistente puede indicar que el perro padece bronquitis crónica o cualquier otra enfermedad crónica centrada en las vías respiratorias y provocada por estímulos irritantes como son el humo de los cigarrillos o el polvo. Cuando las vías respiratorias se estrechan y obstruyen a causa de la mucosidad, la tos, que suele ser seca y violenta, se vuelve más intensa. Llegado este punto, la enfermedad no tiene cura ya, pero los síntomas pueden ser aliviados por ciertos fármacos. Lo que usted puede hacer por su perro en estos casos es fumar menos y pasar la aspiradora más a menudo.

Una tos seca y persistente acompañada de fatiga (sofocos) puede indicar un trastorno coronario de naturaleza congestiva. En las fases más avanzadas de las enfermedades coronarias, los perros tosen y se quedan sin aire ya que sus pulmones se van llenando de líquido. La presencia de parásitos internos, o las infecciones provocadas por hongos también se dejan sentir en los pulmones y en la respiración del perro.

▶ *Corazón y pulmones en su estado normal. Cuando se produce un fallo cardíaco de naturaleza congestiva, el corazón aumenta de tamaño y aumenta la presión sobre los pulmones, comprimiendo los órganos que intervienen en la respiración. En las fases más avanzadas de la enfermedad, los pulmones del perro se llenan de líquido.*

P/R...

● Mi cocker Ella tuvo un tumor maligno en las mamas y se lo extirparon hace ocho meses. Aunque parece encontrarse bien, ha empezado a tener leves accesos de tos. ¿Hay motivo para alarmarse?

Me temo que sí, por desgracia. Podría ser que el tumor maligno se hubiera extendido a los pulmones. La tos suele ser el único signo externo de la enfermedad al principio. Lo normal es que se haga cada vez más persistente y que aparezcan nuevos síntomas, como la pérdida de peso. El veterinario deberá hacer una radiografía de sus pulmones y, si descubre un nuevo tumor, le dirá qué es lo mejor que puede hacer. Los tumores secundarios en los pulmones, suelen ser incurables.

● Desde hace algunas semanas, Pepe, mi caniche miniatura de nueve años, me despierta por las noches con sus accesos de tos. El veterinario me dijo el año pasado que tenía un ligero soplo en el corazón. ¿Significa esta tos de ahora que se está poniendo peor?

Podría ser. El soplo que su veterinario escuchó lo producía la sangre que volvía otra vez al corazón atravesando las válvulas coronarias defectuosas. Una radiografía podría mostrar cómo su corazón ha aumentado de tamaño, en un intento desesperado de bombear más sangre y, al agrandarse, está oprimiendo los pulmones, lo que provoca los accesos de tos. No se puede frenar la degeneración de las válvulas coronarias, pero sí es posible administrarle fármacos que le alivien.

EL CORAZÓN Y LOS PULMONES

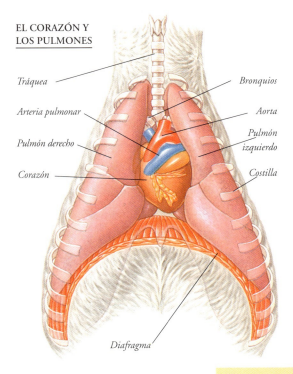

Problemas respiratorios y sofocos

LO NORMAL EN UN PERRO SANO es tener de 10 a 30 respiraciones por minuto (los perros grandes, menos, y las razas pequeñas más). Conocer la respiración normal de nuestro perro nos permite reconocer cualquier cambio repentino que se pudiera producir. Si a su perro realmente le cuesta trabajo respirar, probablemente se mostrará inquieto o evitará tumbarse de lado, limitándose a hacerlo sobre el pecho y manteniendo siempre la cabeza y el cuello en posición vertical.

Los jadeos (respiración muy rápida, con la boca abierta y la lengua colgante) responden a alguna alteración que se ha producido en el resto del cuerpo, tal vez porque el perro se encuentra excitado, aquejado de un dolor repentino o afectado por un golpe de calor. Los jadeos son naturales cuando el perro acaba de realizar un ejercicio físico muy intenso o cuando hace calor. Son más exagerados en los perros ancianos o con sobrepeso. Sin embargo, a veces también son síntomas de anemia o de hemorragias internas. Si su perro jadea muy a menudo, consúltelo con el veterinario. Un perro que jadea mucho y parece sufrir intensamente necesita ayuda urgente, y es preciso llevarlo al veterinario sin dilación.

La respiración rápida, pero no jadeante, indica que el pecho del perro no puede dilatarse lo necesario o que los pulmones no están llenándose de aire correctamente al inspirar. La causa pueden ser tan obvia como la fractura de una o varias costillas tras un accidente de tráfico, pero también puede ser indicio de otros problemas ocultos, como un fallo cardíaco de naturaleza congestiva (ver págs. 58-59), un tumor en los pulmones o una neumonía en fase avanzada.

▲ *Los perros chatos son, por su constitución anatómica, especialmente propensos a padecer problemas respiratorios. Muchas veces, los trastornos pueden corregirse con la cirugía.*

Si su perro se ahoga

Debe
- ✓ Abrirle la boca y tirar de la lengua para que no obstruya las vías respiratorias
- ✓ Si se está asfixiando, practicarle la respiración artificial insuflándole aire por la nariz
- ✓ Llamar al veterinario para que le asesore o ir a la clínica veterinaria de urgencias más cercana.

No debe
- ✗ Tratar de extraer una pelota con la que se ha atragantado introduciendo su mano en la garganta del perro.

La respiración profunda y trabajosa (los resuellos) suele venir acompañada por un ruido estridente denominado estertor, que revela una obstrucción en las vías respiratorias del perro. Si aparece de forma gradual, lo más probable es que se deba a un problema de carácter permanente, por ejemplo que el perro tenga un paladar blando demasiado alargado. Se trata de una enfermedad hereditaria de las razas con morro chato, como el bulldog, el Boston terrier y el carlino. Los amos suelen sobresaltarse mucho cuando sus perros empiezan a roncar y a toser, o incluso a dar muestras aparentes de estarse ahogando, sobre todo después de hacer ejercicio. Lo que sucede es que el velo del paladar, en estas razas, desciende tanto dentro de la garganta del perro que llega a obstruir de forma intermitente la entrada o salida de aire de la laringe. El problema puede resolverse muchas veces por medio de la cirugía. Otras posibles causas de la respiración trabajosa son el colapso de tráquea, que provoca un estrechamiento de la misma y que suele afectar a las razas miniatura como los Yorkshire terrier, y la parálisis de laringe, provocada por un debilitamiento de los músculos laríngeos. Este problema afecta sobre todo a los perros ancianos y de gran tamaño.

A veces, la respiración trabajosa se debe a una infección

La salud del perro

de garganta o de las vías respiratorias superiores, como la amigdalitis o la tos de las perreras (ver págs. 46-47). El perro enfermo sufrirá accesos de tos violenta e improductiva y parecerá estarse asfixiando, lo que produce en los amos la impresión de que el perro se ha atragantado.

Asfixia real

A los perros les encanta mordisquearlo todo, y es fácil que se traguen pequeños juguetes o astillas de los palitos, huesos u objetos de plástico que mastican. Si un cuerpo extraño queda atascado en la parte posterior de su garganta, los perros sienten que se están ahogando y, presos del pánico, empiezan a darse desesperados zarpazos en la boca como tratando de extraerse el objeto incrustado. A medida que va faltándoles el aire, su lengua y sus encías van tiñéndose de azul.

La situación debe considerarse como una emergencia. Abra la boca del perro, eche a un lado su lengua y llame urgentemente al veterinario para que le explique lo que ha de hacer, o llévelo de inmediato a la clínica veterinaria con servicio de urgencia más cercana. Intervenga personalmente sólo si no es posible recibir ayuda profesional de forma inmediata. Para liberar una pelota atascada, utilice la maniobra de Heimlich (agarre fuertemente al perro por la cintura y apriete, empujando el abdomen hacia arriba) o presione la garganta desde fuera, tratando de empujar la pelota hacia arriba desde el exterior y subirla lo suficiente para que pase por encima de la parte trasera de la lengua.

Los perros también sufren ahogos cuando tienen dificultades para tragar y dejan porciones de su alimento a medio camino, bloqueadas en la faringe, cuando los regurgitan desde el esófago hasta la garganta a causa de una enfermedad denominada megaesófago (ver pág. 69).

▼ *Es probable que su perro disfrute como un loco recogiendo palitos y reduciéndolos a astillas con las muelas, pero debe perder esa costumbre, porque la madera se astilla fácilmente, y los fragmentos astillados son muy peligrosos.*

● **Un vecino me ha dicho que no utilice pelotas para jugar con el perro, porque corro el peligro de que se las trague y se ahogue. ¿Es esto posible?**

Puede ocurrir. Si las pelotas no son lo bastante grandes, el animal podría tragárselas, tanto deliberadamente como de forma accidental. Una vez instalada en la faringe, la pelota no puede moverse ni hacia arriba ni hacia abajo. Es el mecanismo de las válvulas de bola: cierran totalmente el paso del aire y el perro puede asfixiarse en muy poco tiempo. Puede lanzar pelotas a su perro sin temor, pero sólo si son suficientemente grandes como para que le resulte imposible tragárselas.

● **Megan, mi spaniel de cuatro años, se queda sin aliento cada vez que hace un ejercicio algo más intenso que su breve paseo habitual. Yo he intentado hacerla moverse más, para que adelgace. ¿Qué otra cosa puedo hacer?**

Lleve a Megan a hacerse un chequeo, para asegurarse de que no padece ninguna enfermedad, como por ejemplo una disfunción coronaria de naturaleza congestiva. Si su único problema es la obesidad, debe reducir su ingesta de calorías. El veterinario podrá recomendarle un pienso bajo en calorías de calidad.

● **Zorro, mi golden retriever de 12 años, se queda sin aliento en cuanto lo llevo a hacer algo de ejercicio. Se queda quieto, respira con mucho trabajo y parece sentirse bastante mal. ¿Será que se está haciendo viejo?**

No. Zorro podría tener alguna obstrucción que le impide absorber el oxígeno, tal vez provocado por una parálisis de laringe. Puede ir a peor, así que haga que lo examine el veterinario.

VÍAS RESPIRATORIAS

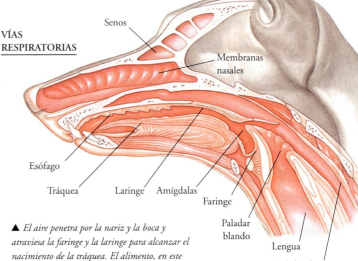

▲ *El aire penetra por la nariz y la boca y atraviesa la faringe y la laringe para alcanzar el nacimiento de la tráquea. El alimento, en este punto, se canaliza hacia el esófago.*

Desvanecimientos y colapsos

Si su perro sufre de pronto un colapso, lo más normal es que usted se lleve un susto de muerte. Hay dos tipos de colapso: el desmayo, que es cuando el perro se desploma como muerto, con los músculos totalmente relajados, y los ataques epilépticos, que ocurren cuando el perro, al perder el conocimiento, se queda rígido y experimenta espasmos o sacudidas involuntarias en todo el cuerpo (ver Ataques Epilépticos y Convulsiones, págs. 64-65). La primera vez que se presencia un colapso, no es fácil distinguir si se trata de un desmayo o de un ataque.

En circunstancias como éstas, es muy importante que no pierda los nervios. Los colapsos suelen durar apenas unos segundos, un minuto o dos como máximo. No debe tratar de mover al perro, pero sí asegurarse de que sus vías respiratorias no están obstruidas, colocando la lengua del animal fuera y a un lado de la boca. Si se trata de un ataque epiléptico, mantenga oscura la habitación y permanezca en silencio, proporcionando al animal un entorno lo más tranquilo posible. Déle tiempo para recuperarse, cálmelo, haciendo que se sienta seguro, y llame entonces a la clínica veterinaria, donde le indicarán si debe llevar al perro de inmediato o es mejor esperar.

Algunas veces los perros se desmayan sin motivo aparente, y los colapsos en sí rara vez son fatales para el perro. No

▼ *Cuando el perro recupere el conocimiento tras un colapso, cubra su cuerpo con una manta o abrigo para que no se enfríe y cálmelo mucho, intentando infundirle seguridad. Puede que, al ponerse en pie, se tambalee ligeramente durante algunos instantes.*

● *Pugwash, mi Cavalier King Charles spaniel de 8 años, lleva varios meses tosiendo mucho, y la semana pasado tosió tanto que acabó perdiendo el conocimiento, pero se recuperó en seguida y ahora parece que se encuentra bastante bien. ¿Debo comentárselo al veterinario?*

Sí. Los perros de esa raza son propensos a los trastornos coronarios entre la madurez y la vejez, y uno de los síntomas de la enfermedad es la tos que culmina en un desmayo.

● *La semana pasada, Bruno, mi boxer de 10 años, empezó a tambalearse y cayó desplomado. Se queda con la cabeza pegada a la pared y a veces parece estar totalmente desorientado. ¿Tendrá un tumor cerebral?*

Es muy probable, pero los tumores cerebrales no son nada fáciles de diagnosticar, ya que no suelen aparecer en las radiografías. Lo mejor es que le lleve al veterinario y éste le asesore. Los análisis de sangre sirven para descartar otras posibles enfermedades (como la nefritis) que podrían causar síntomas similares. Su veterinario tal vez pueda recomendarle un especialista que lleve a cabo resonancias magnéticas o escáneres.

● *¿Qué debo hacer si mi perro se desmaya?*

Túmbelo sobre el costado derecho, asegurándose de que está cómodo. Si está inconsciente y con la lengua y las encías azuladas, despeje sus vías respiratorias tirando de la lengua para que quede lo más fuera de la boca posible, sin hacerle daño. Llame al veterinario para que vaya indicándole lo que ha de hacer y, mientras, practíquele la respiración artificial si es necesario.

La salud del perro

◀ *Tumbe al perro inconsciente sobre el costado derecho. Compruebe si late aún su corazón colocando su mano sobre la parte izquierda del pecho del perro, justo debajo del codo, y proporciónele los primeros auxilios si es preciso (ver págs. 98-99).*

obstante, en algunas ocasiones, y sobre todo si se repiten con cierta frecuencia, pueden ser síntoma de algunas enfermedades graves. Por ello, si su perro los sufriese, aunque fuese sólo una vez, es conveniente que informe de ello a su veterinario. El perro debe someterse a un chequeo lo antes posible, para asegurarse de que no han quedado secuelas. Si alguien más presenció el episodio aparte de usted, pídale que le acompañe al veterinario para contar todo lo que observó, porque se trata de información esencial para diagnosticar la causa del colapso. Si fue el primero que sufrió, y no se repite, lo más probable es que el perro no requiera tratamiento alguno.

Lo que el veterinario necesita saber

En cuanto termine el colapso, trate de apuntar todos y cada uno de los detalles que recuerde, sobre todo si no es la primera vez que le sucede algo así. Toda esa información ayudará en gran medida al veterinario en su diagnóstico.

- ¿Cuánto tiempo duró el último episodio? No le será fácil estimar su duración de forma objetiva, pero es un dato sumamente importante.
- ¿Se comportó el perro de manera anormal antes de sufrir el colapso? ¿Gemía, ladraba, o se tambaleaba? ¿Parecía desorientado o deprimido?
- ¿Qué estaba haciendo el perro cuando le sobrevino el colapso? ¿Jugaba, corría, comía o, por el contrario, le ocurrió inmediatamente después de despertarse?
- ¿Fue un episodio aislado o se ha repetido más veces? Si es así, ¿con qué frecuencia se producen los ataques?
- ¿Cayó desplomado y se quedó como muerto al perder el conocimiento?
- ¿El perro se movía de alguna forma durante el colapso, había cualquier tipo de actividad muscular?
- Al terminar el episodio, ¿se recuperó inmediatamente? ¿Parecía inquieto, excitado o con molestias?
- ¿Está tomando alguna medicación?
- ¿Hay alguna posibilidad de que se haya envenenado con raticida o con algún producto semejante?
- ¿Ha sufrido recientemente algún accidente, o lo han golpeado o mordido? ¿Se ha dado algún golpe en la cabeza?

Posibles causas de los colapsos

Los perros se desmayan cuando su cerebro deja de recibir todo el oxígeno o los nutrientes que necesita (la glucosa, por ejemplo). Esta carencia puede deberse a un problema circulatorio causado por la incapacidad del corazón de bombear la sangre eficazmente. Una obstrucción en las vías respiratorias (ver Respiración Trabajosa, págs. 60-61), al restringir o impedir la entrada de oxígeno en los pulmones, provocaría una carencia de oxígeno en el cerebro. Los perros suelen desmayarse después de haber practicado un ejercicio intenso o al final de un acceso de tos prolongado.

Las crisis convulsivas pueden deberse a algún trastorno cerebral como la epilepsia. Los perros suelen tardar más en recuperarse por completo que cuando se desmayan. También pueden deberse a trastornos metabólicos, como las disfunciones hepáticas y renales, o la *diabetes mellitus* (ver pág. 75), y pueden llegar a dejar al perro en coma si no se tratan. Si el perro ha sufrido recientemente un accidente o lo han golpeado, puede también sufrir una hemorragia interna repentina capaz de provocarle un colapso. A veces, un tumor en el bazo o en el hígado puede herniarse sólo con que el perro salte desde un asiento hasta el suelo, provocando un colapso. En estos casos, el colapso puede ser el primer síntoma aparente de la enfermedad.

Espasmos y convulsiones

ES NORMAL QUE LOS PERROS AGITEN nerviosamente las patas o las orejas y emitan pequeños gruñidos o quejidos mientras duermen. Probablemente estén soñando que cazan un conejo... o al cartero. Estos movimientos son muy distintos de las contracciones musculares que se producen cuando un perro sufre espasmos o convulsiones. En estos casos, el animal se queda rígido, sus patas se crispan y sus músculos experimentan sacudidas involuntarias, tal vez en todo el cuerpo. El perro normalmente no es consciente de lo que hace y no es posible intervenir para que deje de agitarse. Casi todos los ataques sobrevienen cuando el perro está en completo reposo, y no después de hacer ejercicio.

Pocas cosas producen más angustia que ver a nuestro perro sufriendo uno de estos ataques por primera vez. Sin embargo, el perro no suele darse cuenta de lo que le está ocurriendo y es improbable que sienta dolor, de modo que la experiencia suele ser más traumática para el amo que para el propio perro. Trate de controlar sus nervios, no lo toque ni trate de moverlo. Limítese a crear un ambiente lo más tranquilo y silencioso posible a su alrededor: asegúrese de que nadie habla, grita o hace ruido, apague el televisor o la radio, cierre las cortinas y apague la luz. Si el ataque se ha producido fuera de casa, trate de proteger al perro de la luz del sol o de las farolas. Retire cualquier mueble que haya cerca del perro para evitar que pueda golpearse con él.

Los ataques no suelen durar más de dos o tres minutos en total aunque a usted, como espectador impotente del ataque, se le hayan hecho interminables. Intente ser obje-

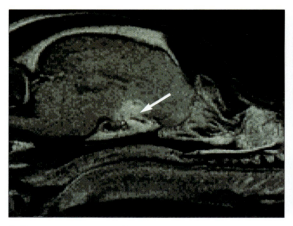

▲ *Esta resonancia magnética del cerebro de un boxer de 9 años revela la existencia de un tumor (marcado con la flecha). Los ataques convulsivos pueden ser provocados por un tumor cerebral en desarrollo.*

tivo y apuntar la duración exacta de la crisis, ya que esta información es de vital importancia para el veterinario. En cuando termine la crisis, debe hacer todo lo posible para reconfortar a su perro y hacerle sentirse cómodo y seguro. Tal vez permanezca ligeramente desorientado unos instantes, y en algunos casos puede tener problemas de visión durante algún tiempo. Muchos perros se sienten tremendamente hambrientos y sedientos al salir de la crisis.

Es importante llamar al veterinario lo antes posible. Si el ataque fue muy aparatoso, tal vez le pida que lleve al pe-

Descripción de un ataque típico

1ª FASE: AURA
Inmediatamente antes del ataque
- El perro parece aturdido o desorientado.
- Camina vacilante o haciendo eses.
- Algunos se comportan de forma agresiva.
- Algunos sienten mucha hambre.
- El perro gime o ladra sin razón aparente.
- Algunos se muestran sumamente abatidos.
- Algunos buscan a su amo.

2ª FASE: ICTUS
Ataque propiamente dicho
- El cuerpo del perro se vuelve rígido (fase tónica).
- El perro crispa y agita las patas (fase clónica).
- Sufre espasmos y estremecimientos en todo el cuerpo.
- Orina y/o defeca.
- Insaliva copiosamente (babea de forma excesiva).
- Algunos pierden el conocimiento.

3ª FASE: POST-ICTUS
Inmediatamente después del ataque
- El perro busca cariño, protección y tranquilidad.
- Se siente hambriento y sediento.
- Parece ligeramente desorientado.
- Algunos tienen problemas de visión durante algunos momentos.

La salud del perro

 P/R...

● Bonnie, mi collie de 4 años, sufrió un ataque convulsivo la semana pasada. La veterinaria que la examinó no encontró nada anormal y me dijo que tal vez fuera un episodio aislado, pero quiere hacerla un análisis de sangre. ¿Para qué son estos análisis?

Los ataques epilépticos se deben a una disfunción cerebral momentánea y, una vez terminada la crisis, no dejan ningún rastro. Si el perro ha sufrido un único ataque, no suele prescribírsele ningún tratamiento. Los análisis de sangre sirven para descartar otras posibles dolencias capaces de desencadenar ataques semejantes. Si Bonnie sufre otro ataque, no dude en hacerle un análisis de sangre.

● A Zara, mi pastor alemán hembra de 15 años, le han diagnosticado epilepsia hereditaria. Empezó un tratamiento hace cuatro meses y parecía que todo iba bien, pero ha tenido cuatro ataques durante las dos últimas semanas. Ahora no la dejo salir, porque está con el celo. ¿Puede influir eso?

Es muy probable que los desajustes hormonales provocados por el celo tengan que ver con la reaparición de los ataques de Zara. Quizá tenga que aumentar ligeramente las dosis de su medicina durante algún tiempo. Hable con su veterinario. Tal vez convenga extirparle los ovarios antes del próximo celo, para evitar que vuelva a ocurrir lo mismo y de paso impedir que pueda transmitir su enfermedad a una posible descendencia.

rro de inmediato para examinarlo. En cualquier caso, nunca está de más pedir cita en la clínica para esa misma semana. El veterinario le preguntará qué estaba haciendo el perro antes, durante e inmediatamente después del ataque, de modo que no es mala idea apuntar en un papel todo lo que observó, antes de que se le olvide algún detalle. Los ataques convulsivos pueden deberse a motivos muy diversos, como el moquillo, el envenenamiento, un golpe en la cabeza, una encefalitis (inflamación del cerebro), un tumor cerebral, la diabetes o una disfunción hepática. La parasitosis, cuando se trata de cachorros masivamente infestados de lombrices, y la fiebre láctea de las perras recién paridas, también pueden provocar ataques convulsivos. El tétanos, aunque infrecuente en los perros, produce espasmos musculares que pueden inducir a confusión.

Sobrellevar la epilepsia

Si las crisis se repiten de forma más o menos periódica, es probable que el perro sea epiléptico. Los ataques epilépticos se originan en el cerebro del perro y se dividen en tres fases bastante breves: aura (fase preliminar), ictus (ataque epiléptico propiamente dicho) y post-ictus (fase de recuperación), cada una con sus propios síntomas. Los ataques pueden aumentar en frecuencia e intensidad con el paso del tiempo o no hacerlo. Se cree que la epilepsia es hereditaria en ciertas razas: pastores alemanes, boxer, setter irlandés, labrador retriever, golden retriever, beagle, cocker spaniel y caniches. Las crisis suelen manifestarse poco después de que el perro alcance la madurez sexual (entre los seis meses y los tres años de edad).

La epilepsia puede controlarse con fármacos anticonvulsivos como el fenobarbital, que suele administrarse haciendo tragar al perro un comprimido diario. Normalmente no se prescribe un tratamiento contra la epilepsia antes de realizar análisis de sangre que descarten otras posibles enfermedades capaces de provocar ataques similares. Excepto en casos muy contados, los perros aquejados de epilepsia hereditaria no responden al tratamiento y sus ataques aumentan en frecuencia e intensidad. Si ése es su caso, deberá plantearse si a su perro le merece la pena esa clase de vida o sería más generoso por su parte poner fin a su sufrimiento.

◀ Los pastores alemanes son una de las razas caninas que, según se cree actualmente, pueden sufrir epilepsia hereditaria. Los perros con epilepsia hereditaria nunca deberían utilizarse como reproductores.

Pérdida del equilibrio

ES MUY NORMAL EN LOS PERROS ANCIANOS perder el equilibrio parcialmente: tal vez les fallen las piernas de repente, ladeen la cabeza o el cuerpo o rueden sobre un costado. Este comportamiento es alarmante, sobre todo si se produce de forma repentina, y debe consultarlo con su veterinario lo antes posible. Intente evitar que su perro se haga daño y llévelo siempre sujeto con la correa cuando lo saque de casa.

Es probable que este comportamiento se deba a una de las disfunciones que pueden afectar tanto al cerebro como al oído del perro, alterando su sentido del equilibrio. El órgano responsable del equilibrio está alojado en el oído interno, y consiste en una serie de mecanismos (conductos semicirculares, utrículo y ventanas redonda y oval) comunicados con la cóclea o caracol. Éstos indican al perro si está boca arriba o boca abajo, detectan los movimientos de su cabeza y envían toda esta información, a través del nervio vestibular, al cerebelo, que se encarga de coordinar la posición y los movimientos del cuerpo. Cuando el cerebro envía al cuerpo la orden de enderezarse, por ejemplo, el cerebelo utiliza la información de que dispone acerca de la posición del animal y coordina los músculos del cuello, tronco y patas del perro para que realicen los movimientos oportunos, teniendo en cuenta su posición de origen.

La causa más frecuente de la pérdida de equilibrio es el llamado síndrome vestibular. Los perros tienen dificultades para mantenerse erguidos y tienden a inclinarse hacia un lado u otro. No se conoce la causa del trastorno, y normalmente remite por sí solo con el tiempo, pero a veces el animal conserva la cabeza ligeramente ladeada para siempre.

Otra causa posible son las infecciones del oído medio. A veces provocan parálisis en los músculos faciales y oculares. La mitad de la cara se vuelve flácida y el perro babea por uno de los lados del hocico. Las infecciones del oído interno, aunque muy raras, hacen que la cabeza se incline unos 90º o más aún, y el perro se marea, sobre todo cuando está nervioso o estresado. Muchas veces, el animal es incapaz de mantenerse erguido y camina trazando círculos en la misma dirección. Las infecciones de oído se tratan con antibióticos y, cuando es posible, con drenaje quirúrgico. La parálisis facial y ocular es a veces irreversible, pero los perros pueden recuperar hasta cierto punto el sentido del equilibrio perdido.

Las lesiones cerebrales provocadas por fractura craneanas, tumores, intoxicaciones por drogas o fármacos, o apoplejía (esto último es muy raro en los perros) también pueden provocar pérdidas del sentido del equilibrio. Otros síntomas adicionales pueden ser ataques convulsivos, desvanecimientos súbitos o depresión. Los perros pueden comportarse de forma extraña, insistiendo en golpearse la cabeza contra la pared o caminar en círculo. Si el problema radica en el cerebelo, tendrán problemas para coordinar sus movimientos, y lo demostrarán estremeciéndose o temblando, caminando como a saltos y de forma desacompasada o con posturas extrañas y desgarbadas. El pronóstico y el tratamiento pueden variar mucho dependiendo de la causa del trastorno.

Pérdida aparente del equilibrio

Gran número de enfermedades pueden, en su fase inicial, provocar disfunciones similares, y es muy importante hacer que el veterinario examine al perro afectado para atajar a tiempo el problema. Toda la información que usted pueda aportar sobre el comportamiento de su perro será de gran ayuda, y la descripción detallada de los primeros síntomas ayudará en gran medida a diagnosticar su causa.

La debilidad muscular y los colapsos que sobrevienen después de una severa crisis de vómitos y diarrea, por ejemplo,

Síntomas de la pérdida de equilibrio

- El perro se inclina, rueda o cae sobre un costado.
- Camina en círculo.
- Mantiene la cabeza ladeada hacia la derecha o la izquierda.
- Mueve rápida, rítmica e involuntariamente los ojos en sentido vertical u horizontal (fenómeno conocido como *nistagmo*).
- Los músculos faciales se paralizan, flácidos, y el perro babea.
- El perro sacude la cabeza (y/o se rasca las orejas) con insistencia.
- El perro bizquea (sufre *estrabismo*).
- Vomita.

▶ *Un trastorno vestibular obliga a este perro a mantener su cabeza ladeada hacia la izquierda.*

La salud del perro

▲ *Los perros sanos suben escaleras como ésta sin problemas, pero hay enfermedades que provocan pérdida total o parcial del sentido del equilibrio.*

▶ *Los órganos del equilibrio se alojan en el oído interno. Las ondas sonoras hacen vibrar el tímpano, y esta vibración se transmite a una serie de huesecillos situados en el oído medio conectados con la cóclea o caracol, donde se convierten en impulsos que finalmente llegan hasta el cerebro.*

EL OÍDO

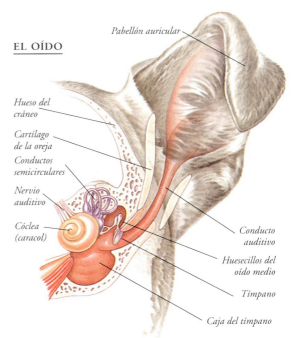

- Pabellón auricular
- Hueso del cráneo
- Cartílago de la oreja
- Conductos semicirculares
- Nervio auditivo
- Cóclea (caracol)
- Conducto auditivo
- Huesecillos del oído medio
- Tímpano
- Caja del tímpano

● **Buddy, mi collie de pelo duro de diez años, se cae sobre su costado derecho. Empezó a ocurrirle de repente. El veterinario le recetó unos comprimidos. ¿Puede explicarme qué le está pasando?**

Parece que Buddy sufre el síndrome vestibular, un trastorno típico de los perros ancianos que les hace perder el sentido del equilibrio. Normalmente no se puede determinar la causa, pero el pronóstico suele ser favorable, por lo que pienso que Buddy se va a poner bien. Buddy se acostumbrará a vivir y moverse en «un mundo inclinado». Los demás síntomas irán remitiendo con el tiempo.

● **Charlie, mi setter irlandés, está en tratamiento para curarse la infección de oído medio que le ha hecho perder el sentido del equilibrio. ¿Cómo puedo ayudarle yo?**

La pérdida del equilibrio le estará provocando un malestar considerable. Ahora mismo, lo que más necesita Charlie es tranquilidad, que lo reconforte y le ayude a sentirse un poco más seguro. Tendrá que ayudarle a caminar (una correa ancha y suave o cabestrillo colocada alrededor de su pecho y sujeta por la parte de la pechera puede resultar muy útil) y a colocarse en la posición adecuada para hacer sus necesidades. Manténgalo alejado de las escaleras y de cualquier otro lugar peligroso en su situación. Cuando empiece a recuperar la movilidad, colóquele una mano a cada lado del lomo para ayudarle a mantenerse enderezado y anímelo a caminar poquito a poco. Debe caminar lentamente, porque si corre o dobla una esquina demasiado deprisa lo más probable es que se caiga.

pueden producir la impresión de que el perro se inclina lateralmente al caminar. Otros trastornos de origen nervioso y muscular pueden producir el mismo efecto.

La rigidez articular de los perros ancianos y artríticos puede afectar de forma más intensa a un lado de su cuerpo. El andar vacilante y bamboleante puede hacer pensar a su propietario que el animal está permanentemente mareado. La falta de flexibilidad y la torpeza de movimientos son muy acusadas al despertar, pero mejoran a lo largo del día.

Las lesiones en la espina dorsal pueden paralizar un lado del cuerpo, pero sólo de manera parcial, afectando a las patas derechas o las izquierdas. Ciertas enfermedades pueden provocar *ataxia* en los perros, obligándolos a caminar bamboleándose. Los doberman, padecen a veces este *síndrome del bamboleo*, provocado por la inestabilidad de las vértebras de su cuello. Los dachshund pueden sufrir alteraciones en las almohadillas intervertebrales que les provoquen parálisis o debilidad en las patas traseras y caminar bamboleándose.

La ceguera total o parcial puede hacer que el perro tropiece o choque contra los objetos, haciendo creer a su propietario que ha perdido el sentido del equilibrio.

La ingestión de sedantes, entre los que se incluyen los anticonvulsivos para combatir los ataques epilépticos, puede obligar a un perro a caminar tambaleante e inseguro. Los perros también presentan dificultades para coordinar sus movimientos cuando despiertan de la anestesia general.

Vómitos

APARTE DE LA COSTUMBRE DE REBUSCAR en las basuras, una de las causas más frecuentes del vómito en los perros es haberse pegado un atracón desmesurado a la hora de comer. Los perros también vomitan cuando se marean en el coche, por ejemplo, y por ello nunca es recomendable dar de comer al perro justo antes de ponerse en camino.

Antes de vomitar, el perro suele avisarnos babeando más de lo habitual, lamiéndose el hocico o tragando saliva con insistencia. Conviene controlar en todo momento qué es lo que está ingiriendo el perro y, si vomita, observar lo que ha expulsado para tratar de identificarlo. Si es su comida habitual sin digerir, lo más probable es que vomite simplemente porque engulló demasiado deprisa, un comportamiento que puede reflejar la avidez típica de los perros o revelar un estado de estrés e inseguridad. El problema suele resolverse cambiando su alimento o la forma de racionarlo. Cuando lo que el perro expulsa es su alimento habitual, pero sin digerir, no vomita realmente sino que regurgita. El contenido estomacal suele aparecer ligeramente apelmazado y amalgamado con saliva, lo que le confiere un aspecto que recuerda al de una salchicha.

Cuándo hay que dar parte al veterinario

Si el vómito ha sido un episodio aislado, la mayor parte de las veces bastará con tomar ciertas medidas preventivas en el propio hogar (ver recuadro en la siguiente pág.). No obstante, si los episodios se repiten, si los vómitos vienen acompañados de diarrea intensa o contienen sangre (que aparecerá en grumos semejantes a granos de café), si el estómago del perro está hinchado, el animal tiene fiebre o parece sentirse mal, hay que llamar al veterinario de inmediato. Aunque no haya este tipo de complicaciones, los vómitos en sí, si se repiten, pueden llevar al perro a un estado de deshidratación con graves consecuencias para su salud. No

▼ *Esta propietaria acerca el recipiente de comida al hocico de su setter para evitar la distensión estomacal, un trastorno frecuente en los perros anchos de pecho que suele manifestarse por medio del vómito.*

La salud del perro

P/R...

● Tengo una setter irlandés de cuatro meses, Rusty. Está preciosa y es una perrita muy activa, pero vomita con frecuencia una media hora después de comer. ¿Qué problema tiene?

Rusty podría padecer un trastorno hereditario en los setter irlandeses conocido con el nombre de megaesófago. El tubo digestivo (esófago) se dilata, impidiendo el paso del bolo alimenticio hacia el estómago, por lo que el animal acaba echando fuera el alimento ingerido. Rusty en realidad no vomita, sino que regurgita su comida. Los setter irlandeses suelen empezar a manifestar el problema en el momento del destete, pero otras razas lo hacen más adelante. Consúltelo lo antes posible con su veterinario. Probablemente haya que llevar a cabo un seguimiento y vigilar de cerca sus digestiones durante el resto de su vida.

Solemos quedarnos con los perros de toda la familia dos o tres veces al año, cuando sus amos se van de vacaciones. Todos se llevan entre sí estupendamente, pero el problema es que Moocher, nuestro propio perro, un mestizo de seis años, se vuelve muy ansioso con la comida, y come tan deprisa que acaba muchas veces vomitándolo todo. Y sigue así hasta casi una semana después de que el último perro se haya marchado de casa. ¿Podemos hacer algo para evitarlo?

● Intente dar de comer a Moocher por separado. Llévelo a una habitación diferente para que coma, háblele en tono tranquilizador mientras le sirve la comida y reténgalo durante unos pocos minutos, para que compruebe que nadie le va a quitar su ración. Otra posibilidad es darle menos cantidad de alimento, pero más a menudo. La próxima vez que vengan los demás perros de visita, asegúrese de que comen en una habitación aparte.

Qué hay que hacer si vomita

Si su perro ha vomitado sólo una vez y no manifiesta otros síntomas, como diarrea o distensión abdominal, no es necesario que lo examinen, y bastará con seguir estas normas:

1. No le dé nada de comer durante las próximas 12 horas.

2. Controle el agua que consume: déjele beber sólo una taza cada dos horas, aproximadamente. Jamás ofrezca leche a un perro que vomita.

3. Manténgalo en reposo y evite que se enfríe.

4. Si después de 12 horas, no ha vuelto a vomitar, déle sólo alimentos blandos, ricos en proteínas y carbohidratos pero muy fáciles de digerir: requesón, carne de pollo hervida o pescado blanco, bien mezclados con cuatro veces la misma cantidad de arroz hervido. Sírvale una pequeña porción de este alimento cada cuatro horas. Si no vuelve a vomitar, regrese gradualmente a la dieta habitual durante los próximos dos días.

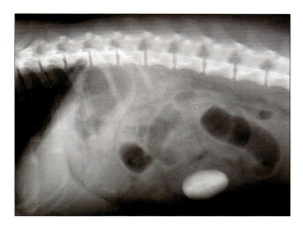

▲ Esta radiografía permite ver una goma de borrar alojada en el intestino de un perro (objeto blanco que se distingue abajo, hacia la derecha). A veces, los perros engullen objetos que obstruyen su tracto gastrointestinal, provocándoles vómitos y diarrea.

obstante, algunas veces el vómito es síntoma de otra enfermedad, normalmente grave, como gastroenteritis, ulcera gástrica, tumores u obstrucción intestinal, por ejemplo.

Los perros infestados de parásitos gastrointestinales pueden vomitar cuando los gusanos proliferan hasta obstruir algún punto de su tracto gastrointestinal. Ocurre con más frecuencia en los cachorros que en los perros adultos. La obstrucción intestinal causada por la ingestión de un cuerpo extraño e indigerible o por un estreñimiento muy prolongado puede provocar vómitos también. El moquillo, la parvovirosis y la enteritis infecciosa (ver págs. 46-47) pueden también provocar vómitos repetidos y violentos, aunque cualquier perro que esté al día con sus vacunaciones periódicas será inmune a las dos primeras enfermedades.

Los vómitos y la diarrea pueden ser síntoma de una distensión estomacal muy grave, provocada por acumulación de gases en el estómago. Se trata de un problema serio, y es necesario intervenir con rapidez, por lo que hay que ponerse en contacto con el veterinario inmediatamente. Los perros anchos de pecho, como los boxer, setter irlandeses y pastores alemanes, son propensos a sufrir torsiones de estómago. El estómago, lleno de gas, se retuerce provocando rigidez y terribles dolores. Para evitar la torsión del estómago, hay que asegurarse de que el perro reposa al menos una hora después de las comidas, y no permitirle realizar ningún ejercicio intenso antes de que termine ese plazo. Si su perro traga demasiado aire cuando come, un buen truco es aplastar el alimento contra el fondo del recipiente, para obligar al perro a ir extrayéndolo poco a poco y en porciones más reducidas.

Diarrea y otros problemas intestinales

LA DIARREA ES, PROBABLEMENTE, la primera razón por la que se lleva al perro al veterinario. Muchas veces se produce simplemente porque se le han dado al perro golosinas inapropiadas, comida demasiado fuerte, o porque se ha cambiado de forma brusca su dieta. Los viajes y los parásitos internos también provocan diarrea en ocasiones, así como el estrés, más frecuente en los perros de trabajo y en los de compañía que permanecen demasiado tiempo solos y lejos de sus amos. La mejor forma de prevenir la diarrea es vacunando y desparasitando a nuestro perro e impidiéndole hurgar en la basura.

Si el perro padece diarrea leve y no manifiesta otros síntomas, probablemente se cure por completo siguiendo el mismo tratamiento casero que indicamos en la página 69. No permita que el perro se deshidrate. La enorme cantidad de agua que pierde con las deposiciones debe reponerse, pero en pequeñas y frecuentes dosis, ya que, si le diésemos una enorme cantidad de agua de una sola vez, probablemente lo único que conseguiríamos es que la vomitara. No permita que el perro beba agua de los charcos, ni en lugares poco fiables.

Si la diarrea viene acompañada de otros síntomas, sobre todo de vómitos y apatía, póngase en contacto con el veterinario urgentemente. La diarrea y los vómitos, cuando aparecen a la vez, pueden ser síntoma de diversas enfermedades, como el moquillo, la parvovirosis, la enteritis infecciosa, un envenenamiento o la torsión del estómago. La presencia de una pequeña cantidad de sangre fresca es normal cuando el perro ha tenido que esforzarse mucho para defecar, pero si la sangre presente en las heces está digerida (coloración muy oscura), indica una lesión en las paredes intestinales, tal vez provocada por una úlcera de estómago o por un tumor sangrante en el intestino. En estos casos, es necesario hacer que examinen al perro. También es necesario dar parte al veterinario cuando el perro parece extenuado y abatido, cuando la diarrea se prolonga durante varios días y cuando remite de forma temporal pero después vuelve a manifestarse.

En caso de diarrea aguda, lo más urgente es reponer el agua, las sales y la glucosa que el perro ha perdido. No

▲ *Hurgando en la basura, este perro ha logrado un botín consistente en un hueso rancio. Las basuras semipodridas que los perros engullen contienen gran cantidad de microorganismos.*

◄ *Un tratamiento de emergencia consiste en reponer los fluidos que el animal está perdiendo con suero oral, elaborado con agua, sal y glucosa, y administrado con una jeringuilla.*

La salud del perro

debe dársele absolutamente nada de comer durante 12 horas al menos, y hay que administrarle suero, ya sea por vía oral o intravenosa. El veterinario puede recetar unos polvos que se mezclan con cierta cantidad de agua para obtener el suero, que contienen sal y glucosa, y que usted mismo podrá suministrar a su perro por vía oral, con la ayuda de una jeringuilla. También puede que le prescriba antiespasmódicos, destinados a controlar el movimiento desordenado de los intestinos, antiinflamatorios y antibióticos.

La diarrea crónica, en cambio, es más difícil de diagnosticar y de tratar. Probablemente haya que hacer análisis de sangre y de heces, aparte de radiografías. Tal vez, también, haya que practicar una endoscopia para examinar las paredes intestinales y tomar muestras, utilizadas posteriormente en la biopsia, y en algunos casos habrá que internar al animal en la clínica veterinaria unos cuantos días para realizar determinadas pruebas diagnósticas y someterlo a tratamiento.

Flatulencia y estreñimiento

Como ocurre con los humanos, la flatulencia es un achaque típico de la vejez, debido a que los intestinos van perdiendo su tono muscular de forma progresiva. En realidad, es un problema que molesta más al amo que al propio perro. Se sabe que la carne no muy fresca, las sobras de ayer, la leche, los productos lácteos, los vegetales crudos, las judías y el pienso elaborado con habas de soja provocan muchos gases en los perros, aunque a cada ejemplar le afectan en distinta medida. El perro puede llenarse de gases simplemente por comer con demasiada avidez, ingiriendo gran cantidad de aire. Un buen truco es servirle el alimento en un recipiente ancho y poco profundo de este modo, el animal se ve obligado a extraerlo poco a poco, tomándolo en bocados más reducidos.

El estreñimiento puede causar muchas molestias a los perros. Los animales que no hacen ejercicio, los perros viejos con bajo tono muscular y los machos con problemas de próstata son los más propensos a padecer estreñimiento. También puede causarlo una dieta demasiado pobre en fibra. El veterinario le podrá recomendar una dieta más adecuada. También ayuda que el perro haga ejercicio suave durante unos 30 minutos, más o menos, una hora después de cada comida.

▶ *Las galletas con carbón vegetal incorporado (izquierda) resultan útiles contra la flatulencia. Las galletas ricas en fibra y el salvado especiales para mezclar con la comida (derecha) ayudan a combatir el estreñimiento. Las verduras crudas, como la zanahoria rallada, aportan fibra vegetal.*

P/R...

● **¿Cómo puedo cambiar la dieta de mi perro sin provocarle diarrea?**

La mejor forma es introduciendo el nuevo alimento poco a poco, mezclado con su comida habitual, en proporciones mayores cada vez, hasta que, al tercer o cuarto día, la haya reemplazado por completo.

● **Sheba, mi collie de 4 años, tiene diarrea con mucha frecuencia. ¿Podría ser una alergia alimentaria?**

La verdadera alergia alimentaria no es frecuente en los perros, y bastante complicada de diagnosticar, ya que el organismo del perro provoca una reacción de tipo inmunitario frente a cada tipo de alimento. Muchos veterinarios prefieren utilizar el término «intolerancia alimentaria«, que significa que el perro no tolera un alimento en concreto. La diarrea crónica de Sheba podría deberse a una intolerancia alimentaria.

● **¿Es verdad que la soja provoca flatulencia en los perros?**

Muchos piensos comerciales utilizan las habas de soja como fuente de proteínas. Las habas de soja contienen rafinosa, una sustancia que, por lo visto, algunos perros son incapaces de digerir. Las sustancias no digeridas, en contacto con ciertas bacterias presentes en el intestino, liberan gran cantidad de gases. Si su perro tiene esta clase de problemas, es mejor que prescinda de los piensos elaborados a partir de habas de soja.

● **Sandy, mi cocker spaniel, sufrió muchísimo a causa del estreñimiento que le provocaba la hipertrofia de su glándula prostática. ¿Qué puedo hacer para que a mi nuevo cachorro no le pase nunca una cosa así?**

El estreñimiento suele estar relacionado con los problemas de próstata, y éstos, a su vez, con la testosterona, que producen todos los perros machos no castrados. Si castrase a su perro, habría muchas menos posibilidades de que le ocurriera.

Aumento del apetito

LOS PERROS SON BASUREROS NATOS y rara vez desperdician la ocasión de engullir alguna que otra inmundicia. Algunas razas, como los beagles y retrievers, se han hecho famosas por su voracidad desmedida y por lo poco selectivos que son a la hora de tragarse lo que sea. Hay una vieja máxima según la cual los perros sólo comen lo que necesitan, pero, en este caso, la tradición se equivoca de medio a medio. Algunos perros comen de forma indiscriminada, mientras que otros empiezan a desarrollar hábitos alimenticios extraños o repulsivos. Los veterinarios denominan a este problema «polifagia».

Descartar los motivos evidentes

El aumento del apetito en nuestra mascota puede deberse a razones bastante obvias. Tal vez últimamente esté haciendo más ejercicio del habitual y, al consumir más calorías, lógicamente necesita «reponer combustible» más a menudo. Una perra gestante, o que amamanta a su camada, lógicamente también necesita comer más. Puede que el perro esté todavía en edad de crecer: los cachorros y los jóvenes necesitan más alimento que los perros ancianos y sedentarios. También es posible que estemos ofreciendo a nuestro perro menos comida de la que necesita en realidad: conviene tener en cuenta, a grandes rasgos, las indicaciones que aparecen en la etiqueta o el envase de pienso sobre las raciones más adecuadas para cada edad, peso y raza canina, aunque sin perder de vista que las necesidades energéticas varían enormemente de un individuo a otro. Conviene pedir al veterinario que lo pese y nos asesore al respecto. Es muy importante averiguar si un perro más hambriento de lo habitual está ganando o perdiendo peso. Y una última observación: si hemos puesto a dieta a nuestro perro para conseguir que adelgace, es totalmente natural que parezca estar siempre muerto de hambre.

Si ha descartado todas las causas evidentes, su perro puede tener algún problema de salud y necesita que lo vea el veterinario. Muchas veces, el aumento del apetito es síntoma de parasitosis, es decir, de la presencia de lombrices, tenias u otros parásitos en el intestino en el perro (ver págs. 50-51).

▲ *Los beagles se han hecho famosos por su increíble voracidad, y huelen a kilómetros la comida. Si su perro es glotón por naturaleza, debe poner especial cuidado y evitar qué se convierta en un perro obeso.*

El veterinario puede detectar la presencia de estos parásitos muy fácilmente, analizando u observando la materia fecal del perro. Tal vez desee ir a la clínica preparado para esta eventualidad, en cuyo caso le aconsejamos llevar consigo una muestra de las heces del perro. Si se descarta la presencia de parásitos internos, el veterinario tendrá que investigar los hábitos alimenticios del animal. Tal vez exista algún trastorno de comportamiento que provoque en él la sensación de no haberse quedado satisfecho con la comida. Puede que el veterinario le pregunte si ha observado recientemente alguna alteración en el aspecto habitual de las heces, ya que estos cambios pueden reflejar una disfunción intestinal.

La salud del perro

• Tara, mi pastor alemán, está adquiriendo unos hábitos alimenticios muy desagradables: pide comida a todas horas, incluso cuando acaba de terminarse su ración, roba comida de la cocina y hasta se come sus propias heces.

Por lo que dice, parece que Tara está experimentando un trastorno del comportamiento (ver págs. 142-143). No obstante, si además de comportarse de ese modo estuviese perdiendo peso, podría estar gravemente enferma. Los pastores alemanes son propensos a padecer una enfermedad denominada insuficiencia pancreática exocrina (IPE), que impide la adecuada absorción de los nutrientes por el intestino. Las heces suelen ser más voluminosas de lo normal, de color claro y con aspecto grasiento, y puede que huelan de forma muy desagradable. Como contienen comida no digerida, los perros enfermos intentan satisfacer su hambre con ellas. La enfermedad puede tratarse con una dieta especial fácil de digerir y que lleva incorporadas las enzimas digestivas de que estos perros carecen.

• Mitzi, nuestro yorkshire terrier, solía comer muy poco, pero desde que trajimos a casa al nuevo cachorrito, engulle su comida sin siquiera masticarla y hasta le roba su comida al pequeño Tim. Ahora se está poniendo un poco gordinflona.

Parece que Mitzi no está demasiado contenta con la presencia de una nueva mascota en la casa. Tal vez teme que Tim le quite hasta la comida, y por eso se la roba, para marcar territorio y mostrar su superioridad. Engullir tan deprisa no es bueno para el sistema digestivo, y probablemente le provoque flatulencia. Pruebe a dar a ambos perros de comer en habitaciones separadas y retire el cacharro de comida a los 20 minutos de haberlo servido, aunque no se hayan terminado su ración. Un buen truco para obligarla a comer más despacio es servirle el alimento en una bandeja y aplastar el contenido de la lata contra el fondo con un tenedor. Otro truco podría ser cambiar de marca de pienso y ofrecer a Mitzi otro que le guste menos.

Otros trastornos que pueden influir en el apetito del perro son las disfunciones suprarrenales y pancreáticas, entre las que se incluye la *diabetes mellitus* (azúcar en la sangre). Por ello también es conveniente llevar una muestra de orina al veterinario. El mal funcionamiento de los riñones puede causar una pérdida de proteínas y de masa muscular, que el perro intenta subsanar comiendo más. Algunos medicamentos tienen la facultad de abrir el apetito, por lo que debe informar al veterinario si su perro ha seguido un tratamiento recientemente.

Actitudes anormales

Un aumento repentino del apetito puede deberse a razones bastante obvias, como el ejercicio más o menos intenso, el crecimiento (en los perros jóvenes), la gestación, o la insuficiencia de las raciones. Pero si su perro empieza a desarrollar los hábitos alimenticios que describimos a continuación, podría tener algún problema de salud.

• Pide comida a cualquier hora del día y parece no quedarse satisfecho cuando termina su ración.
• Es menos selectivo con lo que come y a veces engulle cosas no comestibles (fenómeno de «pica»).
• Come más deprisa de lo normal, acabando el contenido del recipiente tan aprisa como puede (puede ser una actitud normal, si se sirve alimento a dos o más animales a la vez y en la misma habitación).
• Ingiere sus propias heces o las de otros animales tales como vacas, ovejas o caballos. (Este repugnante hábito alimenticio se denomina «coprofagia»).

▼ «¡Más, por favor!» Si su perro parece siempre hambriento, le da alimento de buena calidad y ha comprobado que la ración es adecuada para su tamaño y edad, podría estar enfermo.

Aumento de la sed

LOS PERROS SIENTEN SED por muchas causas naturales. Cuando hace calor, jadean para mantenerse frescos, lo cual les hace perder humedad en sus pulmones por evaporación. No debe sorprender, por tanto, que un perro sienta más sed de la normal si hace calor, puesto que debe reponer el agua perdida, y esto es aún más patente en las razas de manto largo y espeso. Un perro encerrado en un coche o en un cuarto sin ventilación en un día cálido o soleado se deshidrata con suma rapidez, y debe beber mucho para recuperar la humedad perdida. Después de una persecución agotadora, un perro de caza necesita beber gran cantidad de agua, ya que la habrá gastado refrigerando su organismo mientras corría infatigablemente. Una hembra preñada, o que amamanta a sus cachorros, necesita lógicamente beber más agua de la habitual. Un cambio en la dieta también puede hacer que el perro sienta más sed. Algunas comidas enlatadas contienen hasta un 80% de humedad, mientras que el pienso seco contiene sólo alrededor de un 8%. Si el alimento contiene cierta cantidad de sal, destinada a mejorar su sabor y volverlo más apetecible, también es lógico que el perro necesite beber más agua. Jamás impida a su perro beber toda el agua que desee, salvo si el veterinario le ha indicado lo contrario. Restringirle el acceso al agua podría ser dañino para su salud.

¿Le estará pasando algo raro?

Muchas enfermedades provocan sed en el perro. Después de un acceso de vómitos y diarrea, por ejemplo, los perros necesitan beber mucho más de lo habitual para restablecer los niveles de humedad de su organismo. Una herida sangrante o que supura hace perder también mucha humedad, así como una quemadura superficial. Ciertos fármacos, como los esteroides y los diuréticos, producen más sed de la habitual. Si el veterinario le ha prescrito un tratamiento a base de estos fármacos, probablemente le advirtiera en su momento que tendría que poner gran cantidad de agua fresca a su libre disposición para que dicho tratamiento diese resultados.

No obstante, algunas veces los perros sienten mucha sed sin causa aparente. En estos casos conviene llevar al perro al veterinario para que lo examine de forma exhaustiva. Será más fácil el diagnóstico si lleva anotada la cantidad total de agua que su perro ha bebido durante las 24 horas previas a

Síntomas del aumento de la sed

- Visitas frecuentes al bebedero.
- El perro pasa más rato bebiendo que antes.
- No se aleja del cacharro del agua. (¡Se han dado casos de perros que dormían con el morro apoyado sobre el borde del recipiente!)
- Usted siempre encuentra el bebedero vacío, y tiene que volver a llenarlo de agua con frecuencia.
- Tal vez el perro empiece a beber en sitios donde no había bebido antes, como la taza del WC, los charcos, o los bebederos de los pájaros.
- Orina más a menudo.

La salud del perro

▼ En los días cálidos y soleados, los perros se detienen a menudo durante el paseo para beber agua de un arroyo, un charco o una manguera. En estos casos, el motivo de su sed resulta obvio. No obstante, si un perro bebe sin parar y su recipiente de agua está siempre vacío, podría ser síntoma de alguna enfermedad grave.

P/R...

● *El veterinario me ha pedido que mida la cantidad total de agua que mi perro bebe en 24 horas. ¿Cómo puedo hacerlo?*

Llene de agua el recipiente por la mañana, marcando exactamente el nivel que alcanza. A lo largo de las 24 horas siguientes, vaya reponiendo el agua de forma que siempre esté a ese mismo nivel, pero rellene con un vaso medidor, de forma que pueda apuntar en un papel cuánta agua ha añadido cada vez. Pasadas las 24 horas, podrá sumar (o multiplicar) todas las cantidades añadidas.

● *Todd, mi collie ancianito, se pasa el día entero bebiendo. Y también comiendo, pero el caso es que parece estar bastante delgado. Se le ha hinchado la barriga y tiene los ojos como nublados. ¿Padece diabetes?*

Debe verlo el veterinario cuanto antes. Esas nubes que le han salido en los ojos podrían ser cataratas, un trastorno adicional provocado por la diabetes. Son irreversibles, de modo que, cuanto antes se diagnostiquen y empiecen a tratarse, mucho mejor. En la clínica veterinaria le indicarán los cuidados especiales que Todd deberá recibir a partir de ahora y le enseñarán a inyectarle su dosis diaria de insulina. A veces se prescribe un tratamiento por vía oral.

● *Cuando Nell, mi ovejero de Shetland hembra, se puso gravemente enferma y empezó a beber sin parar, el veterinario me recomendó que la castrara. ¿Por qué?*

Probablemente el veterinario haya descubierto que Nell padece una enfermedad denominada piometra, que puede ser mortal y afecta al útero de la perra, provocándole fiebre y sed intensa. Suele manifestarse poco después de terminar el celo. La perra vomita, se deshidrata y sufre un colapso. También puede haber descargas vaginales desagradables. La castración suele ser el tratamiento más eficaz, aunque en ocasiones puede tratarse con ciertos medicamentos.

la visita. También es conveniente llevar una muestra de orina. Para ello, basta con recoger una pequeña cantidad en un tarro o frasco vacío bien limpio, o en una cuña especial que puede adquirirse en las clínicas veterinarias.

Los perros también beben más cuando tienen fiebre o cuando sufren trastornos metabólicos. Si sus riñones, por ejemplo, no están funcionando correctamente, el perro beberá más para reponer el exceso de agua que pierde orinando (ver págs. 76-77). Y, a la inversa, otros perros pueden beber más agua de la normal a causa de un trastorno puramente psicológico, y en consecuencia orinan profusamente. Algunos tumores malignos provocan un aumento de la sed al elevar los niveles de calcio en la sangre, haciendo perder al organismo más fluidos de lo normal.

El aumento de la sed a veces puede deberse a trastornos hormonales como el síndrome de Cushing (una disfunción de la glándula suprarrenal), la *diabetes insipidus* (que afecta a la glándula pituitaria) y la *diabetes mellitus* (azúcar en la sangre). Esta última se produce porque el páncreas no es capaz de producir insulina, la hormona encargada de controlar el nivel de glucosa (azúcar) en la sangre. Se trata de una enfermedad relativamente común en los perros, ya que afecta a uno de cada cien individuos. Si no se trata, el perro empeora de forma progresiva, deja de orinar, cae en estado de coma y muere. El problema puede controlarse con una inyección diaria de insulina, una dieta muy controlada y obligando al perro a hacer ejercicio moderado.

Problemas urinarios

LAS ENFERMEDADES DE LAS VÍAS URINARIAS son frecuentes en el perro. Pueden deberse a diferentes causas, pero los síntomas suelen ser muy parecidos.

El problema más habitual es una infección bacteriana que produce inflamación en las paredes de la vejiga (cistitis). El perro siente deseos constantes de orinar, pero consigue expulsar muy poca orina. Todo ello provoca un gran malestar en el perro, y los machos que normalmente levantaban la pata, posiblemente empiecen a tratar de orinar agachados. Muchas veces la orina aparece teñida de rojo por la sangre. En otros casos, al perro empieza a escapársele dentro de casa. Los perros diabéticos son especialmente propensos a sufrir infecciones urinarias, ya que los elevados niveles de glucosa presentes en su orina constituyen un caldo de cultivo ideal para las bacterias.

A veces se cristalizan en la vejiga sales minerales, formando piedras que pueden alcanzar dimensiones considerables. Éstas facilitan la aparición de infecciones. A veces también pueden formarse cálculos en la uretra y, en el caso de los machos, pueden llegar a provocar la muerte del animal, ya que uno muy grande obstruiría por completo la salida de orina hacia el exterior, colapsando mortalmente los riñones. El problema es menos grave en las hembras, ya que su uretra es mucho menos angosta que la de los machos. Algunas razas son más propensas a la formación de cálculos que otras: los dálmatas, los cocker spaniel, los caniches miniatura, los shih tzu, los dachshund y los yorkshire terrier, por ejemplo, constituyen un grupo de riesgo.

Los síntomas de obstrucción de las vías urinarias son muy similares a los de la cistitis. Si los cálculos son muy grandes, a veces el veterinario es capaz de detectarlos palpando al animal. Para confirmar el diagnóstico se llevan a cabo radiografías y pruebas con ultrasonidos. Se prescriben dietas especiales destinadas a tratar de que los cálculos se desintegren por sí solos y las infecciones que suelen aparecer asociadas a la enfermedad se tratan con antibióticos. Los veterinarios a veces intentan «empujar» las piedras alojadas en la uretra hacia la vejiga urinaria pero, si no lo consiguen, normalmente es necesario extraer los cálculos por medio de la cirugía.

Los tumores benignos o malignos que se forman en la vejiga y en la uretra provocan síntomas parecidos a los de la cistitis, y pueden llegar a bloquear la salida de la orina hacia el exterior.

EL SISTEMA URINARIO

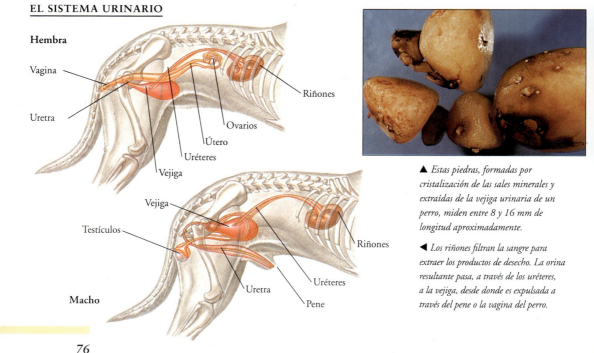

▲ Estas piedras, formadas por cristalización de las sales minerales y extraídas de la vejiga urinaria de un perro, miden entre 8 y 16 mm de longitud aproximadamente.

◀ Los riñones filtran la sangre para extraer los productos de desecho. La orina resultante pasa, a través de los uréteres, a la vejiga, desde donde es expulsada a través del pene o la vagina del perro.

La salud del perro

Síntomas de los problemas urinarios

Si su perro padece alguno de estos síntomas, debe llevarlo al veterinario.

- Sangre en la orina. Ésta puede ser de color rojizo o contener hilillos (vetas) de sangre. A veces, también aparece formando cuajarones sanguinolentos. En ocasiones el perro sangra aunque no esté orinando.
- La orina huele muy fuerte y/o es más oscura.
- El perro orina con más frecuencia de la normal.
- El animal se esfuerza mucho para orinar, pero sólo consigue expulsar cantidades muy pequeñas.
- Intenta orinar, pero no logra expulsar absolutamente nada de líquido (acuda con toda urgencia al veterinario).
- El perro orina más cantidad de la habitual (y suele beber también más agua: ver págs. 74-75).
- Empieza a orinarse en casa.
- Al levantarse, deja una marca de humedad.
- Orina cuando se excita o después de realizar movimientos bruscos.

Incontinencia urinaria

La incontinencia urinaria (emisión involuntaria de la orina) puede deberse a múltiples causas. Ocurre con más frecuencia en las hembras que en los machos, y muchas veces se produce porque el cuerpo de la perra tiene dificultades para controlar las válvulas que cierran y abren el paso de la orina desde la vejiga urinaria hasta la uretra. También puede deberse a malformaciones de la vejiga o de la vagina de la perra. Otras causas de la incontinencia son las lesiones que afectan a los nervios alojados en la espinal dorsal, como la malformación de los discos (almohadillas) intervertebrales o, en los machos, la inflamación de la próstata.

Problemas renales

Existen enfermedades crónicas que dificultan la actividad filtradora de los riñones. Los síntomas son el aumento de la sed y del volumen de la orina. Cuando los riñones empiezan a fallar, las toxinas empiezan a acumularse en el cuerpo del perro, y el animal empeora, manifestando síntomas como el aletargamiento, la pérdida de apetito, la pérdida de peso y la halitosis (mal aliento). Si la infección de riñones se prolonga, puede llevar a un fallo renal crónico, que termina provocando la degeneración del tejido renal y provocando malformaciones congénitas o cáncer. La enfermedad es casi siempre irreversible, aunque sus síntomas pueden controlarse con medicación y una dieta baja en proteínas.

El fallo renal agudo puede ser provocado tanto por infecciones como por obstrucciones urinarias, envenenamientos (entre los que se incluye la mordedura de las serpientes) o lesiones graves por un accidente. La orina de los perros afectados tendrá una coloración extraña o contendrá coágulos de sangre, y el perro vomitará y sentirá dolor en la parte central del lomo. Si de pronto su perro deja de orinar por completo, llévelo a la clínica veterinaria con la máxima urgencia.

- **¿Cómo tomar una muestra de orina de mi perro?**

Manténgalo dentro de casa hasta que esté seguro de que el perro tiene ganas de hacer pis. Recoja la orina en un recipiente limpio, ancho y plano, y vierta el contenido en un frasco de cristal o en un recipiente especial para esta clase de muestras. Para el análisis bastará con una cucharada sopera.

- **A Braveheart, mi terrier escocés, lo han tenido que operar para extraerle unos cálculos de la vejiga. ¿Puedo evitar que vuelvan a formársele cálculos nuevos?**

Trate de hacer que beba más agua para que orine más. Esto le ayudaría a eliminar cualquier pequeña concreción cristalina que estuviese en su vejiga. Una dieta adecuada también ayuda. El veterinario podrá asesorarle de forma más detallada, una vez haya analizado los cálculos extraídos.

- **A Saffron, mi setter irlandés de dos años, la castraron hace varios meses. Desde entonces, cuando se levanta por la mañana deja manchas de humedad en la alfombra. ¿Por qué ocurre esto?**

Sería mejor que el veterinario investigase la causa. En algunas hembras castradas, el cuello de la vejiga deja pasar algún escape de orina y no se cierra de forma totalmente estanca (tal vez a causa de la reducción de los niveles de estrógenos). A veces el problema se resuelve con cirugía, empujando la vejiga hacia delante en el interior del abdomen. Las pérdidas también se controlan con tratamientos médicos de largo plazo.

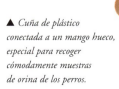

▲ *Cuña de plástico conectada a un mango hueco, especial para recoger cómodamente muestras de orina de los perros.*

Tumores y quistes

LOS TUMORES Y LOS QUISTES SON BULTOS informes que crecen en el interior o el exterior del cuerpo. La mayor parte de estas formaciones anómalas no revisten peligro alguno para la salud. Es bueno llevar al perro al veterinario para asegurarse.

Los tumores aparecen cuando las células de alguna parte del cuerpo comienzan a reproducirse y proliferar de manera incontrolable. Este aumento de masa forma protuberancias o bultos. Cualquier célula es capaz potencialmente de convertirse en tumor, y por eso se producen tumores en todos los tejidos y órganos del cuerpo. Los tumores malignos se desarrollan con enorme rapidez, formando masas informes. Son agresivos e invaden los tejidos circundantes. Son, además, capaces de extenderse, a través del sistema linfático o el torrente sanguíneo, a otras zonas del cuerpo diferentes. Este fenómeno se denomina *metástasis*.

Los tumores benignos, en cambio, se desarrollan con mucha más lentitud. Crecen junto a los tejidos normales empujándolos, pero sin invadirlos. El tipo más frecuente es el *lipoma*, que se forma en la capa de grasa subcutánea. Casi nunca requiere tratamiento, pero debe ser extirpado si produce molestias excesivas al animal.

Los quistes son bolsas de materia líquida o semisólida rodeadas por una envoltura membranosa. Pueden estar muchos meses, e incluso años, sin cambiar de forma ni aumentar sus dimensiones, y normalmente se desplazan libremente bajo la piel si se presionan con los dedos hacia un lado u otro. Normalmente no requieren tratamiento alguno, salvo si se infectan, producen molestias o se llenan hasta tal punto que es preciso sajarlos. Los quistes pueden llegar a convertirse en tumores, aunque esto ocurre muy raras veces.

Diagnóstico precoz

Los tumores que se forman en la piel o en la boca son mucho más fáciles de descubrir que aquellos que se desarrollan en el interior del organismo. Cada vez que cepille a su perro, sería conveniente que aprovechase para pasar los dedos por la piel de todo el cuerpo, de forma que notase al tacto cualquier incipiente formación anormal. Los cánceres superficiales pueden inflamarse, ulcerarse, sangrar o aumentar de tamaño rápidamente. Las hembras de más de seis años de edad que no han sido castradas ni han parido aún desarrollan tumores en las mamas con relativa frecuencia, mientras que las perras castradas antes de su primer celo suelen verse libres de este problema. Aproximadamente la mitad de los tumores mamarios son benignos, pero es importante que el veterinario los estudie cuanto antes, para comprobar su benignidad o, en caso de que fuesen malignos, comenzar a tratarlos antes de que empiecen a extenderse.

Si un tumor maligno no fuese detectado, o recibiese tratamiento pero sin éxito, aparecerían nuevos tumores, denominados tumores secundarios, en órganos tales como los pulmones o el hígado. Estos nuevos tumores resultan mucho más difíciles de tratar. El veterinario debería hablar largo y tendido con usted para ayudarle a decidir qué es mejor

◀ *Este perro mestizo tiene un gigantesco mastocitoma en el cuello. Se trata de un tipo determinado de tumor de la piel. Los mastocitomas son con frecuencia malignos, aunque no necesariamente. Algunos crecen lentamente, mientras que otros lo hacen de forma mucho más agresiva.*

La salud del perro

▲ *Quiste formado en el oído de un setter, que será extirpado quirúrgicamente. Algunos quistes no requieren tratamiento, salvo si provocan molestias al animal.*

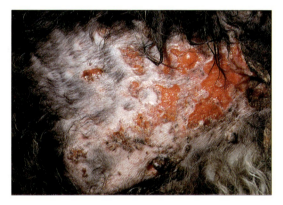

▲ *Carcinoma de las células epiteliales (cáncer de piel maligno), en el pecho de un perro. Los cánceres de piel son más fáciles de detectar y de tratar que los que se desarrollan en los órganos internos.*

● Duke, mi bulldog de 8 años, está ganando peso últimamente. Hace cosa de un año, descubrí un bulto del tamaño de una pelota de golf aproximadamente en su pecho, justo entre las dos patas delanteras. El bulto no se ha hecho más grande desde entonces y no parece que le provoque ningún dolor. ¿De qué cree usted que se trata?

Por lo que dice de Duke y por su edad, y por el tiempo que dice que ha pasado sin que ese bulto sufra ningún cambio aparente, lo más probable es que se trate de un lipoma. Los perros desarrollan lipomas con frecuencia, y éstos pueden aparecer en cualquier parte del cuerpo. Normalmente sólo causan problemas cuando se hacen excesivamente grandes o cuando dificultan el movimiento normal de las articulaciones.

● ¿Pueden tener leucemia los perros?

Sí. Los tumores en las células blancas son sumamente dañinos. Producen síntomas tales como fiebre, hipertrofia de las glándulas linfáticas y posiblemente también del bazo y del hígado. Para diagnosticarlo es preciso realizar un análisis de sangre y una biopsia de los nódulos linfáticos. Por desgracia, la mayor parte de los casos no tienen cura.

● ¿Cree usted que debería examinar yo misma las mamas de mi perra Sally (un cruce de collie) para detectar cualquier posible bultito sospechoso de manera precoz?

Sí, siempre que la perra se lo permita, y sobre todo si tiene más de seis años de edad. Los tumores mamarios son, en la fase inicial de su desarrollo, protuberancias de forma irregular y consistencia firme, del tamaño de un guisante o aún menores. No se desplazan con facilidad. Detectarlos antes de que se extiendan por todas las demás mamas de la perra es lo mejor para que el tratamiento dé buenos resultados.

para su perro, si dejar que la enfermedad siga su curso o acabar con el sufrimiento del animal sin permitir que se prolongue más de lo mínimamente necesario (ver págs. 38-39).

Análisis patológicos

No es posible determinar de forma exacta la naturaleza de ningún bulto sin analizar la estructura de las células afectadas. Las muestras de tejido que deben analizarse se toman de formas muy diferentes. En el caso de los tumores superficiales, se pueden extraer aspirando con una aguja muy delgada: se introduce una aguja en el centro del tumor y se extraen unas cuantas células por succión. Esta prueba es muy rápida, y muchas veces ni siquiera es necesario sedar al perro. La biopsia consiste en cortar una porción del tumor para observar la disposición de sus células.

Puede realizarse con una gran aguja hueca, que corta un disco de tejido, o de forma quirúrgica. Casi siempre los perros deben ser sedados o anestesiados antes de realizar esta prueba. En las biopsias por escisión, el veterinario extrae el tumor entero para examinarlo en el microscopio.

Aparte de la biopsia, puede que el veterinario necesite realizar análisis de sangre y radiografías, para conocer el estado de salud general del perro y para averiguar si el tumor extirpado se ha extendido por otras zonas. Una vez establecida, por medio de la biopsia, la naturaleza benigna o maligna del tumor, el veterinario decidirá el tratamiento oportuno. Puede que sea necesario operar, pero la cirugía no es el único tratamiento posible contra los tumores malignos. También existe la quimioterapia, la criocirugía y la radioterapia.

Cojera

LA COJERA PUEDE APARECER SÚBITAMENTE. Otras veces, los síntomas empiezan a manifestarse gradualmente. El perro se despierta con los miembros anquilosados, pero a lo largo del día va recuperando la agilidad, de forma que el propietario puede tardar en darse cuenta de que el perro está perdiendo realmente la facultad de andar. Toda la información que usted pueda aportar al veterinario facilita el diagnóstico. Puede que el perro se ponga tan nervioso en la consulta que no sea fácil averiguar cuál es exactamente la pata afectada, así que conviene llevarlo anotado a la clínica, junto con una descripción lo más detallada posible de su manera de andar. Si lo hace con rigidez, como brincando, puede tener dañada una articulación superior. Si el perro evita cargar peso sobre una de sus patas, puede sufrir una fractura. Si, cuando ha de posar una pata en el suelo, lo hace con suma cautela, lo más probable es que tenga alguna herida en la mano o el pie.

A veces, los motivos de la cojera son evidentes (caídas, saltos o golpes que han provocado fracturas, torceduras o contusiones serias). Las razas de hueso frágil, como los chihuahuas, greyhounds italianos y malteses, por ejemplo, son especialmente propensas a sufrir fracturas.

Antes de examinar el miembro dañado, pida a alguien que sujete a su perro. Si cree que podría tener un hueso fracturado, amordácelo antes rodeando su hocico con una tira de esparadrapo. Empiece por la mano o pie: examine de forma sistemática y con sumo cuidado las almohadillas digitales y plantares, los espacios interdigitales, y las uñas mismas (a veces el perro puede cojear a causa de una uña rota). Busque cortes o magulladuras, pero también averigüe si hay zonas excesivamente calientes, doloridas o inflamadas a lo largo de toda la pata. Examine desde el pie hacia arriba de forma metódica, sin olvidar ninguna zona. Si cree que su perro puede sufrir una lesión especialmente grave, y sobre todo si es de columna, es mejor llamar al veterinario.

Lesiones no provocadas por accidentes

La cojera se debe muchas veces a un desarrollo anormal de los huesos y las articulaciones en la fase de crecimiento o a la artritis (normalmente en los perros ancianos). La raza influye también: las razas gigantes son propensas a sufrir displasia de cadera, dolor de huesos durante el crecimiento, tumores óseos y roturas de ligamentos, mientras que las razas pequeñas con patas cortas y arqueadas tienden a padecer luxaciones de rótula.

Es probable que el veterinario decida hacer una radiografía. En estos casos suele ser necesario anestesiar al animal, porque los perros no suelen permitir que se manipulen sus miembros lesionados. A veces se aprovecha para tomar muestras de líquido sinovial, con el fin de analizarlas en el laboratorio. Si el diagnóstico resulta demasiado difícil, suele enviarse al perro a un especialista.

Muchas cojeras pueden curarse con cirugía (fracturas, luxaciones o dislocaciones articulares, malformaciones generadas durante la fase de desarrollo, etc.) Los síntomas suelen aliviarse con fármacos antiinflamatorios y analgésicos (tipo aspirina). En todos los casos, el veterinario ordena reposo absoluto o, por lo menos, que el perro se mueva lo mínimo imprescindible hasta que la lesión sane por completo. Cuando el perro vuelva a hacer ejercicio, deberá iniciarlo de forma muy gradual, para evitar que las lesiones reaparezcan. A veces también recomienda algunas sesiones de fisioterapia suave, para recuperar la movilidad y flexibilidad de la articulación o articulaciones dañadas. La obesidad aumenta el riesgo de padecer cojera, sobre todo en los perros ancianos. Si su perro tiene sobrepeso, probablemente el veterinario le sugiera ponerlo a dieta.

LUXACIÓN DE LA RÓTULA

Pata trasera normal — Pata trasera con rótula dislocada

Músculo
Rótula
Tendón
Cartílago articular
Tibia
Peroné

Fémur deformado
Rótula dislocada
Surco troclear
Tibia deformada

▲ La rótula es un pequeño hueso oval que puede desplazarse hacia arriba y hacia abajo sobre una acanaladura del fémur. En caso de luxación, se disloca o desplaza fuera del lugar que le corresponde.

La salud del perro

Posibles causas de la cojera

Osteocondrosis: enfermedad del cartílago que suele afectar a las razas grandes y de crecimiento muy rápido, como los rottweiler y los pastores alemanes. Pueden estar dañadas todas las articulaciones a la vez, y sobre todo las del codo y el hombro. Provoca dolor y cojera. Con frecuencia es necesario operar.

Panosteítis (crecimiento doloroso): afecta a razas muy grandes durante la etapa de desarrollo. Puede tratarse con antiinflamatorios y ciertas restricciones dietéticas.

Displasia de cadera: malformación congénita de una o ambas caderas. Aparece en la etapa de desarrollo del cachorro, detectándose en los primeros momentos de la edad adulta. El perro se desplaza dando brincos y se despierta con las articulaciones anquilosadas. Los perros que la sufren padecen a menudo artritis al llegar la vejez.

Luxación de rótula (o dislocación de la rodilla): defecto hereditario en muchas razas pequeñas. Puede provocar cojera grave en ocasiones. Con frecuencia, la rótula vuelve a su sitio sola o después de un masaje. Si el problema se repite, puede que sea necesario recurrir a la cirugía para fijarla en la acanaladura correspondiente del fémur.

Rotura de ligamentos: las razas grandes y pesadas son propensas a sufrir rotura de los ligamentos que hay en la articulación de la rodilla.

Síndrome de Perthes: enfermedad degenerativa de las articulaciones de la cadera que afecta a las razas pequeñas. Para corregir el defecto es necesario operar.

Artritis: inflamación articular provocada por infecciones, síndrome de autoinmunidad o degeneración progresiva de los huesos y ligamentos. Puede aliviarse utilizando analgésicos y antiinflamatorios.

Lesiones o malformaciones de la columna: discos intervertebrales dañados (ocurre con más frecuencia en los perros de lomo muy largo), heridas o traumatismos espinales o enfermedades de las vértebras cervicales. Provocan caídas o tropiezos, debilidad intensa, rigidez en las patas e incluso parálisis. Nunca intente mover al perro usted mismo. Busque ayuda de inmediato.

Borreliosis (enfermedad de Lyme): suele provocar cojera aproximadamente un mes después de que el perro sea contagiado. Se trata con antibióticos y antiinflamatorios.

Tumores en los huesos: afectan sobre todo a razas muy grandes y gigantes. Provoca terribles dolores. Los huesos debilitados son más propensos a fracturarse.

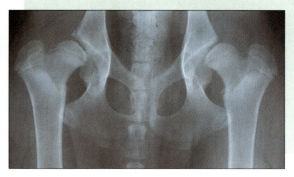

▲ Esta radiografía tomada a un pastor alemán de 6 meses de edad muestra una displasia muy grave en ambas caderas. En los perros sanos, la cabeza del fémur encaja en la cadera, sin fricciones.

▲ Con esta silla de ruedas para perros, el animal puede desplazarse sin tener que utilizar sus patas traseras. Estos ingenios pueden resultar útiles a veces, pero han de usarse con cuidado o podrían provocar mucha incomodidad, o incluso invalidez permanente en el perro.

P/R...

● *A Otto, mi rottweiler de dos años, lo van a operar para sustituir el ligamento de su rodilla por otro nuevo. ¿Qué va a pasarle exactamente?*

Algunas razas grandes son propensas a sufrir roturas de ligamentos en sus rodillas, incluso a edades muy tempranas. Si el perro pesa más de nueve kilos, sus articulaciones soportan una presión tan grande que probablemente el ligamento no llegaría a recuperarse nunca. El ligamento roto suele ser reemplazado por un injerto extraído de la parte más alta de la pata. La recuperación dura de tres a seis meses, y debe moverse lo menos posible. No es raro que el ligamento de la articulación contraria se rompa también más adelante.

● *Cuando Hannah, mi cairn terrier, se puso de repente a dar brincos y a quejarse muchísimo, resultó que la cojera la había provocado un simple quiste que le había salido entre los dedos. ¿Esto es normal?*

No pocas veces la cojera se debe simplemente a una lesión en la piel de las manos y los pies. A veces resulta bastante difícil encontrar la lesión, sobre todo si la pata está cubierta de pelo y el perro siente mucho dolor. Estos quistes se producen por infecciones o por incrustación de cuerpos extraños.

Manos y pies

▲ *Las heridas de las manos muchas veces son lentas en curar. Hay que intentar por todos los medios que el perro no se apoye sobre ellas, lo que no resulta fácil si el animal es muy activo.*

Es MUY FÁCIL QUE UN PERRO se haga cortes si pasea por lugares donde hay cristales rotos. Las patas suelen sangrar profusamente justo después del corte, pero no hay que perder los nervios. Por el contrario, deberá mantener la cabeza fría y tranquilizar al propio perro. Aplique una venda sobre la herida presionando para intentar cortar la hemorragia. No intente extraer ningún fragmento de cristal ni cualquier otro objeto que se haya quedado clavado, porque podría provocar más hemorragias y/o agravar las lesiones. Lleve al perro a su clínica veterinaria. Casi siempre que se producen cortes hay que dar puntos de sutura con anestesia general. Si el corte ha afectado a los nervios o a las almohadillas plantares, la herida puede tardar mucho en curar, y será necesario prescribir reposo absoluto e inmovilizar totalmente la pata herida. También se administran antibióticos, para combatir cualquier infección que haya podido producirse y prevenir ulteriores infecciones.

Una uña rota o partida produce mucho dolor, cojera e irritaciones. Los espolones son particularmente susceptibles, tal vez porque los amos simplemente se olvidan de que existen y dejan crecer la uña en exceso. La uña rota debe cortarse para aliviar el dolor del animal y para evitar que éste se provoque lesiones adicionales. Si la matriz ungueal (el tejido vivo, de color rosa, donde se genera la uña) no ha sido afec-

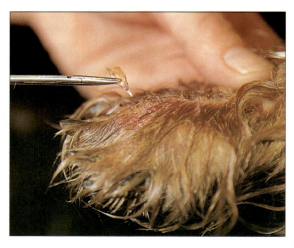

▲ *El veterinario extrae una semilla barbada que se había clavado entre los dedos del perro, haciendo que el can se mordiera la pata desesperadamente. Al hacer esto, sólo conseguía clavársela cada vez más.*

tado, la uña volverá a crecer de nuevo, aunque no siempre sería lo más deseable. En ocasiones, las uñas de dos o más patas enferman a la vez, infectadas por bacterias, virus u hongos, o aquejadas de cáncer. El diagnóstico en estos casos no es fácil, y suele ser necesario practicar una biopsia.

Si una astilla o la semilla de una herbácea se quedase atrapada entre dos dedos, podría irse clavando en la piel gradualmente, e incluso acabar atravesándola por completo e incrustándose en la carne. El cuerpo del perro reaccionaría rodeando el cuerpo extraño de células inflamatorias, que acabarían convirtiéndose en un quiste o absceso (un bulto doloroso e irritante que a veces revienta por sí solo para expulsar el cuerpo extraño, junto con cierta cantidad de sangre y pus). Todos los quistes necesitan ser tratados por un veterinario. Si fuesen particularmente dolorosos, probablemente habría que sedar o anestesiar al animal. Una vez fuera el cuerpo extraño, normalmente basta con administrar antibióticos para impedir que se produzcan

La salud del perro

P/R...

● ¿Qué debo hacer si a mi perro se le clava una astilla en la pata?

Pida a alguien que sujete al perro mientras usted examina su pata. Si la astilla es claramente visible, extráigala con unas pinzas de depilar y a continuación remoje la pata afectada en agua tibia con sal durante unos minutos. Aplique un antiséptico y séquela perfectamente, pero con mucha delicadeza. Si la astilla está muy hundida en la carne, será mejor que la extraiga el veterinario.

● Mi perro tiene las uñas muy quebradizas y se le parten con frecuencia. ¿Qué podemos hacer para ayudarle?

Cuando las uñas están demasiado largas, se parten con mayor facilidad, así que puede ayudarle manteniéndolas siempre razonablemente cortas y sin irregularidades. Puede aliviar el dolor que siente su perro cada vez que se rompe una uña remojándole la pata en agua tibia y después desprendiendo suavemente los fragmentos de uña astillados. Asegúrese de que la dieta de su perro es equilibrada.

● Este otoño notamos que Patti, nuestra labrador retriever, se lamía y mordisqueaba con insistencia las manos y los pies. Examinando sus patas descubrimos unas manchitas naranjas muy pequeñas, que parecían moverse. ¿Qué eran?

Lo más probable es que fueran larvas parasitarias de cierto insecto que vive en terrenos boscosos y cubiertos de hierba. Aparecen a finales de verano y durante el otoño, e infestan los pies de los perros provocándoles prurito localizado. Los perros muy sensibles sufren picores insoportables. El problema se trata con pomadas antiparasitarias y con antiinflamatorios.

infecciones. Algunas veces, los bultos que aparecen entre los dedos no son quistes, sino tumores. En estos casos siempre es necesario practicar una biopsia. Normalmente deben ser extirpados quirúrgicamente.

Lamidos excesivos

Aparte de la cojera, el síntoma más claro de una lesión en la pata son los constantes lamidos y mordisqueos con que el perro trata de aliviar su malestar. Si sólo se lame una pata, probablemente se trate de una lesión localizada, como una pequeña herida o un quiste. Pero, si hay dos o más patas afectadas, lo más probable es que el perro padezca una alergia cutánea generalizada (ver Enfermedades de la piel que causan picor, págs. 52-53). Si es así, habrá que someter al perro a diversas pruebas (por ejemplo, análisis de sangre, pruebas de hipersensibilidad, frotis o raspados superficiales, cultivos de hongos y biopsias).

La dermatitis por lamido suele producirse en una sola pata. El perro suele lamer obsesivamente un punto concreto de su cuerpo (normalmente, un punto localizado justo encima de la mano o pie), hasta dejar ese punto sin rastro de pelo. Con el tiempo, la piel se ulcera, engrosa y cambia de color. El lamido compulsivo puede deberse a múltiples factores, como el aburrimiento, el dolor y las lesiones localizadas, los parásitos y diferentes tipos de alergias. El diagnóstico puede ser bastante difícil, y se necesita hacer un historial completo del perro. El tratamiento dependerá de la causa última del problema, y puede consistir en pomadas, ungüentos o cremas o en terapia de la conducta, cuando el origen del problema es psicológico.

Cuidados rutinarios en las patas

Es importante llevar a cabo ciertos cuidados rutinarios y examinar con cierta frecuencia las patas, para evitar que surjan problemas. Muchos perros tienen los pies sumamente sensibles, y no permiten que nadie se los toque. No obstante, si estas rutinas empiezan a llevarse a cabo desde que el perro es cachorro, lo más probable es que se acostumbre y no se sienta tan molesto.

● **Examinar** las patas, para detectar cualquier uña partida, cuerpo extraño clavado, inflamación en los espacios interdigitales, cortes o heridas de cualquier tipo o calvas en el pelo inflamadas o costrosas que pudieran existir. Si encuentra cualquiera de estas lesiones, lleve el perro al veterinario.

● **Observar** las patas después de llevar al perro a hacer ejercicio para comprobar que no tienen cortes, arañazos, garrapatas, astillas, semillas espinosas, etc., sobre todo si el perro ha paseado en campo abierto o por lugares incultos.

● **Secar** siempre cuidadosamente sus patas si el perro ha estado nadando, corriendo o jugando sobre hierba húmeda, y después del baño, para prevenir infecciones.

● **Impedir** que el perro se lama cualquier zona de la piel inflamada, ulcerada o irritada poniéndole un collar isabelino (ver pág. 57) o vendándole la pata.

● **Si sospecha** que puede haberse pisado productos químicos peligrosos, impídale lamerse la zona como se indica más arriba. Lave cuidadosamente la pata valiéndose de una esponja humedecida con agua muy fría y consulte a su veterinario.

● **Recortar** las uñas de forma periódica. Las uñas demasiado largas se rompen más fácilmente y resultan incómodas para el perro.

▶ *A este perro (por imperdonable negligencia del amo) le ha crecido tanto la uña que ni siquiera puede andar.*

83

Problemas orales y dentales

LA PRIMERA DENTICIÓN APARECE entre la tercera y cuarta semanas de vida, y un cachorro de seis semanas tiene ya normalmente sus 28 dientes de leche, es decir, su primera dentadura completa. Estos dientes empiezan a caer alrededor de los cuatro meses, cuando emergen en su lugar los incisivos. Durante los dos meses siguientes irán apareciendo los premolares y los molares, utilizados para arrancar la carne de los huesos y para triturar y macerar el alimento, y a continuación los caninos, piezas que sirven para la defensa y el ataque. La mejor forma de evitar que destrocen los muebles y el calzado con sus dientecillos es proporcionándoles gran cantidad de mordedores.

A algunos cachorros empieza a salirles la dentición permanente antes de que hayan caído los dientes de leche correspondientes. Eso significa que las nuevas piezas dentarias se ven obligadas a salir por lugares indebidos, lo que a la larga acaba provocando no pocos problemas de boca. Los dientes de leche que no cayeron en su día deben ser extraídos (con anestesia) lo antes posible. No se sabe por qué los dientes temporales se resisten a veces a caer, aunque parece ser que se trata de un problema hereditario en ciertas razas.

La importancia de un buena higiene oral

Conviene inspeccionar la boca del perro de forma rutinaria desde que es un cachorro. Si esperamos a que le duela la boca para hacerlo, no es de extrañar que el perro no se deje examinar ni por su amo ni por el veterinario, cuando hay que ha-

● **¿Con qué frecuencia debería examinar la dentadura de mi perro?**

Una vez al año, cuando lo lleven a renovar la vacunación. Si el animal ha tenido problemas con la boca, puede que el veterinario prescriba una visita cada seis meses. Los problemas orales pueden ser síntoma de otras enfermedades.

● **¿Es posible reimplantar un diente perdido accidentalmente?**

Sí, siempre que no se haya fracturado la raíz de la pieza y se proceda con suma rapidez. Se recoge la pieza, tomándola por la corona (la parte blanca) y evitando tocar la raíz, se introduce en un recipiente lleno de leche fría para impedir que los delicados tejidos de la raíz se sequen y se llevan perro y pieza dental al veterinario a toda prisa. Una vez reimplantado el diente en la mandíbula, es probable que la pulpa muera, pero esto puede tratarse cuando la pieza esté firmemente asentada en el maxilar.

● **¿Cómo puedo cepillar los dientes a mi perro?**

Empiece limpiando delicadamente las piezas frontales con un cepillo especial acoplado en su dedo. Cuando el animal se haya acostumbrado a la operación, podrá empezar a limpiar los dientes que están más escondidos, utilizando un cepillo de mango largo. Los dentífricos para perros contienen enzimas que destruyen la placa, además de sustancias antibacterianas y antivirales. Si el perro se negase en redondo a cooperar, puede comprarle unos masticadores especiales, que vienen impregnados con las mismas enzimas.

Problemas orales más frecuentes

Síntomas	Posible causa	Tratamiento
Mal aliento. Las encías enrojecen y retroceden. Dificultades para masticar. El perro babea. Dolor de boca (se nota porque el perro la golpea con sus manos y frota la cabeza contra el suelo)	Enfermedades periodontales	Desincrustación de la placa. Extracción de los dientes, en casos muy extremos. Uso de preparados específicos.
Más piezas dentales de las debidas. Los dientes no crecen rectos. El perro no puede cerrar las fauces del todo. Enrojecimiento de las encías	El perro conserva uno o varios dientes de leche	Extracción de la/s pieza/s, con anestesia
Cara hinchada. Problemas de masticación. Dolor de boca	Absceso	Antibióticos. Extracción de piezas, si es necesario
Mal aliento. Bultos extraños en el interior de la boca. La boca sangra	Tumor en la boca	Muy urgente. Biopsia o extirpación

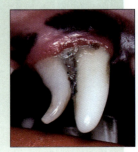

▲ *Un pequeño canino (izquierda) retenido detrás de su diente permanente.*

La salud del perro

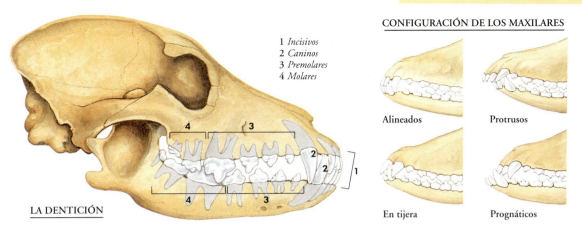

CONFIGURACIÓN DE LOS MAXILARES

1 *Incisivos*
2 *Caninos*
3 *Premolares*
4 *Molares*

Alineados — Protrusos — En tijera — Prognáticos

LA DENTICIÓN

▲ *El perro adulto tiene 42 piezas dentales. «Mordida en tijera» significa que los incisivos superiores e inferiores encajan de forma perfecta. Cuando los dientes superiores e inferiores no pueden alinearse, se dice que la mordida es protrusa o prognática. El prognatismo es normal en algunas razas caninas, por ejemplo en el bulldog.*

cerlo para poder diagnosticar la causa de sus molestias. Si se cepillan sus dientes con regularidad, se prevendrá la aparición de enfermedades periodontales, el problema oral más común en los perros. La formación de placa bacteriana en los dientes y cerca de éstos provoca inflamación en las encías (gingivitis). Las encías se ulceran y la placa endurece, impregnada de sales calcáreas, convirtiéndose en sarro o en cálculos. Las infecciones dentales se extienden rápidamente, invadiendo el espacio existente entre los alvéolos dentales y la raíz de los dientes. Finalmente, acaban pudriendo el hueso que los fija en el maxilar. El perro siente un dolor muy intenso en la boca y, con el tiempo, el diente acaba por caer. Con frecuencia el problema afecta a varias piezas dentales a la vez.

La caries (destrucción del diente por las bacterias) es menos frecuente en los perros que en los humanos, aunque algunas razas, como el labrador retriever por ejemplo, parecen tener el esmalte más frágil de lo que es habitual en los demás perros, por lo que son más propensos a sufrir caries que los demás. Si el animal toma alimentos azucarados y no se beneficia de una buena higiene oral, la aparición de caries es bastante probable en estos casos. Si el problema se detecta a tiempo, puede tratarse, como ocurre con los humanos, eliminando las partes dañadas con el torno y rellenando la pieza con empaste. No obstante, a veces el problema ha llegado demasiado lejos y no hay más remedio que extraer la pieza dañada.

Si un perro joven se parte un diente o lo pierde de forma accidental, el veterinario puede restaurar la cúspide o corona, manteniendo la pulpa dentaria con vida. La pieza restaurada puede seguir creciendo de forma normal. No obstante, si un diente se parte y el veterinario no interviene a tiempo, puede dar lugar a infecciones, y éstas producirían dolorosos abscesos en el hueso, donde nace la raíz del diente.

Un problema muy común de las encías (sobre todo en los boxer) es el llamado *epulis*, una protuberancia que no reviste peligro alguno para la salud y puede extirparse fácilmente. Pero hay muchos otros tumores que pueden formarse en la boca y ser malignos. Deben ser extirpados cuanto antes, aunque algunas veces la extirpación no acaba con el problema. Si descubre cualquier bulto o lesión en la boca de su perro, es muy importante hacer que lo vea el veterinario cuanto antes.

▼ *Ciertos mordedores ayudan a impedir la formación de placa bacteriana sin provocar ninguna molestia en el perro.*

El oído y la oreja

Del oído depende el sentido del equilibrio y la oreja cumple funciones muy importantes en la comunicación

Los perros con orejas colgantes y flexibles son más propensos a sufrir infecciones auriculares que los demás. El perro puede sacudir vigorosamente la cabeza, rascarse las orejas, perder parte del pelo que las recubre, tenerlas cubiertas de pequeñas costras, inflamadas o enrojecidas, o tal vez éstas rezumen pus o exhalen un olor desagradable. También es posible que el perro ladee la cabeza y pierda el sentido del equilibrio. Si un problema auricular se deja sin tratar por mucho tiempo, el tratamiento será mucho más difícil y el animal puede llegar a quedarse sordo, perder el sentido del equilibrio irreversiblemente o sufrir irritaciones crónicas.

El aparato auditivo se divide en oído externo, oído medio y oído interno (ver pág. 67). El veterinario tratará de averiguar cuál es la parte afectada y si el problema auditivo es sólo un síntoma de otra enfermedad más generalizada. Tal vez sea necesario sedar o anestesiar al perro para que el veterinario pueda examinar su aparato auditivo en profundidad. Quizá sea necesario radiografiar el oído medio o el interno. Otras pruebas diagnósticas pueden incluir raspados superficiales, pruebas de alergia, cultivos de hongos y bacterias o biopsias.

La piel que recubre el oído externo es especialmente propensa a las alergias (ver págs. 52-53). Se inflama y provoca intensos picores y, debido a la humedad que se acumula en la zona, puede constituir un caldo de cultivo ideal para numerosas bacterias y hongos. El cerumen acumulado puede dar lugar a infecciones secundarias y suele estar asociado con alergias de tipo alimentario. En todos estos casos, el veterinario suele realizar pruebas de hipersensibilidad, destinadas a aislar la sustancia que provoca reacciones alérgicas para poder prescribir el tratamiento oportuno.

Pérdida de la audición

Los amos no siempre se dan cuenta de que su perro se está quedando sordo. Si el animal deja de reaccionar al oír un ruido que habitualmente despertaba su interés, o tiene dificultades para localizar la procedencia de un sonido, probablemente esté perdiendo oído. En muchas grandes clínicas veterinarias ya es posible realizar pruebas de audición especiales para perros. A veces, la sordera puede deberse a algo tan simple y fácil de curar como un tapón formado por acumulación de la cera. Si el canal auditivo está cubierto de pelos, se facilita mucho la acumulación de cerumen, por lo que éstos deben retirarse con regularidad. Algunos perros, y los pastores alemanes en especial, tienden a producir demasiada cera. Limpiar sus canales auditivos con un producto

Problemas auditivos más comunes

Síntomas	Posible causa	Tratamiento
El perro empieza a sacudir la cabeza y rascarse las orejas desesperadamente	Un cuerpo extraño se ha introducido en el canal auditivo (una semilla de herbácea, por ejemplo)	Extracción del cuerpo extraño, sedando o anestesiando al perro con anterioridad
El perro empieza a agitar la cabeza, a segregar pus por los oídos y exhalan un olor desagradable. Dolor	Infección aguda	Aplicación de gotas o pomadas antibióticas, fungicidas y antiinflamatorias
El animal se rasca con violencia y sus orejas aparecen cubiertas de cerumen negruzco	Ácaros de la oreja y el oído	Aplicación de un acaricida (insecticida específico contra los ácaros) en ambos oídos. Es contagioso: trate también a las otras mascotas
Inflamación súbita e indolora de uno o ambos oídos	Hematoma provocado por un golpe o el propio perro al sacudir la cabeza	Drenaje del hematoma y tratamiento del problema original
Inflamación y picor en la piel de las orejas, tal vez pérdida de pelo	Reacción alérgica complicada con una infección por hongos y/o bacterias	Antibióticos y/o antiinflamatorios. Pruebas de hipersensibilidad para aislar la sustancia
El perro mantiene su cabeza muy ladeada y de forma permanente	Trastornos del oído medio y/o interno (ver págs. 66-67)	Según el origen del problema

La salud del perro

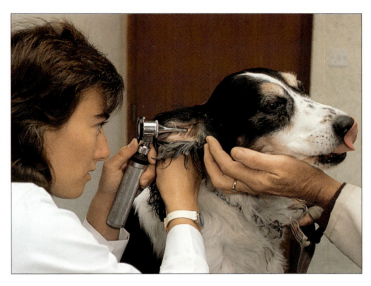

◀ Examen del oído externo de un spaniel con otoscopio, un tubo iluminado y provisto de una lente de aumento.

▼ El enrojecimiento y la inflamación de la piel que rodea el canal auditivo indica la presencia de una grave infección, que molesta terriblemente al perro.

específico una vez a la semana impide que la cera se acumule, pero es mejor pedir consejo al veterinario, porque algunos de estos productos pueden irritar la piel del perro. Si nota que el limpiador auricular irrita las orejas de su perro, debe dejar de usarlo inmediatamente.

La sordera también puede haber sido provocada por una lesión o una enfermedad que afecte al tímpano o al oído interno o medio. Algunas razas caninas, como la de los dálmatas, sufren una predisposición hereditaria a la sordera. Los perros, igual que los humanos, pueden quedarse sordos cuando llegan a viejos. Esta sordera sobreviene de forma gradual, y, cuanto más agudos sean los sonidos, antes dejan de ser audibles para el perro. Si sospecha que su perro está perdiendo oído, no sería mala idea empezar a entrenarlo para que acuda cuando escuche una palmada: las palmadas producen sonidos más graves que los silbidos o la voz, y el perro tardará mucho en ser incapaz de percibirlas. De este modo, cuando el perro ya no pueda oír su voz, seguirá siendo capaz de localizarlo cada vez que usted dé una palmada.

▼ Limpie la entrada del canal auditivo con una gasa limpia para evitar la acumulación de cerumen.

P/R...

● ¿Cómo puedo cuidar los oídos de mi spaniel?

No deje que el pelo de sus orejas crezca demasiado ni se enrede, cepíllelo con regularidad y seque cuidadosamente el pabellón auditivo cada vez que el perro se bañe. De tanto en tanto, mientras el perro está dormido, vuelva delicadamente sus orejas del revés para que se aireen.

● A mi perro, Gopher, le tienen que extirpar quirúrgicamente los canales auditivos. ¿Por qué?

La inflamación crónica de los canales auditivos puede provocar un engrosamiento de la piel que los recubre. Si no se controla el problema, pueden acabar obturados, provocando muchas complicaciones y molestias. Si se extirpan quirúrgicamente los tejidos dañados, pueden evitarse todos estos problemas. También se procede a la extirpación de los canales auditivos cuando el perro sufre cáncer de oído.

Problemas oculares

LOS OJOS DEL PERRO deben limpiarse con regularidad, utilizando una bolita de algodón humedecida o las toallitas que venden en las clínicas y tiendas veterinarias. Muchas enfermedades oculares son hereditarias en algunas razas. Para evitar que este defecto se transmita a las próximas generaciones, debería hacer que un especialista en oftalmología canina revisase los ojos de su perro antes de utilizarlo como reproductor.

Las lesiones y trastornos oculares pueden manifestarse a través de síntomas muy diversos, desde el enrojecimiento de los párpados hasta la aparición de nubes u opacidad en el cristalino. El veterinario examina en primer lugar los párpados y la córnea, buscando lesiones superficiales. A veces aplica sustancias colorantes que le ayudan a descubrir cualquier pequeña lesión de la córnea. El interior del ojo se examina con la ayuda de un instrumento denominado oftalmoscopio, que emite luz muy intensa. En ocasiones se aplican colirios destinados a dilatar la pupila para que el fondo del ojo se haga visible. Para realizar pruebas de glaucoma, una enfermedad hereditaria en algunas razas

que afecta al disco óptico y provoca pérdida de visión, se mide la presión intraocular.

Son muchísimos los problemas oculares que pueden corregirse por medio de la cirugía. En casos muy extremos, incluso, el veterinario puede aconsejar la extirpación del globo ocular completo (*enucleación*), para evitar que el perro sufra intenso dolor de forma crónica e irreversible.

Problemas más comunes

Los párpados del perro son bastante problemáticos. A veces, se vuelven hacia adentro (problema conocido con el nombre de *entropión*), haciendo que las pestañas rocen y dañen la córnea. La cría selectiva, destinada a modificar la forma de los ojos de ciertas razas, ha incrementado la incidencia este problema en ciertas razas, como en el caso del chow-chow. En ocasiones, ocurre lo contrario: el párpado inferior, vuelto hacia fuera y colgante (*ectropión*), forma una especie de bolsa que se llena de partículas de polvo. Una raza especialmente afectada por este defecto hereditario es la bloodhound.

Tanto la conjuntivitis como la inflamación de la membrana que recubre interiormente los párpados y exteriormente la parte visible del globo ocular se producen normalmente a causa de infecciones, lesiones accidentales provocadas por golpes o arañazos que el perro se hace al rascarse o presencia de cuerpos extraños. Los síntomas pueden consistir en enrojecimiento del ojo, lagrimeo, parpadeo y secreciones (con pus). La córnea puede dañarse si el perro no produce suficientes lágrimas o si éstas se extienden por toda la superficie externa del globo ocular. Cuando los ojos del perro están resecos, tienen aspecto mate, apagado y pegajoso, y el animal siente dolor. Si es la propia córnea la que está dañada o enferma, dejará entrar el agua de las lágrimas y tendrá aspecto nublado o levemente azulado. Las lesiones y úlceras de la córnea se producen con especial frecuencia en las razas de ojos saltones, como el pequinés.

Las cataratas (opacidad del cristalino que provoca ceguera) son hereditarias en algunas razas, aunque pueden darse indistintamente en todas ellas. Con no poca frecuencia son síntoma de *diabetes mellitus*. Las enfermedades degenerativas de la retina, como la atrofia retinal progresiva (ARP), y las lesiones del nervio óptico pueden provocar ceguera en ocasiones, aunque el aspecto del ojo sea totalmente normal. Los perros ciegos se manejan bastante bien, ya que suplen

Cataratas

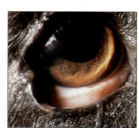

Ectropión

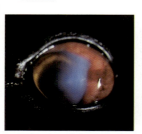

Inflamación de la córnea

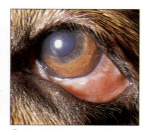

Conjuntivitis

▲ Todas las partes útiles del ojo son vulnerables a distintas lesiones y enfermedades. Esté atento a cualquier cambio de color o de aspecto que pueda producirse en los ojos de su perro y haga que lo examine el veterinario si sospecha que puede existir algún problema.

ANATOMÍA DEL OJO

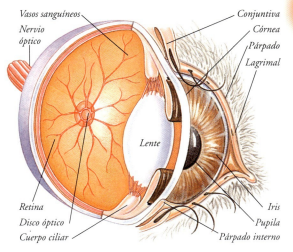

▲ La córnea recubre toda la parte visible de globo ocular. Deja pasar la luz, a través de la pupila y el cristalino, hasta la retina, membrana sensorial que a su vez transmite la información al cerebro en forma de impulsos nerviosos, por medio del disco óptico y del nervio óptico.

fácilmente esta carencia con su enorme agudeza olfativa y auditiva. Para un perro, la ceguera total no significa en absoluto la pérdida de su calidad de vida.

Cuidados del ojo enfermo

Los veterinarios recetan a menudo colirios y pomadas oculares. El frasco de colirio debe calentarse en las manos antes de la aplicación. Sujete firmemente al perro por la barbilla con una mano. Coloque el frasco boca abajo, sosteniéndolo entre el índice y el pulgar de la otra. Por último, vierta las gotas en el ojo, apoyando mientras tanto los tres dedos restantes en la cabeza del perro. Para aplicar una pomada, deposite una pequeña cantidad sobre un dedo limpio y extiéndala suavemente y con mucho cuidado a lo largo de la superficie interna del párpado.

Si el ojo emite secreciones, hay que lavarlo con abundante agua tibia y salada. La proporción de sal debe ser de una cucharadita de café por cada medio litro de agua. Un perro con los ojos enfermos o doloridos debe evitar la luz intensa, las fuentes de calor, las corrientes de aire y el viento, y no debe zambullirse en el agua. En caso necesario, un collar isabelino impedirá al animal rascarse o frotarse los ojos, ya que esto podría agravar sus lesiones. Últimamente han aparecido unas lentes de contacto para perros no graduadas que actúan como una especie de vendaje transparente bajo el cual el ojo cura, bien protegido de cualquier agresión exterior.

La salud del perro

 P/R...

● **Mi caniche Cherie se tropieza constantemente con todas las cosas. Las pupilas se le han puesto como de color perla y me temo que lo que tiene son cataratas. ¿Pueden operarse?**

Si el resto del ojo está sano, la extirpación de la parte del cristalino afectada de cataratas le devolverá sin duda algo de visión, aunque también es cierto que ya nunca podrá volver a ver tan bien como antes. A los perros no se les suelen implantar nuevos cristalinos, porque ellos no necesitan ver con tanta precisión como nosotros (que utilizamos la vista, por ejemplo, para leer o coser), y por lo general se las arreglan perfectamente aunque vean un poco peor.

● **A Wilma, mi Boston terrier, le caen lágrimas por toda la cara a menudo. ¿Por qué ocurre esto?**

Los lagrimales de los perros de morro corto muchas veces no funcionan correctamente. Deberían hacer fluir las lágrimas desde el rabillo del ojo hacia dentro, pero, si se obstruyen, las lágrimas desbordarán por cualquier sitio, mojando la cara del perro (fenómeno denominado epífora). Conviene que lleve a Wilma al veterinario para asegurarse de que no tiene otro problema, por ejemplo conjuntivitis. Lo que usted puede y debe hacer es limpiar y lavar bien los ojos de Wilma con un trozo de algodón remojado en agua hervida muy fría, o con toallitas especiales. Probablemente, el constante lagrimeo habrá teñido el pelo de su cara. Esas manchas se eliminan utilizando una loción especial.

Síntomas más habituales

Si descubre uno o varios de estos síntomas en su perro, debe hacer que lo vea un veterinario. Gran cantidad de problemas oculares pueden convertirse en una amenaza para la visión si no se diagnostican y tratan de forma precoz.

- Enrojecimiento de los párpados y la conjuntiva.
- Ojos permanentemente llorosos, lágrimas que gotean en la cara.
- Legañas grandes y pegajosas.
- Ojos semicerrados, párpados hinchados.
- Parpadeo rápido y más frecuente de lo habitual.
- Molestias evidentes (el perro se rasca los ojos con las manos o restriega la cara contra el suelo).
- El perro huye de la luz intensa (se esconde en rincones oscuros).
- El animal mueve los ojos rápida y descontroladamente (síndrome vestibular, ver págs. 66-67).
- Ojos saltones o abultados (algo totalmente normal en alguna razas, como el carlino y el pequinés, pero que también puede ser síntoma de glaucoma).
- Nubes en la córnea.
- Pupilas blancas u opacas.

Esterilización del perro macho

LA ESTERILIZACIÓN DE LOS PERROS MACHOS que no van a ser utilizados como reproductores despierta agrias polémicas. Sus detractores suelen alegar que la operación puede alterar la personalidad del perro y lo convierte en un ser obeso y cachazudo. Sus partidarios sostienen que la esterilización no afecta en absoluto a la personalidad ni al nivel de actividad del animal, aunque sí sirve para combatir ciertas enfermedades hereditarias, es positivamente beneficiosa para la salud de los machos y reduce el número de cachorritos no deseados que acaban en las perreras cada año. Si posee un perro macho, la decisión depende únicamente de usted.

La esterilización (castración) consiste en extirpar quirúrgicamente ambos testículos, de forma que el macho quede definitivamente incapacitado para producir el esperma y la testosterona. La operación es relativamente sencilla. Se opera con anestesia general, y la mayor parte de los perros se recuperan en pocas horas. Tal vez el escroto se hinche ligeramente, pero no parece que los perros sientan molestias importantes. Lo más normal es que al día siguiente estén deseosos, como siempre, de que llegue la hora del paseo, aunque, en términos generales, es conveniente que hagan el menor ejercicio posible durante unos días.

MONORQUIDISMO

Glándula prostática
Testículo descendido y alojado ya en el escroto
Uréter
Vejiga
Pene
Testículo retenido

▲ *Durante las primeras semanas de vida, los testículos deben descender hasta el escroto del cachorro. No obstante, algunas veces uno de ellos o ambos quedan retenidos en la ingle o el abdomen.*

¿Cambiará su forma de comportarse?

Muchas personas deciden castrar a su perro porque creen que con la castración se volverá más tranquilo, menos agresivo, dejará de escaparse, dejará de orinarse en cualquier objeto para marcar su territorio o abandonará ciertas costumbres indeseables provocadas por el instinto sexual (ver págs. 144-145). Aunque la castración no es una cura milagrosa, sí es verdad que ayuda a combatir los problemas mencionados. Si se realiza antes de que el perro cumpla 18 meses, el comportamiento agresivo y territorial disminuirá de forma notable. Sin embargo, una vez haya aprendido el patrón de conducta inspirado por sus hormonas masculinas, inhibir la producción de dichas hormonas no serviría ya para nada, porque que el perro seguiría comportándose según era su costumbre. Los perros viejos adoptan actitudes agresivas no tanto por razones de índole sexual como por exceso de temor o por una socialización inadecuada. Por otra parte, la castración puede ser de gran ayuda cuando dos perros que han de vivir con la misma familia y en la misma casa se disputan el rol de macho dominante (ver págs. 126-127). Y también sirve para calmar un poco a los perros hiperactivos, aunque en estos casos es necesario estar pendientes del ejercicio y la dieta del perro operado, ya que de lo contrario podría convertirse en un animal obeso.

Castración por motivos de salud

Al llegar la pubertad, ambos testículos deberían haber descendido hasta el escroto desde la ingle o el abdomen. No obstante, en ocasiones quedan retenidos (problema médico denominado *criptorquidismo*). Si sospecha que su cachorro tiene este problema, haga que lo examine el veterinario cuando llegue la pubertad, es decir, cuando tenga alrededor de seis meses. Es posible que le aconseje castrarlo, porque un testículo retenido tiene bastantes posibilidades de volverse canceroso con el paso de los años. Un perro con un único testículo retenido (*monorquidismo*), podría transmitir este defecto a sus cachorros, por lo que no debería utilizarse para la reproducción. Un testículo retenido en el abdomen puede llegar a convertirse en un tumor, y empezar a producir estrógenos. La castración, además, puede prevenir muchos problemas médicos típicos de los perros ancianos (ver recuadro en la siguiente página)

La salud del perro

▲ Si no piensa utilizar su perro para la reproducción, puede esterilizarlo a partir de los seis meses de edad. La castración no hará que pierda la alegría de vivir. La dieta de un perro castrado debe controlarse especialmente para prevenir la obesidad.

Castración

Los perros castrados corren menos riesgo de contraer las siguientes enfermedades:

• **Tumores en los testículos,** un problema relativamente común en los perros ancianos.

• **Adenomas anales,** o tumores que aparecen alrededor del ano, provocando por regla general irritaciones muy intensas, sangrado y a veces problemas para defecar.

• **Hiperplasia prostática benigna,** un agrandamiento de la glándula prostática provocado por la testosterona, la hormona sexual masculina. Este órgano está situado en el cuello de la vejiga urinaria y justo debajo del recto, por lo que su hipertrofia puede causar problemas de micción y deposición.

 ● Milton, mi cocker spaniel de tres años, es muy agresivo con los demás perros. ¿Se volvería más tranquilo si lo castrase?

La agresividad de Milton puede deberse a motivos muy diversos, y no todos remitirían necesariamente con la castración. Por ejemplo, la agresividad como actitud territorial ya no se evitaría con esta operación, teniendo en cuenta la edad de Milton. Será mejor que hable del problema con su veterinario. Tal vez le aconseje poner al perro una inyección que inhibe temporalmente los efectos de sus hormonas masculinas. Si ve que, efectivamente, se comporta de forma menos agresiva, es probablemente que la castración diese resultado.

● ¿Qué es mejor, castrar al perro de cachorro o esperar hasta que tenga algunos años?

Desde el punto de vista estrictamente quirúrgico, no hay ninguna diferencia. No obstante, si no desea que engendre cachorritos, tal vez sea preferible hacerlo a edad temprana, antes de que se acostumbre a desarrollar ciertos comportamientos no deseables inducidos por las hormonas masculinas. Una vez adquiridos esos hábitos, la castración no lograría erradicarlos, y no son fáciles de corregir.

Problemas específicos de la perra

LAS PERRAS SUELEN TENER SU PRIMER CELO (también llamado «estro» o «calores») entre los seis y los nueve meses de edad, aunque este plazo varía mucho de una raza a otra. Por regla general, en las razas grandes, y sobre todo en las gigantes (como el gran danés y el san bernardo), el primer celo se presenta mucho más tarde que en las razas pequeñas, y en algunos casos no aparece hasta los 18 meses de vida. Aunque el ciclo reproductor típico de la perra dura seis meses, la periodicidad también varía mucho según la raza.

El celo dura unas tres semanas. Las descargas vaginales sanguinolentas son típicas en esta fase del ciclo, y el flujo es más abundante al iniciarse el celo y más escaso y denso a medida que éste avanza. La hembra empieza a atraer poderosamente a los machos, que pueden olerla aunque estén a una distancia considerable. Hacia la mitad del celo, la perra empieza súbitamente a experimentar una ansiedad similar a la de los machos. Para impedir que se produzca un embarazo no deseado, durante todo el celo habrá que pasearla sujeta con la cadena o correa, y a ser posible evitando los lugares frecuentados habitualmente por otros perros. Muchos propietarios piensan que los riesgos e inconvenientes que conlleva el celo de su perra no merecen realmente la pena y, si no desean que tenga cachorritos, deciden utilizar alguno de los diversos métodos existentes para interrumpir el ciclo reproductor de la hembra. La menopausia no existe en las perras: todas ten-

▼ *Esta perra en celo (derecha), ya en la fase receptiva, acepta de buen grado que los machos la cortejen. Si levanta la cola durante el cortejo, significa que está totalmente preparada para la cubrición.*

drán, forzosamente, uno o dos celos anuales desde la pubertad hasta el fin de sus días.

Si se desea impedir o posponer el celo de una hembra, puede inyectársele un preparado hormonal de larga duración cada cinco meses aproximadamente. Esta inyección interrumpe el ciclo reproductor de la perra, pero cuando se abandona el tratamiento hormonal, se inicia un ciclo nuevo reproductor y la hembra vuelve a estar en celo. La disrupción hormonal que conlleva este tratamiento puede comprometer la futura fertilidad de la perra, por lo que no es aconsejable si se desea que la hembra tenga cachorritos en un futuro. Además, aumenta el riesgo de padecer piometras, diabetes y cánceres de mama. Existen comprimidos hormonales que permiten posponer temporalmente el celo de la perra y que resultan útiles, por ejemplo, si el animal ha de participar en una exhibición. También producen efectos secundarios, y nunca deben utilizarse a largo plazo, ni durante el primer celo de la perra. Otro producto químico mucho menos agresivo —pero también bastante menos eficaz— son los sprays o aerosoles que enmascaran el característico olor que emiten las perras durante todo el estro.

Si la perra logra escaparse durante el celo y vuelve a casa preñada, el veterinario puede interrumpir la gestación no deseada por medio de una serie de inyecciones, la primera de las cuales debe administrarse el mismo día en que se produjo el apareamiento, o antes de que pasen 48 horas desde que éste tuvo lugar. La hembra sigue fértil y en celo durante el todo el proceso, puesto que éste no interrumpe la ovulación, de modo que deberá mantenerse bien encerrada y vigilada dentro de casa hasta que el celo concluya.

Castración de la hembra

La esterilización de la perra es, con diferencia, el método de control de la natalidad canina más eficaz y popular que existe por el momento. Esterilizar a la perra ahorra al propietario todos los peligros y molestias de celo, pero también contribuye a evitar la aparición de ciertas enfermedades en el propio animal. Si no se piensa utilizar a la perra para la reproducción, o ésta ya ha tenido todas las camadas que deseaban sus propietarios, la castración o vaciado de la hembra (cuyo nombre correcto es *ovariohisterectomía*) puede ser una opción muy ventajosa. La operación consiste en extirpar su útero y ambos ovarios, extrayéndolos por una incisión practicada en el abdomen, alrededor de la zona del *ombligo*. La recuperación suele ser muy rápida y la mayoría de las perras vuelven a hacer su vida normal uno o dos días después de haber sido esterilizadas. Al extirpar sus ovarios, no sólo se acaba con el peligro de que la perra quede preñada, sino que también con el celo en sí, junto con todas las molestias que éste supone.

● *Si esterilizo a Brandy, mi labrador, ¿se pondrá gorda?*

Algunas hembras castradas engordan con facilidad, pero esto no tiene por qué ocurrir si se asegura de que Brandy sigue haciendo el mismo ejercicio que solía hacer antes y la pone a dieta en cuanto note que está ganando peso.

● *Cuando Sky, mi lulú de pomerania, acabó con el celo, creímos que estaba preñada. Empezó a hacer nidos para su camada y sus mamas aumentaron de tamaño. Me parece que incluso llegó a segregar leche. El veterinario dijo que se trataba de un embarazo psicológico o nervioso. ¿Podría explicarme de qué se trata?*

Casi todas las hembras se ponen maternales hacia el final del celo, debido a los cambios hormonales que tienen lugar dentro de su cuerpo, pero vuelven a la normalidad unos cinco días más tarde. En algunas perras, estas rarezas se exacerban y prolongan más de lo debido, e incluso pueden llegar a comportarse de forma agresiva. Podría ser que Sky se comportase de ese modo al final de cada ciclo, así que no vendría mal que hablase con el veterinario y se plantease su esterilización.

● *¿Cómo notaré que Melissa, mi samoyedo, está en celo por primera vez?*

Es probable que encuentre algunas manchitas de color rojo traslúcido por la casa, y sobre todo donde Melissa duerme. Si examina su vulva, notará que está inflamada.

Ventajas de la castración

- Desaparece el problema de tener a la perra en celo una o dos veces todos los años.

- El riesgo de contraer cáncer de mama se reduce significativamente. Si la operación se realiza antes del primer celo, el riesgo es prácticamente nulo.

- Si se castra a la perra a edad temprana, las probabilidades de padecer diabetes mellitus se reducen. La diabetes está vinculada a los cambios hormonales de las hembras no castradas. Las perras diabéticas tienen que ser castradas, pero su condición hace más peligrosa la anestesia.

- Es imposible que una perra castrada padezca piometra (una infección uterina que puede resultar mortal).

- Los falsos embarazos desaparecen: las perras que han tenido más de un falso embarazo se beneficiarían con la castración.

- Se reduce el número de embarazos no deseados.

- Una perra castrada nunca se escapará para aparearse, por lo que corre mucho menos peligro de perderse o sufrir accidentes y malos tratos.

Apareamiento y reproducción

Pocas cosas hay tan gratificantes y enternecedoras como ver a una perra parir y criar sus cachorritos en nuestra propia casa. Aunque sin duda es una experiencia fascinante, la decisión no debe tomarse a la ligera. Antes de permitirle procrear, hay que pensar en los futuros cachorritos. ¿Está totalmente seguro de que encontrará un amo cariñoso y responsable para todos ellos? Recuerde que en cada parto pueden nacer un montón de perritos... si ya está decidido, recuerde que es su responsabilidad contribuir a la mejora de la raza: la idea es que los futuros cachorros nazcan más saludables y robustos que el padre y la madre por separado. Esto significa que deberá elegir un padre capaz de compensar los defectos o imperfecciones de la perra. Por ejemplo, si ella es algo pequeña dentro del estándar de la raza, deberá buscar un macho bastante grande. Si existen defectos hereditarios en su raza, como por ejemplo displasia de cadera, problemas oculares o sordera, deberá someter a la perra a tantas pruebas como sea posible, con el fin de detectar el problema. No acepte como padre a ningún macho si sus amos no pueden demostrarle por escrito que el animal ha sido declarado apto para la reproducción.

El momento ideal para aparearse

La hembra no debe aparearse durante su primer celo (es mejor si ha tenido más de uno antes). El celo dura normalmente unas tres semanas en total, aunque la duración varía de una perra a otra. Durante la primera fase del celo (pro-estro), los ovarios segregan ciertas hormonas que estimulan el acondicionamiento de las paredes del útero para recibir a los posibles óvulos fecundados y la perra empieza a atraer irresistiblemente a los machos. Durante la siguiente fase (el estro, que dura de 7 a 10 días), la perra ovula y siente también deseos de aparearse. En general, se considera que el día 19º a partir del comienzo del celo es el día más fértil del ciclo, aunque el ciclo reproductor varía mucho de una perra a otra, y puede haber hembras que ovulen durante el 4º día y otras que lo hagan 30 días a partir de la aparición del celo. La perra revela con su actitud cuándo está preparada para el apareamiento: muestra un gran interés hacia los machos, alza la cola para mostrarles la vulva y a veces segrega un flujo de color pajizo.

Lo normal es trasladar a la hembra hasta el lugar donde se encuentra el macho reproductor. Se hace así porque algunos machos se resisten a aparearse en territorio de otro perro. El proceso puede durar mucho tiempo. Una vez completada la cubrición, los perros suelen quedarse «enganchados». Esto significa que el pene aumenta de tamaño cuando ya está en el interior de la vagina, por lo que resulta imposible que se separen. En esta fase, el macho suele abandonar la posición de acoplamiento y darse la vuelta, de modo que ambos quedan unidos, pero mirando en direcciones opuestas. Y en esta incómoda postura pueden verse obligados a esperar a veces hasta media hora. Aún no se conoce bien la utilidad de este proceso por el cual los perros quedan mutuamente amarrados. De hecho, la perra podría quedar preñada aunque esto no ocurriera. Algunas perras conciben aunque el acoplamiento sea muy breve y no se produzca el mencionado *amarre*.

Hacia el final del estro, el celo empieza a desaparecer gradualmente (metaestro). La perra rechaza de nuevo a los machos que la cortejan y, pocos días después, deja de atraerlos a su vez. Si todo ha ido bien, estará ya preñada.

EL CICLO REPRODUCTOR

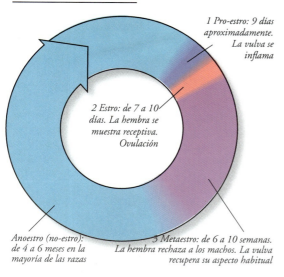

1 Pro-estro: 9 días aproximadamente. La vulva se inflama

2 Estro: de 7 a 10 días. La hembra se muestra receptiva. Ovulación

Anoestro (no-estro): de 4 a 6 meses en la mayoría de las razas

3 Metaestro: de 6 a 10 semanas. La hembra rechaza a los machos. La vulva recupera su aspecto habitual

▲ La mayoría de las razas tienen dos celos al año pero algunas perras, sobre todo las de razas más grandes, pueden tener un solo ciclo anual. La concepción se produce durante el estro (celo), que es el momento en que la perra ovula.

La salud del perro

◀ *Collie macho y hembra amarrados tras el acoplamiento. Suelen permanecer en esa postura unos treinta minutos, aunque ha habido casos en los que la situación se ha prolongado mucho más tiempo.*

Aproximadamente dos semanas después del apareamiento, sus pezones empiezan a aumentar de tamaño. El veterinario puede detectar, palpando a la perra, la presencia de fetos en su útero, y por estas fechas ya se puede confirmar la preñez de la perra por medio de un análisis de sangre. La gestación suele durar entre 63 y 65 días. A partir de la sexta semana de embarazo hay que empezar a aumentar las raciones de la perra, ya que sus necesidades nutricionales se incrementan durante este período en un 50%. Es muy importante que la dieta sea completa y equilibrada. El veterinario puede asesorarle en este sentido. Si su perra está gestando muchos cachorritos, tal vez note cómo su abdomen aumenta de tamaño gradualmente a partir de este momento, pero hay perras que no empiezan a engordar visiblemente hasta una semana antes del parto. Las camadas muy numerosas suelen ser más prematuras. Del mismo modo, las perras primerizas suelen parir antes que las que ya han tenido una o varias camadas.

P/R...

● **¿Puede haber en una misma camada cachorros de diferente padre?**

Sí. Aunque cada óvulo puede ser fertilizado sólo una vez, en cada celo maduran muchos óvulos, por lo que es posible que existan varios padres para una misma camada, si la perra se ha apareado con más de un macho. Después de que el macho elegido haya cubierto a la hembra, es necesario mantenerla aislada hasta que concluya la fase receptiva.

● *Durante sus dos últimos celos, hice que cubrieran a Portia, mi Shar Pei, pero no concibió. Elegí el día más adecuado, es decir, el 12º del ciclo, en ambas ocasiones, y me consta que el macho que elegí ha dejado preñadas a varias perras, por lo que no tengo dudas sobre su capacidad reproductora. ¿Cree que Portia puede ser estéril?*

No se rinda. Lleve a Portia al veterinario, para comprobar que no tiene ningún problema de salud. Tal vez su ciclo no sea el más habitual y su día más fértil no sea precisamente ése. Puede hacerle una citología vaginal y un análisis de sangre para medir sus niveles de progesterona.

● *Trudi, mi pastor alemán de un año, es sumamente nerviosa. Un amigo me ha dicho que, después de haber tenido cachorritos, las hembras se vuelven más sosegadas. ¿Es verdad esto?*

Es cierto que la maternidad templa el carácter de algunas perras demasiado excitables. Pero también lo es que una perra demasiado nerviosa podría tener cachorros también demasiado nerviosos. Es probable que, dada su inestabilidad emocional, se deje llevar por el pánico durante el parto, e incluso podría darse el caso de que se comiera a sus cachorros, aturdida y confundida por completo. Si hace que cubran a su perra, hágalo porque desea los cachorros. Nunca se debe recurrir a la reproducción para corregir una conducta inadecuada.

EL NIDO

Los listones impiden que la madre pueda tumbarse accidentalmente sobre sus cachorros

La mantita doblada que acolcha el interior del cajón debe estar siempre protegida con hojas de periódico

La entrada del nido es algo elevada para impedir que los cachorros caigan fuera

▲ *El nido sirve al mismo tiempo de paridera y de cuna para la madre y su camada. Acostumbre a la perra a usarlo dos semanas antes del alumbramiento, para que acuda a él cuando llegue el momento clave.*

Apareamiento y reproducción

El parto

Aproximadamente una semana antes del parto, la perra empieza a perder el interés por todo lo que la rodea. Un día o dos antes, tal vez la vea especialmente incómoda. Pocas perras necesitan ayuda en este trance, aunque no está de más contar con alguien. Al principio del parto, la perra jadeará de forma tan exagerada que puede sobresaltarle. No obstante, lo normal es que desaparezca en seguida su ansiedad, en cuanto se ponga en marcha el instinto maternal y le indique claramente qué es lo mejor en cada momento.

Cada cachorro nace envuelto en una bolsa membranosa. Normalmente, la cabeza y las patas son lo primero en salir, aunque no es demasiado raro que los perros vengan también de nalgas. Existen partos muy rápidos, con intervalos de muy pocos minutos entre cada expulsión y la siguiente, y otros muy trabajosos, en los que hay que esperar hasta tres horas entre expulsión y expulsión. Si ve a la perra cómoda y relajada, no tiene por qué asustarse aunque los cachorros tarden un poco en aparecer, pero no dude en llamar al veterinario si tiene dudas o sospecha que está teniendo problemas. No impida que la perra ingiera las secundinas y la placenta, que expulsará a continuación de cada feto. Se trata de un instinto ancestral que podía salvar la vida a los perros recién nacidos, ya que la placenta hubiera alertado a los predadores de que había apetitosos cachorros indefensos muy cerca de allí.

Si cree que alguno de los cachorros no respira, aparte las membranas que rodean su hociquito. Tome al cachorro con ambas manos y vuélvalo boca abajo, para limpiar de flemas su

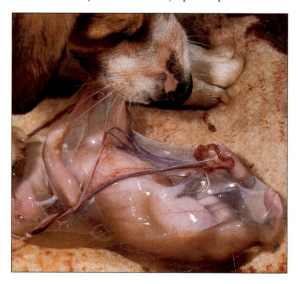

▲ *La madre lame vigorosamente al recién nacido para retirar las membranas que lo recubren. Esta especie de masaje, además, sirve para estimular la respiración.*

Llame al veterinario si...

Lo normal es que el embarazo y el proceso del parto sigan su curso natural con éxito y sin requerir nuestra ayuda. Pero eso no significa que no puedan surgir complicaciones. No dude en llamar al veterinario si ve que:

- La gestación dura más de 65 días.

- La perra tiene contracciones desde hace dos horas y aún no asoma ningún feto, o han pasado más de 30 minutos desde que asomó y no ha sido expulsado aún.

- Pasan más de tres horas entre un alumbramiento y el siguiente, y sobre todo si la perra está empujando con todas sus fuerzas y parece inquietarse.

- La hembra está aletargada y sus contracciones no son lo bastante fuertes como para provocar la expulsión, o parece estar exhausta.

● *Laura, mi weimaraner, va a tener su primera camada dentro de poco. ¿Cómo sabré que el parto es inminente?*

Probablemente empezará a rechazar el alimento unas 24 horas antes del parto, se mostrará inquieta y preparará un nido cómodo para las crías, tal vez desgarrando pedacitos de papel con los dientes y revolviendo con las patas su colchón, para hacerlo más mullido. Si oprime sus pezones, probablemente salgan alguna gotas de leche. Cuando empiecen las contracciones, tal vez mire hacia sus costados, arañe el suelo con las patas y pasee nerviosamente de un lado para otro, impaciente o inquieta. Como es primeriza, necesitará que usted la ayude a sentirse protegida y segura.

● *¿Cómo debo cuidar a los cachorritos recién nacidos?*

Lo que más necesitan es calor. En cuanto nazca cada cachorrito, deposítelo dentro del nido, que habrá colocado en un lugar libre de corrientes de aire, sobre un calientacamas o bolsa de agua caliente bien cerrada y envuelta (la temperatura no debe nunca superar los 30°C). Entre expulsión y expulsión, lleve a los cachorritos hasta las mamas de la madre, que ya estarán produciendo calostro. El calostro contiene anticuerpos que los protegen contra muchas infecciones.

● *¿Cuándo se puede empezar a tocar a las crías?*

Muchas perras dejan tocar o tomar a sus cachorritos desde el primer momento, pero no hay que hacerlo durante mucho tiempo, y sólo debe permitirse a una persona con quien la perra esté familiarizada. En cuanto vea que la perra se inquieta, suéltelo de inmediato. Cuando los perritos abran los ojos, cosa que ocurre entre el 10° y el 14° día, habrá que ir empezando a acostumbrarlos al roce con los humanos. Cuando cumplan 4 semanas, pasarán gran parte del día separados de la madre y habrán comenzado a tomar algún alimento sólido.

La salud del perro

▲ *Estos cachorros tienen nueve días: no pueden ver ni oír, y son totalmente dependientes de su madre. Suelen abrir los ojos cuando tienen entre 10 y 14 días.*

cavidad oral y sus pulmones. Frote su cuerpo con una toalla áspera para estimular la respiración de los recién nacidos. Si esto no funciona, rodee el morro del cachorrito con sus labios y sople suavemente hasta que empiece a notar que su pecho se expande (no prolongue esta operación más de 15 minutos).

Conviene que el veterinario vea a la madre antes de que pasen 12 horas desde el alumbramiento de la última cría. Si tuviese algún cachorro, embrión o placenta retenido, podría sufrir una infección que la llevase a la muerte. Otros problemas que pueden aparecer después del parto son la *mastitis* y la *eclampsia*, también denominada *fiebre láctea* o *fiebre de la leche*. Una perra con eclampsia respira de forma muy rápida, siente un hambre y una sed exagerados y sufre espasmos musculares, y debe ser tratada de inmediato.

Ofrezca a la perra lactante tanto alimento como sea capaz de ingerir. A partir de la cuarta semana de vida, la leche materna deja de ser suficiente y hay que empezar a introducir nuevos alimentos en la dieta de las crías. A partir de la octava, ya deben estar completamente destetados y preparados para ir a su nuevo hogar.

Urgencias y primeros auxilios

SI SU PERRO SUFRIESE UN ACCIDENTE GRAVE o de pronto se pusiera muy enfermo, lo primero que tendría que hacer es serenarse: un ataque de nervios sólo le serviría para perder un tiempo precioso en tales circunstancias. Después, llame a la clínica veterinaria para pedir consejo o ayuda. Los consejos que damos a continuación le serán útiles en caso de que no logre ayuda profesional de inmediato, pero será mejor que no los ponga en práctica si no está seguro de saber lo que está haciendo.

- Despeje las vías respiratorias del perro extrayendo cualquier sustancia u objeto que tenga en la boca y colocando la lengua hacia a un lado.
- Coloque al perro en posición de salvamento, tendido sobre su costado derecho, y abríguelo.
- Compruebe si late su corazón colocando la parte inferior de la palma de la mano sobre la parte izquierda del pecho del perro, justo detrás del codo de éste. Si no siente los latidos, practíquele un masaje cardíaco.
- Corte cualquier hemorragia.
- Lleve al perro con la máxima urgencia a la clínica veterinaria más cercana.

Botiquín de primeros auxilios

No es mala idea tener siempre a mano, en casa o el coche, un botiquín de urgencias por si se produjese algún percance. En muchos centros veterinarios puede adquirirse un botiquín de emergencias completo, pero usted mismo puede hacérselo, preparando los objetos que indicamos a continuación:

✓ Vendas de diferente anchura y esparadrapo.
✓ Gasas y apósitos estériles.
✓ Pomada antiséptica.
✓ Bolas de algodón hidrófilo.
✓ Una cuerda o cinta adhesiva para improvisar un bozal o un torniquete.
✓ Tijeras y pinzas.
✓ Una manta de viaje, por si el perro se desmaya.
✓ Guantes de látex desechables.

Traslado del perro herido

Un perro herido tiende a morder a quien lo toque, así que, si el animal está consciente, habrá de improvisar un bozal de emergencia (ver pág. 100). Si pesa mucho, harán falta dos o más personas para desplazarlo. Levántenlo y trasládenlo con la ayuda de una manta o, si piensa que puede haber sufrido lesiones importantes en la columna, sobre una tabla o una puerta y con extremo cuidado, para evitar movimientos bruscos.

Hemorragias

Si no se corta a tiempo una hemorragia, el perro puede sufrir un *shock* y morir.

Heridas sangrantes
1. Presione la herida con su pulgar o coloque un buen puñado de bolas de algodón o de apósitos de gasa sobre la herida y sujételos bien con una venda. Si sigue sangrando, repita la operación, pero sin retirar el vendaje anterior.
2. Si sangra muy abundantemente por una pata o por la cola, aplique un torniquete: rodee el miembro afectado con una tira estrecha de tela (nunca de cuerda o goma), por encima de la herida, entre ésta y el corazón, y anúdela. Introduzca un lápiz o un palito en el nudo y dé varias vueltas, para estrechar la venda de tela, hasta que pare la hemorragia. El torniquete nunca debe aplicarse durante más de 15 minutos seguidos.

Hemorragias internas
1. Tranquilícelo y manténgalo quieto y abrigado.
2. Evite moverlo siempre que sea posible y busque ayuda profesional de inmediato.

Respiración artificial

1. Tire de la lengua y colóquela hacia a un lado de la boca. Retire cualquier sustancia o cuerpo extraño que la esté obstruyendo. Si el perro ha caído al agua, colóquelo cabeza abajo para que extraer ésta de sus pulmones.
2. Tiéndalo sobre el costado derecho y apoye la cabeza y el cuello en el suelo, como si estuviese mirando hacia el frente, para facilitar el paso del aire al máximo. Coloque sus manos, con las palmas cóncavas, alrededor de la trufa del perro como haciendo una bolsa de aire con

ellas. Aplique los labios sobre la entrada de esta bolsa y sople ininterrumpidamente durante unos tres segundos, de forma que su aliento penetre en las fosas nasales del perro, para llenar de aire sus pulmones. Descanse dos segundos y repita la operación. Continúe hasta que el perro empiece a respirar por sí mismo.

Masaje cardíaco

Si el corazón del perro deja de latir, practíquele un masaje cardíaco de inmediato.

1. Apoye la parte inferior de la palma de la mano sobre la parte izquierda del pecho del perro, justo detrás del codo de éste. Coloque su otra mano encima de la anterior y apóyese con fuerza, hacia debajo y hacia delante a la vez, en dirección a la cabeza del perro.

2. Pulse tres veces seguidas, rápida y firmemente, el pecho del perro, e insufle en las fosas nasales del perro: bombeo, bombeo, bombeo, insuflar. Cada bombeo o pulsión debe durar menos de un segundo.

3. Repita esta secuencia de 15 a 20 veces por minuto aproximadamente, hasta que vuelva a sentir los latidos del corazón. Cuando esto ocurra, deje de bombear sobre su pecho y continúe con la respiración boca-a-nariz mientras trasladan a ambos a toda prisa a la clínica veterinaria más cercana. No abandone ni descanse mientras sienta latir el corazón, por muy débil que sea ese latido.

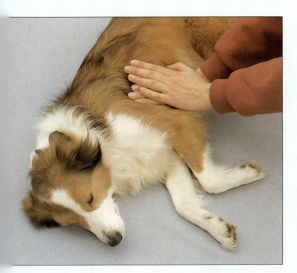

▲ *Para que el corazón del perro vuelva a latir, apoye ambas manos sobre la parte izquierda del pecho del perro, justo detrás del codo, y presione con fuerza y de forma rítmica.*

Quemaduras

Es necesario actuar de inmediato para frenar el deterioro de la piel.

Agua o aceite hirvientes

1. Refresque inmediatamente la quemadura con agua helada, valiéndose de una esponja. No aplique ninguna pomada.

2. Cubra la zona con un paño mojado o coloque encima una bolsa de hielo y lleve al perro a la clínica inmediatamente.

Sustancias corrosivas

1. Ponga al perro el bozal, o fabrique un bozal improvisado para impedir que el perro lama la quemadura e ingiera el producto.

2. Lave la zona con agua con mucha delicadeza, para retirar el producto, y telefonee al veterinario para consultar.

Electrocución

Grandes descargas

1. Corte la corriente antes de tratar de apartar al animal o apártelo utilizando algún objeto de material aislante, como por ejemplo una escoba de madera (nunca con mango metálico).

2. Llame al veterinario de inmediato. Mantenga al perro abrigado y compruebe si respira y si late su corazón. Reanímelo en caso necesario (ver pág. anterior).

Pequeñas descargas

Lo único que notará el dueño del perro si éste ha sufrido una pequeña descarga (por ejemplo, mordisqueando un cable eléctrico) es cierta dificultad para respirar durante unos momentos. Examine la cavidad oral y los belfos, para saber si se ha hecho quemaduras, y aplique agua helada.

Picaduras de insectos

Las picaduras pueden provocar reacciones alérgicas y éstas, a su vez, la formación de habones (bultos por toda la cara y el cuerpo). Puede que el perro tenga dificultades para respirar. Llame de inmediato al veterinario. Trate la reacción alérgica con antihistamínicos.

Picaduras de avispa: como el veneno de la avispa es alcalino, hay que lavar la zona con una sustancia ácida diluida en agua (por ejemplo, vinagre).

Picaduras de abeja: intente extraer el aguijón con unas pinzas (es como un pelo corto de color oscuro). Como el veneno de las abejas es ácido, hay que aplicar un producto alcalino sobre la picadura (por ejemplo, bicarbonato sódico).

Urgencias y primeros auxilios

Mordeduras de serpiente

Si, durante un paseo por el campo, su perro empieza de pronto a babear y tiritar y tiene las pupilas dilatadas, puede que le haya mordido una serpiente. Suelen morder en la cabeza o en las patas. La mordedura se inflama con rapidez.

1. Si puede encontrar bolsas de hielo o agua helada, aplíquelas sobre la mordedura para hacer que la sangre corra más lentamente por la venas.

2. Avise de inmediato a un centro veterinario para que vayan preparando un contraveneno y puedan aplicarlo de inmediato en cuanto llegue.

3. Si la serpiente mordió al perro en una pata, puede aplicar un torniquete por encima de la mordedura, entre ésta y el corazón, para intentar que el veneno se extienda por el cuerpo con menor rapidez. No permita que el perro realice el menor esfuerzo, ya que esto aceleraría los latidos de su corazón y el veneno se extendería aún más rápidamente por todo el cuerpo. Súbalo y bájelo del coche en brazos.

▲ *Bozal improvisado rodeando el hocico del perro con una tira de tela. Anude bajo la barbilla, vuelva hacia atrás los extremos a ambos lados del cuello y ate el bozal detrás de la cabeza.*

Intoxicación accidental

1. Llame al veterinario para que le asesore. Si el animal se ha tragado el veneno, hágalo vomitar, pero sólo si la sustancia que ingirió no era ni corrosiva ni irritante, si no ha pasado más de media hora desde que la ingirió y si está consciente y no aletargado. Para provocar el vómito, adminístrele una dosis de agua oxigenada proporcionada a su tamaño:
2 cucharaditas de café si es de raza pequeña,
1 ½ cucharada si es de raza mediana,
2-4 cucharadas si pertenece a una raza grande.
También puede provocar el vómito introduciendo un cristal grande de carbonato sódico decahidratado (también llamado sosa *de lavar*; no confundir con la sosa cáustica) en el fondo de la boca.
Acuda al centro veterinario en seguida. Si sabe exactamente qué ha tragado el perro, lleve consigo una muestra del producto y, siempre que sea posible, la etiqueta adherida al envase, puesto que ella se especifican los ingredientes.

Intoxicaciones más frecuentes

Sustancia	Síntomas de la intoxicación	Tratamiento
Líquidos corrosivos: Ácido de la batería del coche, decapante, limpiadores para el horno. El perro camina sobre el líquido derramado	Inflamación de la piel, vómitos, diarrea	No provoque el vómito, lave la piel y el manto, póngase en contacto con el veterinario de inmediato
Cebos de jardín para caracoles y babosas: Su sabor agrada a los perros	Temblor, convulsiones, coma. Puede ser mortal	Provoque el vómito, póngase en contacto con el veterinario de inmediato
Raticidas: El perro ingiere un roedor envenenado	Encías sangrantes y muy doloridas. Puede ser mortal	Provoque el vómito, póngase en contacto con el veterinario de inmediato
Anticongelante: Gotea desde el coche. Su sabor agrada a los perros	Convulsiones, vómitos, colapsos, coma	Provoque el vómito, póngase en contacto con el veterinario de inmediato
Calmantes, sedantes y antidepresivos: El envase al alcance del perro	Depresión, modorra, coma	Provoque el vómito, póngase en contacto con el veterinario de inmediato
Plomo: El perro ingiere o lame pinturas, accesorios de pesca o pilas viejas que contienen plomo	Vómitos y diarrea, seguidos de colapso y parálisis	Provoque el vómito, póngase en contacto con el veterinario de inmediato

La salud del perro

Cuerpos extraños en la boca o la garganta

Palos y huesos: pueden astillarse y quedarse atrapados entre los dientes, o en la parte posterior de la garganta. No intente extraerlos usted mismo si puede hacerlo un profesional. Si el perro muerde, deberá hacerlo con sumo cuidado. Pida que alguien sujete con fuerza a su perro mientras tanto.
1. Mantenga abiertas las mandíbulas del perro valiéndose de un objeto de madera (un utensilio de cocina, por ejemplo).
2. Utilice pinzas de depilar o las tenacillas que se utilizan para servir los terrones de azúcar para llegar hasta el objeto incrustado y extraerlo cuidadosamente.

Pelotas pequeñas: Si han quedado atascadas en el fondo de la garganta, el perro puede tardar muy poco en asfixiarse.
1. Agarre con fuerza al perro por la cintura y apriete con todas sus fuerzas, elevando el abdomen del animal en dirección a la boca (maniobra de Heimlich): con esta maniobra se consigue hacer que la pelota salte por encima de la parte de atrás de la lengua.
También puede tratar de presionar desde la parte externa de la garganta, empujando la pelota hacia arriba y hacia fuera, hasta hacerla saltar sobre la parte de atrás de la lengua.

Anzuelos

1. Con tenazas o alicates (cortaalambres) parta en dos el anzuelo. Después, empuje la lengüeta hacia el exterior. Limpie la herida con un antiséptico.
2. Si no consigue retirar el anzuelo, lleve al perro al veterinario. Si hay hilo de pescar colgando de la boca del perro, no lo arranque ni lo corte, porque dificultaría la extracción del anzuelo.

Heridas provocadas por otro perro

Mordiscos: Cuando pelean, los perros suelen morder a su contrincante en la cara, orejas, cuello y pecho. Aunque parezcan cortes muy limpios, la carne puede estar lacerada: lo mejor es hacer que un veterinario examine todas las heridas.

Orejas: se las desgarran a menudo cuando pelean, y pueden sangrar muy profusamente.
1. Limpie la herida y presione con una gasa para cortar la hemorragia.
2. Vende la oreja con una tira de gasa, colocándola en posición vertical, junto a la cabeza: rodéela con la gasa y pase ésta alrededor de la cabeza del perro, por debajo de la barbilla. Deje fuera la oreja sana, de forma que ayude a mantener en su sitio el vendaje. Al vendar la oreja de este modo, la inmoviliza impidiendo que vuelva a sangrar en cuanto el perro agite la cabeza.

Ojos: A veces, en la violencia de la pelea, los ojos pueden acabar parcial o totalmente fuera de sus órbitas, sobre todo si se trata de perros chatos como el pequinés y el carlino. La rapidez es primordial si desea salvar el ojo de su perro.
1. Cubra el globo ocular con un paño húmedo.
2. Lleve al perro al veterinario a toda prisa.

Insolaciones y golpes de calor

El calor excesivo puede matar a un perro en cuestión de minutos. Al principio, el perro respira de forma muy rápida y trabajosa. Después, siente un enorme malestar, produce mucha saliva, boquea desesperadamente, esforzándose en respirar y sufre un colapso.
1. Saque al perro de donde esté y llévelo a un lugar más fresco.
2. Enfríe su cuerpo vertiendo agua por encima. Empiece con agua templada y vaya bajando la temperatura de ésta gradualmente, a medida que el perro pierde calor. Cúbralo con toallas mojadas.
3. Ofrézcale agua.
4. Si no se recupera en pocos minutos, llévelo al veterinario.

▼ *Un tratamiento eficaz contra la insolación y los golpes de calor consiste en cubrir al perro con toallas mojadas e ir vertiendo agua de vez en cuando sobre éstas, para mantenerlas constantemente frescas.*

Educación y problemas de conducta

Aunque a veces cueste trabajo imaginarlo, lo cierto es que esa mascota convertida en un miembro más de la familia conserva muchos atavismos de sus antepasados, los lobos. Conocer la organización social y la estructura jerárquica de la jauría, así como el lenguaje que utilizan los perros para comunicarse entre sí, resulta enormemente útil, por lo tanto, para entender y controlar a nuestro perro. Es importante, desde que el perro es un cachorro, ir exponiéndolo de forma gradual al mayor número posible de experiencias y situaciones nuevas, si no queremos que cuando llegue a adulto sea un animal tímido y miedoso.

Esta sección indica el procedimiento que debe seguir para solucionar diferentes problemas de conducta, pero no obtendrá el resultado que espera sin paciencia y constancia a la hora de poner en práctica nuestros consejos. Nunca nos cansaremos de repetir que, para evitar problemas de conducta, hay que entrenar a los perros desde cachorros, y muy especialmente en la obediencia. Los casos reales que incluimos en esta sección sirven más que nada para ilustrar los motivos y la complejidad de los problemas de conducta de los perros. Puesto que se trata de casos y perros reales y concretos, el tratamiento que sugerimos no debe aplicarse indiscriminadamente a cualquier otro animal con problemas medianamente parecidos. Por el contrario, le aconsejamos encarecidamente que consulte con su veterinario si su perro tiene problemas de conducta, y muy especialmente si se comporta de manera agresiva con los niños.

Jerarquía y estructura social de la manada 104
El lenguaje de los perros 106
Educación del cachorro 108
Dejar claro quién manda en casa 110
Adiestramiento 112
La importancia del juego 114
Los problemas del perro readoptado 116
El perro y los niños 118
El perro y las otras mascotas 120
Perros agresivos en el hogar 122
Perros agresivos con los extraños 124
Perros agresivos con otros perros 126
Agresiones imprevisibles 128
Cachorros que lo destrozan todo 130
Problemas de ansiedad 132
Miedos y fobias 136
Instintos de caza 138
Ladridos que molestan a todo el mundo 140
Actos compulsivos y otros problemas 142
Problemas de conducta relacionados con la sexualidad 144

Jerarquía y estructura social de la manada

EL PERRO DESCIENDE DEL LOBO. Aunque miles de años de cría selectiva han transformado tanto su aspecto como su forma de comportarse, si pensamos en los perros como lobos juguetones será mucho más fácil entender la forma en que se relacionan con nosotros.

Los lobos viven en manadas constituidas al menos por dos individuos, aunque normalmente son más, de diferentes edades. La organización social de la manada se basa en una estructura jerárquica perfectamente definida, con distintos niveles de poder tanto para los machos como para las hembras. Las relaciones sociales se fundamentan en ciertos códigos y ritos que expresan dominancia o sumisión. El macho y la hembra más fuertes de la manada (macho alfa y hembra alfa, respectivamente) dominan al resto de los lobos. Su superioridad física les confiere una serie de derechos y privilegios sociales que todos los demás individuos respetan: derecho a reproducirse, derecho a comer antes que los demás, derecho a elegir el mejor sitio para dormir y derecho a tomar la iniciativa en cualquier contacto físico (acicalamiento del manto) que se produzca entre ellos y sus súbditos. También les impone ciertas obligaciones, como defender al resto de la manada. Otro rito que siempre se respeta es que, si la manada debe penetrar en algún lugar y la entrada es muy estrecha, el lobo y loba alfa entran siempre antes que sus súbditos. Para mantener el estatus de macho o hembra dominante, no es necesario reñir ni pelear: los individuos socialmente inferiores respetan por instinto la autoridad de los alfa, aunque compiten con sus semejantes por la comida y los demás bienes y comodidades.

Una manada humana

El perro considera a la familia con la que vive su manada. Desde el primer momento en que el cachorro llega al hogar, observa lo que ocurre a su alrededor e intenta averiguar quién es el macho o la hembra dominante y qué lugar ocupa él dentro de la estructura jerárquica. Enseñarle cuál es el lugar que le corresponde lleva tiempo. Los primeros 18 meses de vida son esenciales. Durante ese tiempo, debe aprender que su posición social dentro de la familia es inferior incluso a la del miembro más débil, incluso a la de un niño de pecho. Enseñarle esto no es ninguna crueldad, no es humillante, y tampoco significa que no pueda tratársele con el mayor cariño. Una vez haya asumido que es el último individuo de la manada, podrá em-

Caso real

Christy, cocker spaniel hembra de 3 años

Antecedentes: vive con la familia Mendoza desde hace 9 semanas.

Problema: Aunque solía ser una perra muy sociable, está empezando a comportarse de manera agresiva y se ha vuelto extremadamente posesiva con sus juguetes. Además, roba objetos a los amos, sobre todo los zapatos de Linda, la hija de los Mendoza.

Explicación: Christy está intentando ocupar un lugar más relevante en la nueva sociedad familiar, y sus amagos agresivos son una especie de tanteo. Roba las cosas de Linda intentando que la niña aprenda a someterse a su autoridad y la reconozca jerárquicamente superior dentro de la manada.

Tratamiento

▶ La familia debe ignorar a Christy por completo durante una semana, salvo para alimentarla y sacarla a pasear. La perra debe hacer más ejercicio del habitual durante el paseo, y pasear por una zona distinta a la usual. Habrá que ajustar su hora de comer, de modo que se le sirva su ración después de que termine de comer toda la familia. Por la tarde-noche, no se le permitirá estar con el resto de la familia en el salón. Se le requisarán todos sus juguetes, y cuando esté dentro de casa, deberá estar atada también, aunque con una correa más larga, para tenerla controlada e impedir que robe más objetos. La idea es establecer la autoridad evitando cualquier confrontación con la perra. Nadie debe tratar de sujetarla agarrándola por el collar ni por el cuello.

▶ El siguiente paso será permitir a Christy entrar en la habitación donde se reúne la familia, siempre y cuando esté tendida y sin moverse dentro de su cesta. Los miembros de la familia, excepto Linda, pueden volver a jugar con ella, pero sólo a juegos no competitivos.

▶ Más tarde, los miembros adultos de la familia podrán mostrarse cariñosos con la perra, pero siempre por iniciativa propia, nunca a instancias del animal.

▶ Empezar a cepillarle el manto diario. Linda sobre todo.

▶ Christy ya se mostrará menos agresiva. Para mantener esta situación, habrá que felicitarla siempre que traiga la pelota de vuelta al amo, pero, cada vez que se muestre mínimamente agresiva el juego terminará de inmediato.

Educación y conducta

pezar a otorgarle algún que otro privilegio, como por ejemplo el de sentarse cuando se lo permitan en un sillón determinado. Pero nunca olvide que la jerarquía dentro de la manada no es inmutable, y que en determinadas circunstancias, si se dan muestras de excesiva debilidad, un perro de carácter ambicioso puede tratar de convertirse en el jefe.

Las reglas del juego

1. Déle de comer cuando le parezca, no cuando se lo exija.
2. No le dé porciones de comida de su plato, ni comparta con él sus golosinas.
3. No le permita subirse al sofá sin invitación expresa.
4. Siéntese de vez en cuando en la cama del perro.
5. Ignórelo por completo cuando le exija caricias, pero cólmelo de mimos y halagos en cualquier momento del día.
6. Juegue mucho con él, pero no le deje ganar demasiadas veces si el juego implica exhibición de fuerza o velocidad.
7. Cepíllelo a intervalos regulares, para que se acostumbre a dejarse tocar y manipular por usted.
8. Enséñelo a esperar hasta que pase usted antes de atravesar cualquier entrada o puerta.
9. Nunca permita al perro colocarse a una altura superior a la suya y mirarle desde arriba. Tampoco consienta que iguale su estatura apoyándose sobre las patas traseras y con las patas delanteras sobre sus hombros.
10. Jamás intente dominar a su perro utilizando la fuerza bruta. Asegúrese, más bien, de que sus instrucciones son claras, y recompense al animal cada vez que las obedezca.

P/R...

● ¿No sería mi perro más feliz si le dejara creer que es el miembro alfa de la familia?

Si el propietario conoce cuáles son los atributos del jefe de una jauría e interpreta ese papel, le será más fácil hacer que el perro respete su autoridad por instinto.

● ¿Hay también un cachorro alfa en cada camada? Si es así, supongo que tendré que evitar elegir al perrito dominante.

Sí, y ciertamente debe elegir cualquier otro. Si un cachorro se muestra dominante con sus hermanos, probablemente dará problemas a cualquier futuro propietario.

● ¿Por qué algunos perros siempre tienen que salirse con la suya y otros, en cambio, son dóciles?

El carácter de un perro depende en parte de su herencia genética, pero también influyen otros factores, como la escasez o abundancia de alimento, lo que pesaba al nacer y, sobre todo, la influencia que ejerce sobre él su amo. Si el propietario es débil de carácter y el perro voluntarioso, probablemente no sea capaz de hacerse respetar por su mascota.

▼ *La férrea estructura jerárquica de la manada permite sobrevivir a todos los lobos: sin ella, los animales competirían constantemente, luchando a vida o muerte por los recursos, y muchos individuos morirían, debilitando el poder de la manada como grupo.*

El lenguaje de los perros

AUNQUE SE HAN CONVERTIDO EN ANIMALES DOMÉSTICOS, los perros siguen utilizando el lenguaje de los lobos. Su código lingüístico incluye tres tipos de señales: visuales, acústicas y olfativas, y cuando quieren comunicarse con nosotros utilizan exactamente las mismas señales que utilizarían con sus congéneres. Muchas veces un perro y su propietario no se llevan bien sólo porque este último desconoce el lenguaje de su mascota, y es incapaz de comprender a su perro aunque el animal se esté expresando con toda claridad.

Para los perros, el lenguaje del cuerpo es sumamente importante. La mirada, la posición de las orejas y la cola y los gestos realizados con el morro o con el cuerpo en su totalidad se combinan de diferentes maneras entre sí para formar un código lingüístico muy preciso. Sólo los perros dominantes miran directamente a los ojos. Siglos y siglos de cría selectiva han limitado seriamente la capacidad de expresarse de muchas razas caninas, sobre todo aquellas que tienen las orejas colgantes y el pelo tan largo que apenas puede vérseles la cara. Los perros con rabo y orejas recortados, por otra parte, también tienen serias dificultades para comunicarse con los demás.

En la naturaleza, los perros utilizan la voz para comunicarse cuando la distancia o la densa vegetación hacen imposible la comunicación visual. Con ladridos de diferente tonalidad expresan alarma, saludos, advertencias, el deseo de jugar o de que se les preste atención; con suaves gruñidos semejantes a un ronroneo; con gruñidos amenazantes, intención de atacar; con gemidos, dolor, petición de auxilio; con aullidos se convocaba a la manada para cazar juntos una presa. Actualmente, los perros que se sienten abandonados aúllan lastimeramente, como tratando de hacer regresar a su familia.

Las señales olfativas son también muy importantes: gracias a su agudísimo olfato, reconocen a los demás individuos. Alrededor de la cabeza y de la cola poseen glándulas destinadas a secretar sustancias olorosas que nunca huelen igual que las de otro perro. Los lobos orinan para delimitar el territorio de su manada, y los perros machos no castrados también lo hacen con ese fin. En época de celo, la orina de las hembras emite un olor muy particular que expresa su deseo de aparearse.

Educación y conducta

- Spuds, mi bull terrier, es muy amigable y, cada vez que ve a otro perro, va corriendo hacia él con el rabo levantado. Pero los demás perros suelen ponerse agresivos. ¿Por qué lo hacen?

Puede que Spuds no sea tan amistoso como usted piensa. Avanzar hacia otro perro con la cola erguida puede ser una forma de desafío. Por otra parte, los gestos faciales de toda la familia de los bull son con cierta frecuencia malinterpretados por los perros de otras razas, ya que la forma y disposición de sus ojos pueden producir la impresión de que están mirando fija y directamente a los ojos del otro perro.

- En cuanto JR, mi Jack Russell de pocos años, ve a otro perro, inmediatamente se agacha como para esconderse, pero dejando el trasero muy levantado y echando las orejas hacia atrás mientras las patas delanteras se quedan extendidas frente a él. ¿Qué intenta expresar?

La postura de JR es su forma de decir al otro perro que quiere hacerse amigo suyo y tiene muchas ganas de jugar. Algunos perros ladran, además, para llamar la atención del otro perro más eficazmente y provocarlo de manera amistosa.

AMENAZA ASERTIVA
- Orejas erectas
- Pelos de la nuca y del principio del lomo erizados

AMENAZA POR TEMOR
- Orejas gachas
- Pupilas dilatadas

▲ Las diferentes expresiones faciales se combinan entre sí y con otros gestos corporales y sonidos para formar un vocabulario rico y complejo. Un perro que enseña los dientes con las orejas y la cola erectas y los pelos de la nuca erizados está expresando una amenaza asertiva, y puede atacar de un momento a otro. En cambio, un perro que enseña los dientes con las orejas y la cola gachas, las pupilas dilatadas y frunciendo los belfos, expresa que se siente amenazado: gruñirá para advertir que está dispuesto a defenderse y puede llegar a morder.

El lenguaje del cuerpo

OJOS	Muy abiertos, mirando fijamente, pupilas dilatadas	Temor
	Mirando fijamente a los ojos y sosteniendo la mirada	Desafío: nunca mire fijamente a un perro a los ojos, salvo si desea retarlo
HOCICO	Mostrando los dientes	Agresividad (normalmente)
	Lengua colgante	Relajación
OREJAS	Vueltas hacia atrás	Sumisión o temor
	Erectas y hacia delante	Alerta
COLA	En movimiento	Deseo de relacionarse y provocar al otro (no necesariamente con intenciones amistosas)
	Erecta e inmóvil	Dominio
	Baja, pero no colgando	Relajación
	Colgante, curvada o enroscada en una pata	Sumisión o temor

◀ Esta hembra de pastor alemán corresponde a su propietario con un típico gesto de sumisión: rueda lentamente sobre el lomo y separa una de sus patas traseras para mostrar y dejar acariciar sus zonas más vulnerables.

▶ El cachorro, sobresaltado al oír un ruido repentino, se dispone a huir o esconderse del peligro. Sus orejas, gachas y vueltas ligeramente hacia atrás y su cola, gacha y escondida entre las piernas, demuestran claramente que se siente asustado.

Educación del cachorro

ES MUCHO MÁS FÁCIL EVITAR la aparición de trastornos de la conducta que corregirlos. La edad ideal para llevarlos al que será su hogar definitivo es entre 8 y 9 semanas. El carácter de la madre influye de forma decisiva en el futuro carácter de la camada: si es desconfiada o agresiva con las personas que no conoce, con los demás perros y con el mundo en general, habrá dado un mal ejemplo a sus cachorros. Si, por el contrario, es una perra confiada, y apacible, es probable que la camada haya aprendido a enfrentarse al mundo con más seguridad.

A medida que el cachorro va creciendo, debe ir acostumbrándose a tratar con nuevos perros, personas y animales, de modo que enfrentarse a desconocidos no le inspire sentimientos de inseguridad. Este proceso se denomina socialización. También debe ir acostumbrándose a conocer nuevos entornos. Este proceso se denomina habituación. Desde que tiene entre 4 y 8 semanas, el cachorro debe empezar a conocer niños, personas adultas de ambos sexos y, si es posible, también otras mascotas. También debe acostumbrarse a ruidos extraños como el de la radio, la aspiradora o el lavavajillas. Es preferible, con mucho, haber elegido un criador consciente de la importancia que tiene tocar y tomar a los cachorros y exponerlos al mayor número posible de experiencias cuando todavía viven junto a la madre. Los perros más confiados y seguros de sí mismos son los que se han criado desde el primer momento de su vida entre el barullo y los ruidos propios de la vida familiar.

A partir de las 14 semanas de edad, los perritos se vuelven cada vez más desconfiados y aprensivos frente a cualquier circunstancia nueva. En el entorno natural, esta actitud debió responder a la necesidad de extremar la prudencia y la cautela, puesto que es a esta edad cuando los cachorros empezaban a emanciparse de la protección y tutela de su madre para dar los primeros pasos hacia su

▶ *Algo tan simple como la nieve sirve para desarrollar el gusto, el olfato y el instinto explorador de estos valientes cachorritos.*

● *Casey, mi ovejero de Shetland de 10 semanas, fue hija única. La he llevado a clases de socialización, pero se pasa todo el tiempo escondida bajo mi asiento. ¿Debo obligarla a relacionarse?*

Los perros que nacen sin hermanitos tienen a menudo problemas para comunicarse con los demás perros, tal vez porque nunca han podido jugar con el resto de la camada desde que eran recién nacidos. Si fuerza a Casey a relacionarse con individuos que teme, podría volverse más miedosa aún, e incluso volverse agresiva. Es mejor que le permita observar a los demás tranquilamente.

● *Muy cerca de casa hay un prado, y en él siempre veo un caballo. Tengo miedo de que, cuando empiece a sacar a pasear a Jimbo, mi cachorro de 9 semanas, se pegue un susto de muerte al verlo. ¿Cómo lo puedo evitar?*

Enseñe el caballo a Jimbo desde detrás de la cerca. Acaricie al caballo. Si Jimbo se queda tranquilo, felicítelo y ofrézcale un regalo o golosina. Repita esta operación muchas veces. De este modo, cada vez que vea un caballo, lo asociará con una experiencia agradable y no surgirá ningún problema.

Educación y conducta

nueva vida de adultos. Por eso es esencial, para evitar la aparición de trastornos de la conducta en el futuro, que el cachorro se haya beneficiado de una socialización lo más completa posible antes de llegar a esta edad crítica. Algunos propietarios esperan a que los perros se hagan mayores para empezar a entrenarlos, y así les va. La infancia es, precisamente, la edad más decisiva para su educación. Los perros que no se beneficiaron de cachorros de una correcta socialización se convierten en adultos excesivamente tímidos, miedosos, difíciles de entrenar y, algunas veces, agresivos.

Qué puede hacer usted

En cuanto el cachorro se haya acabado de instalar en casa, pida a sus amigos y vecinos que vayan a visitarlo, para que el animal conozca el mayor número personas posible. Salga de casa con él y hágalo conocer a otros animales. Acostúmbrelo al ruido del tráfico. Llévelo a dar breves paseos en el coche.

Si se comporta bien, prémielo de inmediato, para que tenga ganas de comportarse del mismo modo la próxima ocasión. Si tiene alguna experiencia desagradable (por ejemplo, que un coche pase muy cerca de él la primera vez que cruza la calle, asustándolo mucho), no le dé demasiada importancia al asunto. Si el cachorro ve que usted se enfada o se asusta también, o lo consuela de forma exagerada, se volverá posiblemente más temeroso aún. Muéstrese muy sereno y háblele en un tono que le infunda seguridad. La próxima vez que salgan a la calle, no se acerque tanto a los coches y haga algo para distraer su atención y que deje de pensar en el tráfico, y así hasta que recupere la confianza.

Si puede, llévelo a clases de socialización para cachorros antes de que cumpla 14 semanas. En estas clases, los

▲ *Mientras su programa de vacunación no se haya completado, el cachorro no debe pisar la calle. Pero usted sí puede, y debe sacarlo en brazos, para que se acostumbre al bullicio del mundo exterior.*

cachorros aprenden a jugar con perros de su misma edad, a interpretar el lenguaje de los demás perros, a ser sociables con personas desconocidas que encuentran en un lugar desconocido también, y además reciben un poco de entrenamiento básico. Si el monitor es buen profesional, sabrá animar a los cachorros excesivamente tímidos para que se relacionen con sus congéneres, pero sin forzarlos ni causarles ningún temor, y también le enseñará a usted cómo educar a un revoltoso cachorrillo sin recurrir en ningún caso al castigo físico.

Caso real

Jessie: pastor alemán de 6 meses

Antecedentes: Vive con la familia Perkins desde hace 8 semanas. Cuando tenía 18 semanas, se cayó de una silla y se fracturó un codo, por lo que tuvo que estar confinada en casa durante 6 semanas.

Problema: Aunque antes era amigable con los otros perros, cuando volvió a salir después del accidente empezó a ladrar y gruñir a todos los perros desconocidos.

Explicación: Jessie disfrutó de una buena socialización en la edad más adecuada, pero el aislamiento que sufrió mientras se recuperaba del accidente hizo que se volviese más insegura, y por lo tanto más temerosa y agresiva.

Tratamiento

▶ El veterinario debe someterla a una nueva revisión para asegurarse de que ya no le duele la zona fracturada, porque si aún siente dolores, éstos podrían explicar su actitud defensiva.

▶ Jessie debe salir atada con la correa. Los Perkins pueden hacer que vuelva a confiar en los otros perros si hacen que conozca animales muy tranquilos que no hagan el menor caso cuando ella les ladre.

▶ Si fuera posible, sería muy bueno que encontraran para ella un compañero de paseo muy tranquilo, para que, poco a poco, empezase a imitar su comportamiento no agresivo.

▶ Cada vez que Jessie pase cerca de un perro desconocido y no le ladre, recibirá una golosina y un halago.

Dejar claro quién manda en casa

Intente establecer una relación sana entre su familia y el perro lo antes posible. Al decir sana nos referimos a una relación en la cual los humanos llevan las riendas en todo momento, pero jamás imponiéndose por la fuerza. La fuerza física no es una buena herramienta de control. Para hacerse respetar, es necesario mostrarse firmes y constantes, pero también hace falta mucha dulzura. El perro será mucho más feliz sabiendo que es usted quien manda en casa que dudando constantemente sobre cuál es su posición social dentro de la familia. Desde el primer instante, el perro debe verle como el individuo alfa de su manada. Empiece a dictar las reglas del juego diciéndole donde debe dormir. Aliméntelo siempre a una hora determinada. Cepíllelo con regularidad: las sesiones de cepillado son muy importantes en este sentido.

Malas costumbres

Llevar las riendas desde el primer momento significa impedir que ciertas costumbres que ahora pueden ser sólo un poquito molestas, o incluso enormemente divertidas, se

▼ *Si el niño sigue permitiendo al cachorrito saludarlo de ese modo, el animal podría interpretarlo como un gesto de sumisión, y sentirse confundido con respecto a su posición jerárquica.*

P/R...

● *Cuando intento cepillar a Bracken, mi springer spaniel de 14 semanas, muerde y gruñe al cepillo. ¿Qué debo hacer?*

¿Es posible que esté haciéndole daño sin querer cuando lo cepilla? Tal vez el cepillo sea de cerdas demasiado duras, o usted le tire sin darse cuenta del pelo. Si nada de esto ocurre, su actitud podría significar que Bracken no está dispuesto a soportar la disciplina en general, y es muy importante que usted controle la situación cuanto antes. Pida a alguien que sujete al perro mientras lo cepilla, colocando una mano sobre la cabeza y el cuello del animal y la otra bajo su barriguita. Empiece con sesiones de cepillado que sólo duren cinco minutos, y ofrézcale una golosina nada más terminar.

● *Salsa, nuestra chihuahua de seis meses, nos roba los zapatos y nos gruñe cuando intentamos recuperarlos. Llega a ponerse agresiva. ¿Qué hacemos?*

Jueguen mucho con ella a juegos como el escondite. No la conviertan en una perra mimada (por ejemplo, permitiéndole subirse a las butacas o dándole de comer cuando quiera). No dejen a su alcance el calzado y enséñenla, en cambio, a traer de vuelta la pelota u otros objetos que le lancen, pero fuera de casa. Aunque para esto último tendrán que tener mucha paciencia, halagos y golosinas, con el tiempo conseguirán que aprenda a devolverles cualquier objeto, incluidos los zapatos.

Educación y conducta

Caso real

Tizzie: Dálmata de 14 semanas

Antecedentes: Vive con los Martin, que tienen tres niños, de entre 8 y 15 años.

Problema: Está constantemente pendiente de todos ellos, exige que jueguen con ella todo el día, tiene que ser siempre el centro de atención y destroza los zapatos y los juguetes de los niños con los dientes.

Diagnóstico: Su actitud no es sino la normal de cualquier dálmata con su edad, pero la familia necesita aprender a controlarla antes de que sea adulta y todo sea más difícil.

Tratamiento

▶ Cuando Tizzie esté tan llena de energía que necesite desfogarse jugando, lo adecuado es llevarla a dar un paseo (unos 20 minutos bastan a su edad), o a jugar y hacer el bruto con otros perros fuera de casa.

▶ Dejar a la perra sola de vez en cuando para que se relaje y aprenda a no ser siempre el centro de atención, llevándola a una habitación aparte o permitiéndole permanecer en la misma, pero dentro de un parque (jaulita especial) para cachorros. Colocar su cama dentro de este parque. Darle una golosina cada vez que vaya sola a la jaula hasta que se acostumbre a hacerlo.

▶ Tizzie debe tener sus propios juguetes con los que entretenerse, pero no hay que dejarlos dispersos por toda la casa, sino ofrecérselos sólo en momentos determinados.

▶ Los niños deben aprender a guardar sus propios juguetes de manera ordenada y fuera del alcance de la perra.

conviertan en serios problemas de conducta en un futuro. Por ejemplo, recibir a todas las visitas haciendo grandes alharacas. Muchos cachorros se emocionan tanto al ver llegar a las visitas que se lanzan y saltan sobre ellas. A la mayor parte de los propietarios les encanta que su perro sea simpático, pero el perro no tiene por qué asumir que todos los que lleguen a casa son de la familia. Si el cachorro conoce bien a los visitantes, su visita perderá parte de la excitación de la novedad. Si quiere corregir este defecto, pida a sus visitas que no saluden ni hagan caso del perro hasta que se haya tranquilizado y tenga las cuatro patas en el suelo y haga usted lo mismo (aunque sea duro reprimir su emoción ante tan cálida bienvenida).

Otra mala costumbre de muchos cachorros es morder cuando juegan. Los cachorros juegan a pelear con los perros adultos y con los miembros de su propia camada. Cuando un cachorro muerde, aunque sea jugando, hace daño realmente con sus dientecillos de leche, tan afilados como alfileres. Si muerde demasiado fuerte o con excesiva insistencia a otro cachorro, éste reaccionará chillando o gruñéndole. Los perros adultos normalmente protestan con un gruñido y se dan media vuelta, ignorando por completo y durante un buen rato al cachorro que los ha molestado. Esto calma su excitación, y exactamente lo mismo debe hacer un ser humano en estos casos: si el cachorro se excita tanto jugando que empieza a morder su ropa o sus brazos, dar un grito o un gruñido e ignorarlo por completo a continuación. Para un cachorro, no hay peor castigo que el que no le hagan caso. Déle de 5 a 10 minutos para calmarse. Si continúa igual de excitado, proporciónele algún objeto con el que desahogar su nerviosismo, por ejemplo un mordedor.

Aprender a estar solo

Debe acostumbrar al cachorro a quedarse solo durante un rato varias veces al día. De este modo, adquirirá un mínimo de independencia que de adulto le permitirá quedarse solo cuando sea necesario sin padecer un trastorno de la conducta conocido como *ansiedad de separación* (ver págs. 132-135). El aprendizaje deberá ser gradual: al principio, el perrito estará solo, pero podrá verles (un parque o corralito infantil en la puerta de la habitación resulta muy útil). A continuación, podrá cerrar la puerta y dejar al animal al otro lado. Poco a poco, vaya incrementando esos ratos de soledad desde 10 minutos hasta aproximadamente una hora. No se despida de manera dramática y no regrese a consolarlo si lo oye gimotear. En este caso, lo que deberá hacer es esperar hasta que calle y regresar a su lado sólo entonces. Prémielo por su buen comportamiento, pero no le deje saber toda la pena que le ha dado mientras hacía este ejercicio.

▲ *Parque infantil o jaula para cachorros. Colocado en un rincón del cuarto de estar, es una buena forma de enseñar al perro a estar y entretenerse solo. Dentro le esperan su camita y sus propios juguetes.*

Adiestramiento

ADIESTRAR A UN PERRO SIGNIFICA enseñarlo a comprender y obedecer órdenes sencillas. Si un perro está bien adiestrado, su convivencia diaria con el amo será mucho más armoniosa y gratificante para los dos. Entrenar al perro será mucho más fácil si es un animal seguro de sí mismo, feliz y con deseos de agradar.

Empezar por el principio

Lo esencial es que el perro sepa ir a nuestro paso, gobernado por la correa o la traílla, y que regrese cada vez que se le llama. Si no es capaz de enseñar a su perro estas dos destrezas, lo más probable es que acabe convirtiéndose en una molestia, o incluso en un peligro para los viandantes. Hay que tener presente que no todas las personas que uno se encuentra en los lugares públicos son necesariamente amantes de los perros.

Antes de acostumbrarlo a la correa, acostúmbrelo a llevar puesto el collar. Después, enséñelo a caminar a su paso dentro de casa o en el jardín, lo que no será difícil si lleva una golosina para perros en el puño. Cuando lo haga, déle su premio. El siguiente paso es enganchar la correa o cadena en el collar y hacer que el cachorro le siga. No tire de la traílla: no debe estar tensa en ningún momento. Llévelo a dar un pequeño paseo, utilizando la golosina como cebo, y désela si camina a su paso. Si se distrae, dígale «¡vamos!» o «¡sígueme!». Si nada de esto diese resultado, haga sonar un juguete ruidoso escondido en su bolsillo. No prolongue demasiado las sesiones de adiestramiento y asegúrese de que son divertidas para el cachorro. Si observa que el animal está cansado o empieza a aburrirse mortalmente, dé la lección por terminada.

Para enseñar al cachorro a venir cuando lo llame, pida alguien que lo sujete mientras usted se aleja. Después, llámelo por su nombre. Nunca se adelante ni lo agarre por el collar: espere que llegue hasta usted por sí solo. En ese momento, cólmelo de elogios y ofrézcale una golosina. Aproveche cualquier oportunidad para llamarlo. Póngale una traílla más larga y practique este ejercicio muchas veces durante cada paseo. Cuando ya se haya acostumbrado a venir al oír su nombre, podrá soltarle de la correa, pero quedando a poca distancia de él.

Utilice el mismo truco del premio para enseñarle a obedecer las demás instrucciones básicas, como «sienta» (algo que deberá hacer siempre cuando llegue al borde de la acera, antes de cruzar la calle), «échate» y «quieto» (ver abajo).

'SIENTA'

1. Póngase de rodillas frente al cachorro. 2. Muéstrele el premio. 3. Mantenga la golosina frente a él. El cachorro estirará el cuello, acercando el morro a la golosina: mientras lo hace, eleve la mano y empuje con la otra sus cuartos traseros hacia abajo, obligándolo a sentarse. 4. Mientras se sienta, diga: «¡Sienta!» Repítalo muchas veces.

'ÉCHATE'

1. Muéstrele el premio que le espera si coopera como en el ejercicio anterior. 2. Vaya desplazando la golosina hacia delante del perro y hacia abajo: él tratará de seguirla con el morro. 3. El cachorro acabará tumbándose, intentando alcanzar la golosina prometida. 4. Mientras el perro va echándose, repita varias veces: «¡Échate! ¡Échate!»

Educación y conducta

P/R...

● ¿Cómo puedo enseñar a nuestra collie adulta, Peggy, a que deje de mendigarnos comida cuando estamos sentados a la mesa?

Prueba a dar a Peggy de comer justo antes de sentarse a la mesa con su familia. Si sigue viniendo a suplicar un bocadito, déjela atada en el extremo opuesto del comedor, o encerrada en otra habitación durante las comidas. Si lo desea, puede reservarle algunos restos como golosina, pero sírvaselos en su comedero y cuando todos se hayan levantado de la mesa.

● Wink, mi cachorro mestizo, está perdiendo sus buenas costumbres higiénicas. Yo solía sacarlo al jardín y esperar en la puerta hasta que lo veía «hacer sus deberes», y entonces le daba una golosina, en cuanto volvía a entrar en casa. Ahora ha empezado a hacerse sus necesidades dentro. ¿Qué es lo que estoy haciendo mal?

Su error ha sido no darle el premio hasta que entraba en la casa. Wink ha pensado que usted se sentiría aún más complacida si completaba la faena en el interior. Salga con él al jardín y cólmelo de elogios en cuanto haga sus cosas fuera. Déle su golosina siempre fuera.

● Roscoe, mi pointer de dos años, pega unos tirones increíbles cuando lo llevo atado con la correa. Mi hija apenas puede controlarlo. ¿Cómo puedo corregir esta mala costumbre?

Cambie el arnés por un collar de cabeza. Suelen ser más eficaces en estos casos. También puede jugar con él de forma que se quede agotado justo antes del paseo. De este modo, no tendrá apenas ganas ni fuerzas para dar tirones.

Elija términos que suenen muy diferentes entre sí, o el cachorro podría confundirse al oírlos. Pronuncie una palabra como «vale» o «ya está» una vez terminado el ejercicio, para que sepa que ya puede colocarse como prefiera. Nunca le chille o le castigue físicamente si tarda en reaccionar.

Cursos de adiestramiento

Si no ha tenido perro antes, puede asistir a clases de adiestramiento para aprender a hacerlo con más facilidad. Estas clases tampoco vienen mal cuando el perro es demasiado testarudo, rebelde o está mal acostumbrado. Hasta los propietarios con más experiencia se benefician muchas veces de estos cursos, ya que en ellos aprenden nuevas técnicas de adiestramiento y también a comprender mejor la psicología canina. Si prefiere dejar esta tarea en manos de un adiestrador profesional, elija alguno que le haya recomendado un conocido. Pídale que le permita asistir solo (sin su perro) a una de sus clases, para conocer sus métodos antes de matricular a su perro. Si es de los que creen en el castigo en vez del premio como refuerzo, o partidario del uso de collares de castigo (con cierre corredizo que oprime el cuello si el perro tira demasiado, o con puntas vueltas hacia adentro), busque otro. Normalmente, los cachorritos no empiezan a ir a clase de adiestramiento hasta que cumplen 14 semanas. En las clases debe haber de 6 a 12 perros como máximo, y todos deben ser cachorros. A su cachorro no le conviene tener perros adultos como compañeros, especialmente si es tímido o demasiado excitable.

'QUIETO'

'AL PASO'

1. Sujeto con la correa, hágalo sentarse. Déle una golosina, como de costumbre. Quédese en pie a su lado y diga: «quieto». Si permanece sentado, déle otra golosina. **2.** Vaya aumentando la duración del «sienta» y del «quieto». **3.** Infórmele de que ya ha terminado el ejercicio diciendo alguna frase como «vale» o «ya está».

1. Ambos en pie, y manteniendo corta la traílla (a 1m de longitud), hágalo permanecer inmóvil. Déle su premio. **2.** Alargue la traílla y empiece a caminar diciendo: «al paso». **3.** Si el cachorro no va a su paso, deje de caminar y hágalo volver a su lado. **4.** Vuelva a empezar el ejercicio. Cuando camine a su paso, prémielo.

La importancia del juego

▲ *El juego estrecha los lazos afectivos que unen al perro y al amo. Además, permite al animal dar rienda suelta a sus infatigables energías y desarrollar su inteligencia.*

LOS PERROS SON JUGUETONES POR NATURALEZA. Jugando averiguan los diferentes miembros de la camada cuál de los hermanos es más fuerte o más débil. También jugando mejoran su forma física y la capacidad de coordinar sus movimientos, y aprenden las habilidades necesarias para cazar. Si su mascota es un cazador nato, correrá menor riesgo de desarrollar trastornos de la conducta si juega con regularidad para dar salida a sus fuertes instintos de predador. Muchas razas destinadas al trabajo se criaron expresamente para que fueran capaces de estar en plena actividad física y mental en todo momento. Si su propietario no les ofrece suficientes oportunidades de jugar y desarrollar sus habilidades innatas, el aburrimiento les acabará llevando a destruir objetos, perseguir a personas y otras mascotas.

Los cachorros y los adultos que se conocen entre sí con frecuencia juegan a pelear. Los cachorritos aprenden por instinto a morder muy suavemente. Sin embargo, cuando el propietario participa en esta clase de juegos, los perros se excitan y pueden morder más o menos fuerte. No lo permita.

Juguetes para perros

Cómprele todos los que quiera, pero reserve uno o dos para utilizarlos sólo cuando usted esté presente. Eso hará que el perro sienta aún más interés por usted y por los juguetes. Nunca deje al perro solo con un juguete de goma o plástico que se pueda romper, porque sus dientes podrían despedazarlo, y acabaría ingiriendo algún fragmento. Un perro con fragmentos de goma o plástico alojados en su tubo digestivo necesita asistencia sanitaria con urgencia.

Los terrier y las demás razas criadas para cazar roedores o pequeñas alimañas disfrutan enormemente agarrando con las fauces un juguete de los que hacen ruido y sacudiéndolo y golpeándolo hasta «matarlo». Obviamente, no debe animarles a jugar de este modo si hay bebés en casa.

Educación y conducta

Jugar con usted

Los perros de temperamento activo disfrutan mucho jugando a cazar, es decir, a buscar, acechar, perseguir y cazar a su presa. Jugar al escondite con el perro es una excelente manera de hacer ejercicio, no sólo el animal, sino también su propietario. No lo persiga siempre usted: deje que el animal también lo persiga, y aproveche para corretear, hacer el bruto y quemar adrenalina. A los niños se les dan especialmente bien esta clase de juegos, porque son más desinhibidos que los adultos. Si el animal se excita demasiado y empieza a saltar sobre usted, o a morder su ropa, deje de jugar de inmediato e ignórelo por unos momentos.

Los *retrievers* (cobradores) y perros de pastor disfrutan especialmente recuperando pelotas y otros objetos lanzados por su amo. La gran ventaja de esos perros es que su propietario puede participar en juegos interactivos sin cansarse demasiado, siempre, claro está, que haya enseñado previamente al animal a traer el objeto hasta su misma mano. También habrá que enseñarle a devolver el objeto cuando el juego se dé por terminado, en vez intentar quedárselo para él. No lo acostumbre a jugar con palos o ramas caídas, ya que podrían astillarse y sus fragmentos podrían clavarse en la garganta del animal. Las pelotas demasiado pequeñas también son peligrosas, porque podrían quedar atascadas en la garganta del perro y asfixiarlo en pocos minutos. Una pelota de goma maciza e irrompible y de tamaño adecuado o una soga fuerte y gruesa son accesorios excelentes para este juego.

A casi todos los perros les encanta tirar con todas su fuerzas del extremo de una soga o de un juguete de trapo que no se rompa. Con algunas razas, como los bull terrier y los rottweiler, este juego del tira y afloja se convierte fácilmente en una prueba de fuerza (y, por tanto, de superioridad), así que no hay que permitir que ganen siempre. Si emiten el menor gruñido, deje inmediatamente de jugar, y quédese usted con el juguete utilizado siempre, cuando decida dar el juego por terminado.

P/R...

● **A mis hijos les encanta jugar con nuestra retriever de pelo liso de 14 semanas, Sarah, pero siempre acaban llorando, porque la perra acaba mordiéndoles. Tengo miedo de que un día pueda llegar a hacerles daño de verdad.**

Si no enseña a Sarah ahora a jugar sin morder, podría cometer alguna agresión cuando fuese adulta. Enseñe a sus niños comportarse con Sarah como lo haría un perro adulto: gritar amonestándola, darse media vuelta e ignorarla por un rato. Si la perra no entiende que esto significa «no vale morder», déjenla sola en otro recinto hasta que se calme. Por lo que dice, me da la impresión de que los niños juegan con la perra sin que ningún adulto supervise sus juegos. Esto no es demasiado prudente en ningún caso.

● **Kayla, mi lassa apso, no siente ningún interés por sus juguetes y no suele jugar con ellos. ¿Estará enferma?**

Algunas razas son menos juguetonas que otras por naturaleza, y los lassa apso son un buen ejemplo de ello. Probablemente Kayla muestre más interés por los juegos interactivos en los que usted participe que por los juguetes en sí mismos. Pruebe a jugar con ella al escondite (a perseguirla y que ella le persiga y busque a usted). De todas formas, si la perra está sana y parece feliz, no hay ninguna razón para preocuparse.

▼ *Hay juguetes para perros de toda clase de tamaños, colores y formas. Desde sogas, hasta pelotas y otros objetos para que el amo los lance y el perro los recupere. Si compra una pelota para su perro, asegúrese de que es lo bastante grande como para no colarse entre sus fauces y asfixiarlo.*

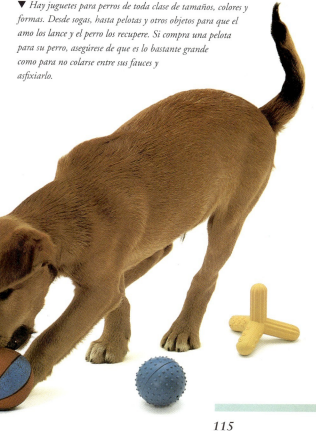

Los problemas del perro readoptado

ANTES DE LLEVAR A SU CASA UN PERRO ADULTO, trate de averiguar todo lo que pueda acerca de sus antiguos propietarios, la clase de vida a la que está acostumbrado y si tiene o no algún trastorno de la conducta. Si lo rescata de un refugio canino o perrera, tal vez no pueda averiguar muchas de estas cosas. Algunos perros readoptados han pasado por muy malas experiencias y necesitan ser tratados con especial cuidado, y grandes dosis de tacto.

Desde el primer instante en que llegue a casa, el perro empezará a recoger datos para saber qué lugar le corresponderá ocupar en la nueva casa. Si en su anterior hogar lo tenían demasiado consentido, tendrá que dejarle claro lo antes posible quién es el que manda ahora. Sin embargo, es más habitual en estos perros haber sido ignorados por completo, e incluso desatendidos, durante toda su vida anterior. Si nunca han sido felices ni se han divertido hasta ahora, es probable que sean introvertidos o excesivamente apocados. Si su nueva mascota es así, le corresponde a usted persuadirle de que puede tirar tranquilamente el escudo, porque está a salvo ahora, y lo logrará con grandes dosis de dulzura y comprensión.

Nunca fuerce a actuar a un perro demasiado sumiso, triste o asustadizo. Ofrézcale un lugar tranquilo donde sentirse a salvo, sobre todo si su familia es muy ruidosa y el animal está acostumbrado al silencio. No lo obligue a conocer muchas personas nuevas en poco tiempo, y advierta a sus familiares y amigos que el animal necesita que lo traten con gran respeto y suavidad, de manera amistosa, pero tranquila, hasta que se sienta por fin en casa.

Si tiene otro perro, preséntelos en el jardín o en territorio neutral y, a ser posible, sin que ninguno esté sujeto por la correa. Cuando se acerquen y olisqueen mutuamente, no intente impedirlo. No haga menos caso que antes a su perro de siempre, o sentirá que un nuevo perro ha venido para suplantarle.

▼ *Un perro readoptado necesita tiempo para acostumbrarse a su nuevo amo. No lo obligue a salir si decide esconderse bajo un mueble a observar todo, pero sintiéndose al margen y protegido del nuevo entorno.*

Educación y conducta

Caso real

Gulliver: Shih Tzu macho de 18 meses

Antecedentes: Adoptado hace un mes por Emily Chung. Antes vivió con un matrimonio de avanzada edad que tenía cinco Shih Tzu más. Nunca había salido de la propiedad de sus antiguos amos hasta ahora, un casa rodeada por un gran jardín cercado.

Problema: Gulliver se ha instalado perfectamente en el nuevo hogar y, en casa, demuestra ser un perro muy listo y muy afable. El problema llega cuando lo sacan a la calle, ya que ladra como un histérico a todos los niños y perros con los que se cruza.

Explicación: Gulliver se ha criado entre algodones y su socialización fue a todas luces insuficiente. Cuando ve perros de otra raza, no los reconoce como animales de su misma especie y, cuando ve niños, tampoco sabe que son seres humanos, aunque más pequeños. Esto no era un problema en su anterior hogar, pero ahora podría volverse cada vez más agresivo si no se le ayuda a adquirir más confianza.

Tratamiento

▶ Emily debe fundamentar su relación con Gulliver en juegos interactivos, sesiones de cepillado, y ejercicios de obediencia.

▶ Gulliver debe pasear siempre sujeto con la correa. Si pasan cerca niños u otros perros, Emily debe adelantarlos rápidamente. Cada vez que Gulliver no ladre al verlos, Emily deberá felicitarlo efusivamente.

▶ Emily debe presentarle a otro perro de carácter muy sosegado, y vigilar muy de cerca sus entrevistas. También debería pedir a un amigo o vecina que permitiese a uno de sus hijos acompañarles durante los paseos, siempre que Gulliver se comporte como es debido y no se acerque demasiado a la criatura.

▶ Asistir a clases de adiestramiento en un grupo reducido y bien organizado ayudaría a fomentar todavía más la autoconfianza de Gulliver. Aunque aprenda a caminar cerca de perros y personas desconocidas sin ponerse nervioso, probablemente nunca llegue a hacerse realmente amigo de ellos, como haría cualquier otro perro que no se hubiera criado tan hiperprotegido como él.

Crear una rutina

Es importante establecer lo antes posible unas horas concretas para comer. No cambie su alimentación por lo menos durante una semana, para evitar problemas digestivos. Déjele claro dónde debe dormir e infórmele de dónde desea que haga sus necesidades, pero tenga paciencia si tarda en acostumbrarse al nuevo sitio. Cada vez que haga lo que usted espera de él, ofrézcale un premio.

Los perros readoptados o rescatados son más propensos que los otros a volverse excesivamente dependientes. Debe reprimir su natural deseo de darle en pocos días todo el amor que le ha sido negado anteriormente, o podría desarrollar un trastorno de la conducta denominado *ansiedad de separación* (ver págs. 132-135). Debe dejarlo solo durante un rato varias veces al día, empezando por sesiones de 5 minutos, hasta de 3 o 4 horas si es necesario. Si es muy revoltoso, estas clases prácticas de tiempo muerto en una caseta para interiores u otra pieza de la casa le ayudarán a calmarse. Eso sí, déjelo con gran número de juguetes y masticadores (huesos procesados) para evitar que se aburra.

Pasee con él durante unos 30 minutos dos veces al día, y dedique algún tiempo a jugar con él fuera de casa, para dar salida a su exceso de energía. Utilice una correa extensible, y no lo suelte nunca en un lugar público durante las primeras semanas. Por muy obediente que parezca cuando está en casa, no sabe cómo va a reaccionar en una calle plagada de viandantes, perros, gatos, personas que hacen *jogging* y ciclistas: son demasiados motivos de distracción juntos.

P/R...

● *Acabamos de recoger a Candy, una border terrier, de una perrera. Se muestra muy introvertida y reservada. ¿Qué podemos hacer?*

Puede que sus anteriores propietarios no le hicieran el menor caso. Tendrán que ganarse su confianza poco a poco. Muchos perros rescatados de la perrera no han aprendido jamás a jugar. Pueden tratar de hacerla reaccionar con un juguete ruidoso. Si esto no da resultado, prueben a envolver una pelota en algún objeto que exhale un olor intenso, como un par de calcetines sudados, para ver si despierta su curiosidad. En cuanto capte la idea del juego, empezará a sentirse cada vez más relajada.

● *Acabamos de adoptar a Saskia, una terranova adulta. Suele comportarse de manera amigable pero, cuando se pone a comer, gruñe como amenazándonos y casi llega a asustarnos. Nunca se cansa de comer, pero está muy delgada, y el veterinario nos ha dicho que no tiene ningún problema de salud. ¿Qué puedo hacer?*

Sírvale pequeñas raciones de alimento varias veces al día. Elija un pienso seco de buena calidad. No le dé de comer siempre en el mismo recipiente, ni en el mismo lugar de la casa, y jamás le retire el recipiente mientras ella esté presente. Déjela sola, en vez de vigilarla, mientras come. Dentro de algún tiempo, pruebe a echarle pedacitos de algo especialmente apetitoso, como por ejemplo queso, cerca del recipiente donde come, cuando ya lo haya vaciado. Saskia acabará esperando con ilusión el momento en que usted venga y se acerque a su recipiente. Entonces no temerá que le roben su comida y saldrá de ese estado de ansiedad en que ahora se encuentra.

El perro y los niños

UN PERRO APORTA MUCHÍSIMA alegría y diversión al hogar. Los niños aprenden a asumir responsabilidades colaborando activamente en sus cuidados. Tener una mascota ayuda a aumentar su autoestima y su confianza en sí mismos, y en el perro encontrarán un amigo incondicional que les acepta sin juzgarles: será el mejor confidente a quien contar todos sus problemas infantiles.

Pero no siempre es así. Un niño que se cría con un perro malcriado o agresivo suele convertirse en un adulto inseguro y que odia a los perros. Y también al contrario: un perro que ha de soportar a un niño agresivo, irresponsable o malcriado, aunque sea por poco tiempo, también probablemente acabará odiando a los niños durante el resto de su vida.

Antes de adquirir el cachorro, hable largo y tendido con su familia. Elija un criador que los acostumbre desde que nacen a la vida familia, y asegúrese de que el perro elegido no es nervioso ni se sobresalta fácilmente (ver págs. 16-17). No rescate un cachorro o perro adulto de la perrera, salvo si está completamente seguro de que será capaz de llevarse bien con los niños.

Durante los primeros días, evite que sus hijos atosiguen al perro, fascinados como estarán por la novedad. Proporciónele algún lugar donde pueda refugiarse cuando lo necesite, en busca de un poco de calma. Haga participar a los niños mayores en sus cuidados y alimentación, pero bajo la supervisión de un adulto. Si deja al perro totalmente en manos de los niños, podrían hacerle adquirir sin darse cuenta malas costumbres, como la de perseguir, saltar o morder. Si todos los miembros de la familia tienen demasiadas cosas que hacer, aparte de cuidarlo, se convertirá fácilmente en un perro indisciplinado, porque nadie tendrá tiempo para ocuparse seriamente de su educación. Por otra parte, un perro que se cría entre niños será un perro debidamente socializado, y acostumbrado a oír ruidos de todo tipo y a afrontar toda clase de situaciones nuevas.

Si tiene niños

Debe
- ✓ Proporcionar al perro un corralito para refugiarse cuando le tengan harto.
- ✓ Enseñar a los niños a utilizar las mismas órdenes que usted usa con el perro.
- ✓ Vigilar a los niños mientras juegan con la mascota.
- ✓ Fomentar su sentido de la responsabilidad.

No debe
- ✗ Dejar a un niño pequeño solo con el perro.
- ✗ Dejar la educación del perro en manos de los niños: podrían convertirlo en un salvaje.
- ✗ Permitir que sus hijos consideren al animal como un juguete.
- ✗ Permitir que los niños fastidien, molesten o torturen al animal.
- ✗ Consentir que el perro se comporte de forma agresiva con los niños, ni siquiera jugando: dé inmediatamente el juego por terminado si ve que las cosas están llegando demasiado lejos.

▲ Aunque este cachorro de labrador parece algo preocupado por su seguridad, se deja acariciar por los niños que le rodean, tal vez porque ellos le están dejando espacio para respirar. Hay que aleccionar a los niños para que, siempre que se dispongan a jugar con un cachorro, eviten realizar movimientos bruscos y dar chillidos.

Educación y conducta

▲ *¿Qué mejor recuerdo puede conservarse de la infancia? ¡Esos ratos maravillosos que pasamos paseando con la mascota de la familia, un compañero de juegos y confidencias que no olvidaremos jamás!*

● *Dentro de poco voy a tener un bebé, y me encanta imaginarme paseando a mi bebé en su carrito con un perro al lado... ¡sería tan bonito...! ¿Cree que es buena idea comprar un cachorro?*

No, porque el bebé exigirá toda su atención y todo su tiempo, y no podrá encargarse de cuidar ni educar convenientemente al animal. El cachorro, además, podría molestar o poner en peligro a la criatura con su curiosidad y sus travesuras. Mejor, espere a que su hijo crezca un poco, y entonces sí podrá disfrutar plenamente de la mascota.

● *Ahora queremos tener un perro, pero no hemos descartado la idea de tener descendencia de aquí a dos o tres años. ¿Qué nos recomienda?*

Les aconsejo que elijan una raza especialmente adecuada para convivir con niños pequeños, como los cavalier King Charles spaniel, los ovejeros de Shetland o los setter ingleses. Asegúrense de que el cachorro está debidamente socializado y acostumbrado a tratar con niños. También es muy importante que lo eduquen correctamente: deberán esforzarse en establecer una relación sana con el perro, y convertirlo en un animal de carácter equilibrado y dócil. Esperen al menos hasta que el perro tenga 18 meses antes de tener su primer hijo.

De repente, un bebé

Cuando hay un perro un en casa, hay que introducir al nuevo miembro de la familia con mucho tacto. Durante las últimas semanas de embarazo, muéstrense un poco más fríos con el perro que de costumbre. Si suelen permitirle dormir en su propia habitación, es el mejor momento para desechar este hábito (en vez de esperar a que el niño esté casa para hacerlo). Ignórenlo más a menudo, y denle menos golosinas que de costumbre. Desde luego, será duro para todos, pero en cuanto llegue el bebé a casa podrán restituirle todos sus derechos y privilegios habituales. De este modo, el animal asociará la llegada del bebé con el regreso de los buenos tiempos, y lo verá con buenos ojos. Si se trata de un perro dominante, recurra a un especialista en problemas de conducta canina desde los primeros momentos del embarazo, para tener perfectamente controlado al animal. Si, por desgracia, no pudiera a pesar de todo hacerse con él, no habría más remedio que buscarle con tiempo una nueva casa.

Jamás deje solos a un bebé recién nacido y un perro, ni siquiera por un segundo. Evite que el animal sienta celos o envidia del pequeño dándole una golosina cada vez que alimente o cambie de pañales a su hijo. Si tiene visitas, pídales que jueguen con el perro y le hagan toda clase de carantoñas mientras usted se ocupa del niño. A ratos, deje al bebé a cargo de otra persona mientras juega un poco con el animal, para que tenga a su ama para él solo aunque sea por breves instantes.

El perro y las otras mascotas

Los perros son predadores por naturaleza, y su instinto les incita a perseguir a cualquier otro animal que vean corriendo. Si en casa ya hay otro tipo de mascota, será mucho más fácil la adaptación de un cachorro que la de un perro adulto, porque los instintos predadores del primero todavía no se habrán consolidado.

Quedarse helado, y luego encararse o darse a la fuga

Cuando un perro ve un gato desconocido, inmediatamente lo acosa. El felino, de momento, se queda helado, planteándose si le conviene más enfrentarse al predador o poner pies en polvorosa. Al ver al perro, se agacha, con las orejas tiesas y las pupilas dilatadas, y permanece inmóvil observando al perro para ver cómo reacciona. Si va a iniciarse una pelea, el gato enderezará el cuerpo y empezará a emitir una especie de siseo. Esta actitud provoca el ataque de cualquier perro que no sea tímido. Un gato furioso normalmente se lanza contra el rostro del enemigo, y puede provocarle graves lesiones en los ojos. Los zarpazos y mordiscos de los gatos provocan heridas muy profundas y dolorosas que se infectan con bastante facilidad. Si el gato decide huir, el perro lo perseguirá instintivamente. Un gato sano es, por regla general, más rápido corriendo que cualquier perro. Sin embargo, podría ocurrir que el perro lo alcanzase y lo hiriera, o incluso lo matara. Si un perro se acostumbra a compartir territorio con un gato, acaben haciéndose amigos.

Si la mascota no es un gato, sino un animal más pequeño como un conejo, un roedor o un pájaro, también será mucho más fácil la adaptación si el perro es muy joven, y además se le ha adiestrado con sumo cuidado. Algunos perros, como los terrier, fueron criados para cazar pequeños animales, y sus instintos de caza se disparan de inmediato al ver los pequeños y rápidos movimientos o al oír los agudos chillidos de los roedores y otras pequeñas mascotas. Si tiene un perro ratonero, debe actuar con pies de plomo cada vez que saque a la otra mascota de su jaula o terrario.

Educación y conducta

P/R...

● *Skipper, nuestro bull terrier, persigue a todos los gatos que encuentra en la calle. Tenemos una gata, Millie, y los dos se llevan estupendamente, e incluso se acurrucan juntos para dormir, pero si Skipper ve a Millie fuera de casa, suele lanzarse en su persecución, aunque sin poner demasiado entusiasmo. ¿A qué se debe esta forma de comportarse?*

Los instintos de caza de Skipper se despiertan cuando ve a la posible presa en movimiento. Si ve a Millie a cierta distancia, fuera de la casa, de momento la confunde con un gato cualquiera, e imagina que le plantará cara. Esto hace que corra hacia ella. Sin embargo, a medida que se acerca, la reconoce y por eso cambia de actitud.

● *Nuestro collie Moss siempre ha sido hiperactivo y muy nervioso, pero últimamente está empeorando. Hace no mucho heredamos el loro gris africano de mi madre, Charlie. Charlie habla mucho y muy bien, y suele llamar a Moss imitando nuestras voces. ¿Esto puede influir?*

Muy probablemente, oír a un loro hablarle como sus amos le confunde y le exaspera. ¿Hay alguna manera de mantenerlos separados la mayor parte del día? Si no puede tenerlos en distintas habitaciones, la solución será cubrir la jaula del loro cuando Moss esté cerca.

● *Nuestro conejo Roger está acostumbrado a andar suelto por la casa. Nos gustaría tener un perrito, pero tenemos miedo de que pueda correr algún peligro.*

Elijan un cachorro de una raza que se caracterice por tener un temperamento muy tranquilo y carecer de instintos de caza, como por ejemplo un cavalier King Charles spaniel, y jamás un perro de tipo terrier. Acostumbre al cachorro y al conejo a coexistir permitiendo que se vean de forma gradual. Nunca permita que el perro vea a Roger corriendo antes de haberse acostumbrado a su presencia. Más adelante, presente a ambos animales, pero los dos sujetos con un arnés y una correa, y no los suelte hasta que ambos se hayan acostumbrado.

◀ *Esta perra mestiza se acostumbró desde muy joven a convivir con los gatos, y ahora está decidida a proteger a estos gatitos contra cualquier peligro que les aceche como si fueran sus propios hijos.*

▶ *La amistad entre un perro y un conejo no es demasiado frecuente. Un nivel de intimidad como éste sólo es posible si el perro se acostumbró desde cachorro a convivir con otras mascotas de la casa.*

Cómo evitar problemas

Si adquiere el perro de cachorro, podrá enseñarle a aceptar a otras mascotas de la casa. A esas edades, son mucho más juguetones que cazadores, y es probable que traten de convertir a la otra mascota en su compañero de juegos. Un gato adulto, harto de las impertinencias del perrito que lo acosa, puede atacarlo. Un gato tímido y medroso huirá del perro juguetón, despertando sus instintos de caza. Si tiene un gato muy nervioso que se crispa fácilmente, será mejor que se las arregle para evitar que el revoltoso cachorrillo lo importune. Una solución puede ser reservar una parte de la casa para cada animal, poniendo las barreras necesarias entre ellos.

Antes de presentar al gato y el nuevo cachorro, asegúrese de que el perro está cansado de hacer ejercicio, recién alimentado y tranquilo. Mantenga al cachorro en su regazo, y deje que el gato lo observe desde su cestita, o desde cualquier rincón en el que se sienta a salvo. Si el perro se queda quieto y sentado mientras el gato está en la misma habitación, felicítelo y déle un premio. Después de muchas entrevistas como ésta, el gato empezará a confiar más en el perro y el perro en habituarse a su presencia en la casa sin darle mayor importancia.

Si el perro ya no es un cachorro, hará falta aún más paciencia para lograr que se adapten el uno al otro. La forma de lograrlo es la misma que cuando se trata de un cachorro, pero se necesita más tiempo. Si ya ha dado muestras de ser un predador impenitente, necesitará ayuda de un profesional para lograr que cambie su conducta.

Perros agresivos en el hogar

Si un perro se muestra agresivo con su familia humana gruñéndoles o incluso mordiéndolos cada vez que se acercan demasiado, la relación entre el animal y la familia está viciada por algún motivo. Tal vez existen problemas de comunicación. Cada perro tiene su propio carácter, y algunos son más dominantes que otros por naturaleza. Si una persona débil de carácter adquiere un perro excesivamente díscolo, lo más probable es que no se lleven bien. Los rottweiler, los doberman pinscher, los bulldog, los pastores alemanes y algunos terrier, como los yorkshire y jack russell, necesitan un amo que sepa mantenerse en su sitio, y por eso no los recomendamos a las personas que nunca han tenido perro antes. Si se siente incapaz de someter y controlar a su perro, será mejor que pida ayuda a un psicólogo o experto en problemas de conducta caninos, o utilice los servicios de un adiestrador profesional, antes de que el animal llegue a agredirle a usted o a cualquier otra persona.

Por qué surgen los problemas

Si un perro amaga o gruñe a su amo, probablemente no tiene claro cuál es su puesto dentro de la jerarquía familiar. Tal vez, sin darse cuenta, el propietario lo indujo a creer que era el miembro alfa de la jauría. Por eso, el animal se considera obligado a defender sus derechos y propiedades inalienables (desafiando a quien se acerque a su cacharro de comida, trate de quitarle un juguete o intente cepillarlo). Estos perros siempre quieren ser el centro de atención, pero si el amo trata de tocarlos por propia iniciativa, se muestran agresivos con él. Siempre es muy importante que el perro asuma desde el principio que su puesto en la jerarquía familia está por debajo del puesto que ocupa hasta el más débil de los humanos, pero aún lo es más si en la casa hay niños pequeños. También es muy importante adiestrarlo para que aprenda obediencia. Si el perro es macho y joven, la castración puede ser de gran ayuda en estos casos.

Si su perro está empezando a tratar de disputarle el puesto de jefe, debe reducir de inmediato su estatus social dentro de la familia aplicando con especial rigor las normas citadas en las págs. 104-105. Muéstrese más frío con él y no consienta que se suba a su regazo ni a las camas o asientos. Si trata de llamar su atención, ignórelo por completo y déjelo solo. Evite cualquier situación capaz de provocar un ataque.

Un cachorro separado demasiado pronto del resto de la

● *El otro día, Sammy, mi shih tzu, se puso a ladrar como un histérico al ver que se acercaba un gran danés. Cuando lo agarré por el collar para controlarlo, me mordió. Esto me dejó desconcertada, y asustada también.*

Sammy la agredió a usted, pero en realidad a quien quería morder era al otro perro. Ya estaba preparado, y a punto de morder al gran danés, cuando usted lo agarró por el collar. Entonces, el mordisco de Sammy fue a parar a su mano, porque es justo lo que tuvo ante las fauces en ese momento. Si Sammy nunca se había mostrado agresivo con usted, no creo que tuviese ninguna intención de agredirla. Si parece tener algún trastorno de la conducta, y debe ser tratado.

● *Una noche, mi marido tropezó en la oscuridad con André, nuestro beagle, y le hizo mucho daño en una pata. Desde entonces, cada vez que mi marido se le acerca, André le gruñe. ¿Qué podemos hacer?*

Lo que su marido debe hacer es volver a ganarse la confianza de André lo antes posible. Que sea él el único que lo saca a la calle y le sirve el alimento. Advierta a su marido que debe hablar al perro siempre en tono muy suave y moverse despacio y sin brusquedad hasta que André deje de recelar.

▲ Este caniche reacciona agresivamente cada vez que tratan de quitarle su pelota favorita, probablemente porque no tiene clara su posición social dentro de la organización jerárquica de la familia.

Educación y conducta

◀ Es terrible ver a nuestra querida mascota revolverse de pronto contra nosotros. A veces, puede hacerlo porque está asustado o porque siente dolor, pero a veces ocurre porque los amos no conocen su lenguaje.

Si su perro le amenaza

Debe
- ✓ Evitar mirarlo directamente a los ojos. Lo entendería como un provocación.
- ✓ Acercarse y tratar de acariciarlo (con el mayor cuidado), si lo ha hecho porque se siente aterrado o dolorido.
- ✓ Encerrarlo en otra habitación y dejarlo solo hasta que se calme.
- ✓ Buscar ayuda profesional.

No debe
- ✗ Dejarse llevar nunca por el miedo o la ira y golpearlo: podría herirlo, o ser atacado por él.
- ✗ Bajarlo por la fuerza si ha saltado sobre usted, pero sí darse la vuelta diciendo: «¡Abajo!»

camada (o un cachorro único) nunca ha tenido ocasión de relacionarse con sus hermanos, y no puede haber aprendido a morder de broma, o no morder en absoluto, cuando juega. Estos perritos suelen convertirse en adultos que tiran demasiado fuerte de la ropa o de los brazos cuando juegan. Se trata de un comportamiento siempre inadecuado y molesto, pero, desde luego, si en la casa hay niños pequeños o ancianos, también sumamente peligroso. La costumbre de morder jugando es difícil de erradicar cuando un perro es adulto, de modo que hay que prevenir su aparición enseñando al cachorro buenos modales desde pequeño. Un amo nunca debe jugar a pelearse con su perro: el cuanto el animal empiece a hacer daño o a morder en los brazos, el juego debe darse inmediatamente por concluido.

Los niños pequeños jamás deben jugar con un perro sin que un adulto los vigile, porque podrían, sin proponérselo, hacer bastante daño o asustar al animal, y éste podría reaccionar empezando a comportarse agresivamente de ahí en adelante con el pequeño. Un perro herido o asustado tiende a gruñir y mostrar los dientes a cualquiera que se le acerque, incluso aunque conozca y sienta afecto por esa persona. Esta actitud es mucho menos frecuente si el animal se ha acostumbrado a que lo toquen por todo el cuerpo, ya que esto reduce su desconfianza y aumenta la intimidad. Es una de las razones por las que el cepillado de rutina une tanto al amo y su perro. Los perros también suelen morder a los amos cuando éstos tratan de interponerse entre dos de ellos que pelean, o sujetarlos por la fuerza cuando ladran o persiguen al que considera un intruso que ha invadido la propiedad de la familia, aunque en realidad sólo sea el cartero o un amigo que viene de visita. En estas situaciones, es mejor abstenerse de agarrar directamente al perro por el collar o por la piel del cuello: contrólenlo tirando siempre de la correa.

Perros agresivos con los extraños

LOS PERROS QUE ATACAN A CUALQUIER extraño suelen tener miedo de las situaciones nuevas y sentirse inseguros cuando cambia algo en su rutina diaria. Los perros que desconfían de todos los extraños suelen ser sumamente afectuosos con todos los conocidos, aunque también puede ocurrir que un perro de carácter dominante que ya intimida o tiraniza al propietario reaccione ante las carantoñas de las visitas de forma agresiva. En estos casos, el animal no está atemorizado, sino que, simplemente, no ha aprendido a respetar a los humanos. Este problema se corrige rebajando el estatus social del perro (ver normas básicas en las págs. 104-105) y adiestrándolo mejor para la obediencia. Los perros machos, si son castrados de cachorros, se vuelven menos agresivos.

Las raíces del miedo

Un cachorro que ha permanecido aislado del mundo exterior durante sus primeros meses de vida probablemente sea violento al llegar a adulto. Hay que vencer el recelo que sienten los cachorros tímidos frente a los desconocidos antes de que se convierta en algo peor. Y jamás hay que obligar a un perro asustadizo por la fuerza a afrontar situaciones. Si su cachorro es así y viene a casa una visita, alecciónela para que no se dirija al perrito hasta que él mismo, acuciado por la curiosidad y haciendo acopio de valor, decida acercarse a ella. Si la visita puede ofrecerle alguna golosina especialmente apetitosa, puede ir lanzándola a pedacito a pedacito al cachorro, para que éste las recoja. El propietario, mientras tanto, deberá permanecer cerca del cachorro, para infundirle seguridad y para felicitarlo por su valentía.

Pero hay cachorros que, además de ser tímidos por naturaleza, han sufrido experiencias desagradables relacionadas con un desconocido. Las malas experiencias vividas durante la pubertad también pueden ejercer sobre la conducta efectos negativos muy duraderos. Si el perro aprendió a desconfiar siendo muy joven, puede ser realmente difícil ganarse su confianza, y puede comportarse de manera tremendamente agresiva. Para arrancar de raíz el temor de un perro que se comporta agresivamente porque ha sufrido, hacen falta grandes dosis de paciencia, y también la ayuda de un experto.

Mi perro está empeñado en comerse al cartero

Se trata de un problema muy frecuente. Como casi todos los animales sociales, los perros tienen un sentido territorial más o menos desarrollado, y un instinto que los impulsa a defender el territorio de su familia. Si fomenta los ladridos de su perro cada vez que suena el timbre de la puerta u oye

Educación y conducta

pasar desconocidos junto a la casa, estará reforzando esta tendencia natural. El problema aparece cuando no hay forma de hacer que el perro deje de ladrar o no permite a nadie que no sea de la familia penetrar en la casa. El miedo, el aislamiento, una socialización inadecuada o la confusión con respecto a su posición jerárquica dentro de la familia agravan esta situación. En casos extremos, el perro llega a atacar al cartero como última consecuencia.

El perro ve que el cartero lleva uniforme, y sabe que esto lo diferencia de todas las demás visitas. Como nunca llega a entrar en la casa, el animal deduce que se trata de una visita no deseada: un intruso. Además, llega justo hasta el buzón, e inmediatamente después retrocede y se marcha: el merodeador indeseable —así lo entiende el animal— ha escuchado sus amenazas y huye siempre acobardado. Lo mejor es tratar de convencer al perro de que el cartero es buena persona. Si puede, haga que su perro lo vea, pero no merodeando junto a la puerta, sino en la calle o el interior de la casa. Muéstrese sereno y amigable con él, como con las visitas habituales. Esta situación debe repetirse muchas veces, hasta que el perro entienda que el cartero no supone ninguna amenaza para la seguridad de la familia.

◀ *La agresión por motivos territoriales es propia de perros que tienen miedo de lo desconocido. A muchos propietarios les gusta que su perro ladre y defienda la casa, pero se trata de un comportamiento molesto y, en el peor de los casos, peligroso para los desconocidos.*

Caso real

Sujeto: *Rufus, un bloodhound macho de 13 meses*

Antecedentes: Vive con la familia Jackson desde cachorro, y siempre ha disfrutado de libertad para ir a cualquier parte de la casa o al jardín cuando se le antojase. El viejo basset de los Jackson, Mac, ladra a los desconocidos, pero es demasiado miedoso como para atreverse a atacarlos realmente.

Problema: Rufus se muestra agresivo con los desconocidos y recientemente atacó a unas personas que venían de visita.

Explicación: Probablemente, Rufus ha aprendido de Mac a defender el territorio y mostrarse agresivo cuando sólo era un cachorro. Ahora ha crecido y está dispuesto a cumplir las amenazas del basset. Rufus es un perro muy grande, y si no se corrige a tiempo este problema de conducta, puede llegar a ser realmente peligroso.

P/R...

● **¿Cree que, en ciertas circunstancias, puede justificarse el uso de collares de castigo?**

Rotundamente, no. El dolor sólo sirve para empeorar los sentimientos de temor y de ira en el animal, que son precisamente los responsables de su conducta agresiva. Estos artefactos sólo sirven para empeorar las cosas. Los collares de castigo o con cierre deslizante (por estrangulación) y los dotados de dispositivos eléctricos, concretamente, además de no reducir su agresividad, son particularmente crueles con el perro y, si el propietario no sabe utilizarlos o hace mal uso de ellos, pueden convertirse en verdaderos instrumentos de tortura.

● **Nuestro mestizo, Fonzie, es increíblemente amigable con absolutamente todo el mundo... salvo con el veterinario. Hay que llevarlo a rastras a la consulta y la última vez que lo llevamos, incluso intentó morderle mientras lo examinaba. ¿Hay algo que podamos hacer, aparte de ponerle un bozal (no lo soporta)?**

Muchos perros tienen miedo de ir al veterinario. Trate de llevar a Fonzie a la clínica, pero sólo para estar sentado en la sala de espera. Una vez allí, déle golosinas especialmente apetitosas. Repita varias veces el ejercicio, y pida a todo el personal de la clínica que le ofrezca golosinas y lo mime. Sería estupendo que el propio veterinario saliese también, sólo para hacerle algunas carantoñas. El siguiente paso sería entrar hasta la consulta propiamente dicha, pero sin subirle a la mesa de exploración ni obligarlo a soportar ningún examen: sólo de visita. Prémielo si permanece tranquilo. Una vez haya superado su fobia, Fonzie estará preparado para ir a la clínica como paciente cuando sea necesario.

Tratamiento

▶ Saque a pasear a Rufus sin que Mac los acompañe. Llévelo sujeto con la correa, y con collar, para tenerlo bien controlado. Nunca lo suelte de la correa, salvo cuando pasee por el jardín de su casa, siempre que no tenga posibilidad de escaparse.

▶ Si lo esteriliza, reaccionará de forma menos fogosa y se reducirán sus instintos territoriales.

▶ Deben controlar más al perro y adiestrarlo en la obediencia de forma que responda siempre a las órdenes de «sienta» y «quieto».

▶ Cuando lleguen visitas, encierren a Rufus y a Mac en otra habitación. Denles tiempo para calmarse y, a continuación, permitan entrar a Rufus, con collar y sujeto por la correa, y no lo pierdan de vista. Adviertan a sus visitas que deben ignorarlo, pero ustedes prémienlo si permanece quieto y en silencio. Con el tiempo, llegará a comprender que no lo necesitan para defender la casa y que permanecer tranquilo resulta mucho más rentable.

Perros agresivos con otros perros

Hay muchos perros perfectamente dóciles con los humanos, pero agresivos con los demás perros. Este comportamiento suele estar provocado por el temor o la desconfianza frente a los perros que no conocen. También es típico de los animales con carácter dominante muy acusado (normalmente machos no castrados), que ven en los demás un posible rival. Pero la agresividad con otros perros no tiene por qué ser innata, sino que también puede haber sido aprendida de cachorros, sobre todo si los padres del perrito eran agresivos o éste se crió junto a un adulto que lo era. La agresión a otros perros por temor suele producirse en animales que no fueron debidamente socializados cuando eran cachorros o fueron agredidos por otro perro durante sus dos primeros años de vida. En estos casos, suele ser bastante difícil de erradicar, y lo mejor es prevenir la aparición del problema. Si puede, consiga para su cachorro un amigo adulto que no se muestre agresivo con los demás perros y acostúmbrelo a pasear junto a él.

Es raro —aunque no imposible— que los perros luchen a vida o muerte. Si su perro se viese involucrado en una pelea, nunca intente separarlo de su contrincante por la fuerza, porque es más que probable que uno u otro le muerdan. Resulta más eficaz para separarlos dispararles un buen chorro de agua con la manguera del jardín o provocando un ruido estruendoso cerca de ellos, por ejemplo golpeando con fuerza dos objetos metálicos. En algunas partes se puede adquirir un artilugio comercializado con el nombre de *dogstop*, que produce un ruido atronador y desagradable muy eficaz en estos casos. Aunque, desde luego, la forma más eficaz de evitar peleas es haber entrenado al perro debidamente para que acuda en cuanto lo llamemos, aunque lo tengamos suelto de la correa y esté provocándolo con sus gruñidos otro perro violento.

Perros que comparten la casa

Cuando en la misma casa viven dos perros de igual raza (o tamaño) y sexo, es posible que se muestren agresivos el uno con el otro si el propietario no sabe controlarlos, o si tienen que repartirse el alimento, el espacio, los juguetes o el afecto de la familia. Estos perros se comportan de manera agresiva porque ambos aspiran a ocupar una posición jerárquica superior, y su agresividad expresa esta constante rivalidad entre ellos. El problema suele agravarse si son machos y tienen entre 9 meses y 3 años de edad, y en circunstancias que propi-

Caso real

Sujeto: *Ben, un staffordshire bull terrier de 18 meses*

Antecedentes: Ha vivido con la familia Rossi desde que era un cachorro. Está especialmente compenetrado con Tony, el hijo de 20 años.

Problema: En casa, Ben es un perro amigable, pero cuando lo llevan a pasear gruñe a todos los perros que se acercan, o incluso llega a atacarlos. Su actitud empeora cuando es Tony quien lo pasea.

Explicación: Cuando Ben era cachorro, no lo socializaron adecuadamente, y no está acostumbrado a tratar con otros perros. Como sus congéneres le inspiran desconfianza, probablemente intenta proteger a Tony, a quien adora, para que no le hagan daño.

Tratamiento

▶ Ben debe salir siempre con collar y correa. Tony debe dejar de pasearlo por un tiempo, y los demás miembros de la familia deben turnarse para ocuparse de las salidas de Ben.

▶ La familia Rossi debe practicar ejercicios de obediencia con Ben, como el de andar al paso y obedecer otras órdenes sencillas. Deberán premiarle con halagos, juegos o golosinas para que se interese en estos ejercicios.

▶ Deben buscar un perro tranquilo y nada agresivo para que se encuentre con Ben durante el paseo. Cada vez que Ben gruña y se muestre agresivo al verlo, sus amos deberán reñirle con severidad. Cada vez que lo ignore, por el contrario, Ben deberá recibir un premio de inmediato. Repetir este ejercicio hasta que Ben ignore al otro perro por sistema, y así durante varios días. Después, ir buscando perros diferentes con los que practicar este ejercicio, todos de carácter tranquilo y sosegado.

▶ Probablemente consigan que Ben vea perros desconocidos sin alterarse, pero deberán seguir manteniéndolo alejado de cualquier perro que parezca nervioso. Probablemente no puedan soltarlo jamás de la correa en los lugares públicos, a no ser que recurran a un psicólogo o experto en conducta canina o a un adiestrador profesional.

Educación y conducta

P/R...

● ¿Es verdad que, si viven dos perras en la misma casa, se pasan todo el día peleando entre sí?

Puede haber hembras que se lleven muy bien, pero, si ambas tienen un temperamento y un físico muy similares, pueden volverse muy competitivas, y su rivalidad llevarlas a pelear, sobre todo si son madre e hija o hermanas. La agresividad llega a extremarse si alguna de las dos está en celo. Esta agresividad es muy difícil de tratar con éxito. Castrar a la perra menos dominante puede ayudar a combatir el problema.

● Voy a cuidar de Pippa, la perra de mi hermana, durante unos días. Pippa es una lebrel de un año de edad. Bilko, mi west highland, es muy territorial. ¿Qué puedo hacer para que no se peleen entre ellos?

Déjelos jugar en la calle o en terreno neutral, pero respete los sentimientos de Bilko cuando estén en casa, dejándole bien claro que él es el favorito indiscutible. Sírvales la comida en habitaciones diferentes, para evitar que se la disputen, y no deje huesos ni juguetes para perros tirados por el suelo, ya que podrían pelearse por ellos. Cuando Bilko se acostumbre a la presencia de Pippa, dejará de sentir que ella ha venido a quitarle lo que es suyo.

▼ *Las demostraciones de agresividad entre cachorros de la misma camada pueden convertirse con el tiempo en peleas entre adultos, si ambos deben disputarse el alimento o las atenciones de la familia.*

cien la competitividad, como la hora de la comida o la llegada de visitas a la casa. Para controlar este problema, el propietario debe valerse de los propios instintos jerárquicos del perro. Los perros no rivalizan con un superior, y por ello, si ambos tienen una edad muy similar, el propietario debe esterilizar al menos dominante (el que se somete con más facilidad), para hacerlo menos competitivo, o a ambos. Si tienen diferente edad, y el más joven empieza a tratar de someter al viejo, aprovechando la pérdida de facultades físicas o psíquicas que conlleva su edad, tal vez haya que elevar el estatus del más joven, dándole de comer antes que al otro, dejándolo pasar por la puerta o penetrar en el coche antes que el viejo, y otorgándole el mejor lugar para dormir, tal vez el que está más cerca del radiador.

También se reduce la tensión manteniendo a los perros separados de vez en cuando, alimentándolos en habitaciones distintas para que no se disputen la comida y dando a cada uno sus propios juguetes, sin esperar que los compartan. Tampoco deben salir a pasear siempre juntos. Si ve que está a punto de producirse una pelea, intervenga inmediatamente, tal vez pegándoles un buen jeringazo con una pistola de agua o produciendo un ruido estruendoso y muy desagradable cerca de ellos. Riña y llévese de la habitación antes al perro de inferior estatus que al más dominante. Aleccione bien a los demás miembros de la familia, para evitar actitudes contradictorias que confundirían más aún a los perros acerca de la primacía de uno sobre el otro.

Agresiones imprevisibles

No sólo los perros escasamente socializados, indebidamente adiestrados o que no respetan a su propietario pueden cometer agresiones. Ciertos problemas médicos y psicológicos pueden hacer que un perro habitualmente tranquilo y bien educado se vuelva agresivo de pronto, y sin mediar provocación alguna, con su amo, otras personas u otros perros. Algunas perras amagan, gruñen o muerden cuando experimentan un falso embarazo o poco después de parir. Normalmente, esta actitud defensiva provocada por el instinto maternal suele remitir cuando el nivel de concentración de ciertas hormonas vuelve a su estado habitual. Una madre que se siente amenazada por la presencia de intrusos puede llegar a atacar a sus propias crías. Si una perra se inquieta por la presencia humana cerca de su camada, hay que dejarla sola. Algunos criadores optan por retirarle las crías y cuidar de los cachorros personalmente. Si la hembra reacciona de este modo, no conviene permitir que vuelva a criar.

Un perro con vesania puede volverse feroz sin razón aparente. Tal vez ataque al primer perro o ser humano que se encuentre sin más aviso previo que una mirada vidriosa, o, en todo caso, un gruñido. Pocos segundos después, la furia desaparece y el perro vuelve a ser dócil como de costumbre... hasta que se produzca el siguiente ataque de ve-

P/R...

● **¿Puede controlarse la agresividad de un perro suministrándole tranquilizantes?**

Hasta cierto punto, sí, pero sólo ciertos tipos de agresividad, concretamente los provocados por la epilepsia. Los tranquilizantes caninos merman las facultades del perro, tanto las positivas como las negativas, y un perro agresivo probablemente sólo conseguiría controlar aún peor su comportamiento.

● **Anoche estábamos viendo tranquilamente la televisión cuando de pronto Cally, nuestra golden retriever de dos años, atacó ferozmente a nuestro Jack Russell sin ningún motivo. Mientras lo hacía, tenía los ojos vidriosos y parecía sentirse muy aturdida. Pocos minutos después se recuperó por completo y volvió a comportarse como si no hubiera ocurrido nada. ¿Qué le estará pasando? Nos tiene muy preocupados.**

Y no les faltan motivos para preocuparse. Deben llevarla al veterinario cuanto antes y someterla a una revisión completa. Podría ser que Cally sufriese un tipo determinado de epilepsia. Ésta suele tratarse con anticonvulsivos, aunque antes hay que realizar un electroencefalograma para confirmar el diagnóstico. No obstante, el problema podría ser mucho más grave: Cally podría sufrir vesania. En ese caso, el veterinario tendrá que decidir si su problema tiene tratamiento o es demasiado grave. No pierdan ni un solo segundo.

Caso real

Ruby: caniche toy hembra de 2 años

Antecedentes: No está castrada y nunca ha sido cubierta. Tuvo su último celo hace 8 semanas.

Problema: Ruby solía tener muy buen carácter, pero últimamente se está volviendo sumamente posesiva con sus juguetes y su cama. Se muestra muy irritable con sus propietarios, e incluso ha amagado un mordisco en más de una ocasión. Sus glándulas mamarias están empezando a producir leche.

Explicación: Ruby está viviendo un embarazo nervioso, un falso embarazo. Los niveles de prolactina en su sangre están elevándose mucho, y eso la vuelve agresiva. Durante el embarazo, esta hormona estimula la producción de leche y el comportamiento agresivo, destinado a la protección de la camada.

Tratamiento

▶ Ruby debe hacer mucho ejercicio físico, para calmar su irritabilidad.

▶ Debe seguir una dieta no demasiado rica en proteínas y tomar un suplemento de fibra alimentaria, en forma de salvado o de verduras.

▶ El falso embarazo necesita tratamiento veterinario. Ruby debe someterse a un examen médico de inmediato en cualquier clínica especializada. Esto es especialmente importante para evitar la aparición de una mastitis (inflamación de las glándulas mamarias).

▶ Ruby ha sufrido un episodio de falso embarazo muy serio, y lo más probable es que el problema se repita tras el próximo celo. A no ser que sus propietarios estén muy interesados en hacerla criar, lo mejor sería castrarla en cuanto vuelva a la normalidad, lo que habitualmente ocurre tres meses después del terminar con el celo.

Educación y conducta

sania. Las causas de la vesania aún no se conocen, pero puede estar relacionada con los caracteres extremadamente dominantes, y se sabe que existe un componente hereditario. Un perro que comete agresiones imprevisibles es extremadamente peligroso, sobre todo si hay niños en la casa. En ocasiones, la terapia de la conducta puede dar buenos resultados, pero la mayor parte de las veces no queda más remedio que sacrificar al animal.

La vejez también puede alterar el carácter de un perro. Un perro que solía ser muy afable puede volverse gruñón y malhumorado al llegar a viejo. Dará un mordisco de advertencia en el aire si lo tocan o lo toman en brazos de forma repentina, si lo despiertan cuando dormía profundamente o si los niños empiezan a ponerse pesados con él. Si tiene un perro anciano, debe tratarlo con mucha delicadeza, porque sus articulaciones y sus músculos ya no son tan flexibles como cuando era joven.

Agresión por causas físicas

Al llegar a cierta edad, hay que llevar a los perros con más frecuencia a revisión, porque a veces su mal humor puede deberse a algún problema de salud en concreto. Muchas enfermedades crónicas hacen que los perros se vuelvan irritables, sean viejos o jóvenes: los dolores, la pérdida de visión y los trastornos psicológicos, coronarios, hepáticos y renales influyen en la actitud y el carácter. También el hipotiroidismo (insuficiencia de la glándula tiroides) puede provocar agresividad. Los perros con este problema suelen estar aletargados y padecer problemas cutáneos (ver págs. 56-57). El diagnóstico se confirma por medio de un análisis de sangre, y la enfermedad suele tratarse con éxito.

Un tipo concreto de epilepsia provoca ataques violentos e inesperados, en vez de las típicas convulsiones que normalmente caracterizan esta enfermedad (ver págs. 64-65). Los perros afectados tienen la mirada vidriosa, parecen no reconocer a sus propietarios ni a las demás mascotas de la casa, gruñen y dan dentelladas al aire. Como ocurre con la vesania, los síntomas remiten en pocos minutos y el animal vuelve a comportarse como si nada hubiera ocurrido. Los ataques epilépticos se desencadenan muchas veces como respuesta a ciertos estímulos intensos: ruido y luces parpadeantes y brillantes. Los ataques suelen producirse cuando el perro está en completo reposo, o acaba de despertar. Si observa esta clase de síntomas en su perro, consulte al veterinario enseguida.

▲ *Parece que la vesania es hereditaria en perros de determinada raza y color: el cocker de capa dorada (izquierda), por ejemplo, es más propenso a heredar esta enfermedad que su compañero de capa blanca y marrón.*

▼ *Si sospecha que su perro puede reaccionar de forma violenta e imprevisible, debe ponerle un bozal cada vez que lo lleve a un lugar público. El bozal de plástico en forma de cestillo de la fotografía es uno de los modelos más aconsejables.*

Cachorros que lo destrozan todo

MUCHOS PROPIETARIOS ESPERAN hasta que no aguantan más, y un día, con los nervios destrozados y el presupuesto del mes hecho papilla, deciden que el perrito tiene que marcharse de casa. Los refugios y perreras están llenos de perros que un día fueron cachorros destrozones.

Los cachorros necesitan morder cosas entre los 3 y los 7 meses de edad. Aunque a esta edad sus mandíbulas no son todavía fuertes, los dientecillos de leche son tan afilados que se dejan sentir. Si no quiere que el cachorro le rompa nada, ocúpese de que no le falten mordedores y huesos procesados. Cada vez que se siente tranquilamente a masticar sus juguetes, dígale que es un buen chico y déjelo aplicarse en la tarea. Nunca le ofrezca una zapatilla vieja para morder, porque el animal pueden entender que se le está dando permiso para destrozar cualquier clase de calzado.

Impida el acceso a ciertas zonas del hogar utilizando las barreras protectoras que suelen utilizarse con los niños, y no olvide dejar cerrada la puerta de su dormitorio. Si pilla al cachorro con las manos en la masa (o, más exactamente, con los dientes), ríñalo e inmediatamente ofrézcale un mordedor alternativo.

Muchos perros pasan por otra fase de masticación obsesiva, y más destructiva si cabe, entre los 8 y los 12 meses de edad. Los cazadores y retrievers (cobradores) son famosos por esta furia masticatoria debido a sus instintos de caza, que los obliga a sentir algo fuertemente apre-

P/R...

● **¿Cuánto tiempo puede quedarse sólo un cachorro o un perro muy joven?**

Eso depende en gran medida de su edad y su raza, pero ningún animal joven soporta bien la soledad prolongada. Incluso los perros adultos no deberían quedarse solos más de 4 o 5 horas como máximo.

● **Mi perrito está empeñado en morder siempre lo mismo: la pata de un sillón que tenemos en el cuarto de estar. ¿Cómo puedo persuadirle para que deje de hacerlo?**

Un buen truco es esconderse detrás del sillón, para que no lo vea, con una pistola de agua, y propinarle un buen jeringazo en cuanto se acerque. Inmediatamente después de ese susto, ofrézcale un mordedor alternativo. Otra maniobra de disuasión eficaz consiste en lanzar cerca de él un bote de metal lleno de piedrecitas (¡pero no tan cerca como para arriesgarse a acertarle!) El susto que se lleve será parecido, y también se le pasarán definitivamente las ganas de meterse con un objeto tan amenazante.

▼ *«¡Mira lo que hago!»* Si deja que el cachorro siga adelante con este juego inocente, en pocos minutos tendrá que echar sus zapatos favoritos a la basura.

Educación y conducta

Caso real

Polly, cruce de collie y husky de 10 meses

Antecedentes: Ryan y Ellie Sullivan tienen a Polly desde que era un cachorro de 6 semanas de edad. Polly es una perra extrovertida y segura de sí misma, sin ningún problema de socialización. Rara vez se queda sola más de dos horas seguidas. Sus paseos son cortos e infrecuentes. Tiene carácter independiente, y no es de los perros que siguen a su propietario hasta en el cuarto de baño.

Problema: Cuando la dejan sola en casa, Polly se comporta de forma cada vez más destructiva. Cuando los Sullivan están en casa, ella sólo piensa en sus juguetes, y suele ser bastante indisciplinada, aunque no agresiva. Últimamente pega tirones muy fuertes cuando la llevan atada con la correa y se resiste a volver cuando se lo ordenan si la llevan suelta.

Explicación: Tanto los collies como los huskys necesitan grandes dosis de ejercicio físico y de estimulación mental. Polly no disfruta de ninguna de estas dos cosas, y se aburre terriblemente. Los Sullivan deben hacer un esfuerzo y arreglárselas para dedicar más energía, tiempo y atención a su perra, durante esta fase tan crítica de su vida. La perra lo necesita para desarrollar de forma adecuada su físico y su mente y, si sus propietarios le reservan ahora algo más de tiempo y dedicación, ella probablemente se convertirá en un perra magnífica. El esfuerzo vale sobradamente la pena.

Tratamiento

▶ Polly debe hacer ejercicio durante al menos media hora por la mañana. Después, la dejarán descansar de 10 a 15 minutos y le servirán la primera comida del día. Todo esto, antes de que los Sullivan se vayan a trabajar.

▶ Cuando no estén, deberán dejarla encerrada en una habitación en la que no haya nada que romper, con varios mordedores (juguetes o golosinas para masticar) y un juguete especialmente atractivo. Un rompecabezas especial para perros o un juguete hueco y relleno de galletitas para perros o pedacitos de queso le permitirían desarrollar su inteligencia, quemar algo de energía y, desde luego, la mantendrían entretenida también.

▶ Cuando Ellie vuelva a eso de las once, debe salir con Polly para hacerla jugar y quemar toda la energía posible. Ellie será siempre quien decida cuándo empieza y acaba el juego, y retendrá los juguetes de la perra.

▶ Por la tarde, deberán llevarla a dar un buen paseo, lo más largo posible. Deben pasear por diferentes sitios, para que ella conozca perros diferentes e investigue diferentes olores. Ellie y Ryan deben esforzarse para contribuir al desarrollo físico y mental de la perra. Deben decirle a menudo frases cariñosas y regalarle golosinas o juguetes cada vez que se porte bien.

sado entre sus mandíbulas. Si no les faltan cosas atractivas que destrozar con los dientes, no tienen porqué romperle nada: ofrézcales a menudo cajas de cartón, periódicos viejos y juguetes de goma irrompibles para evitar destrozos peores.

Evitar el aburrimiento

Los perros adolescentes se aburren mortalmente si no hacen bastante ejercicio y se enfrentan a menudo con nuevos retos que ponga a prueba su habilidad e inteligencia: deben dar rienda suelta a su energía y estimular su mente con juegos que los dejen agotados y situaciones y entornos novedosos. Si sus amos no les ofrecen alternativas mejores, ellos mismos se buscarán distracciones y retos que superar, que consistirán normalmente en destrozar el mobiliario o en cavar hoyos bajo la cerca o vaya del jardín, para escaparse y poder conocer mundo. Tan necesario como quemar sus energías es mantener ocupada su inteligencia, permitiendo que se desarrolle por medio de juegos estimulantes, como esconder objetos e incitarle a que los busque o proporcionarle rompecabezas especiales para perros.

Si un perro se queda solo en casa demasiado tiempo, probablemente tratará de vencer el aburrimiento como sea, normalmente provocando algún destrozo. Los perros no son la mascota más adecuada para una persona que está todo el día fuera, trabajando, salvo si el propietario consigue que alguien, por simpatía o por dinero, se encargue del animal mientras él o ella está ausente.

Un perro solo, aburrido y sin nadie que lo vigile, puede hacer verdaderos estragos en el jardín: desarraigar las plantas, volcar los tiestos, mordisquear los capullos de las flores...

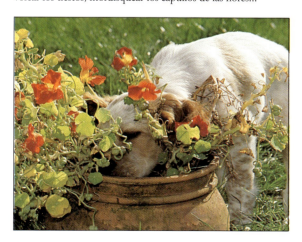

▲ *Un perro solo, aburrido y sin nadie que le vigile, puede hacer verdaderos estragos en el jardín: sacar las plantas, volcar los tiestos...*

Problemas de ansiedad

MUCHOS TRASTORNOS DE LA CONDUCTA de los perros adultos se deben a problemas de ansiedad. La ansiedad puede manifestarse de formas muy diversas, desde destrozar cosas con los dientes hasta hacer las necesidades dentro de casa, pasando por gemir, ladrar, gruñir o atacar por temor o volverse hiperactivo... y aparece por motivos muy diferentes también. Por ejemplo, un amo tiránico, sobre todo si riñe al perro con demasiada frecuencia, puede volver nervioso a un animal tranquilo por naturaleza en determinadas circunstancias.

La alteración de su rutina diaria también puede hacer que un perro se sienta azorado e inseguro. Por ejemplo, la llegada de un bebé, el hecho de que un miembro de la familia caiga enfermo de repente, e incluso la celebración de la navidad o de un cumpleaños, con las entradas y salidas incesantes de las visitas y la bulliciosa entrega y apertura de regalos. En todas estas circunstancias, la mascota necesita que sus amos le infundan seguridad y le ayuden a tranquilizarse. En una fiesta, los diferentes miembros de la familia deben turnarse para saber en todo momento dónde se encuentra el perro y qué hace. Conviene evitar que esté presente en la reunión, porque podría molestar a los invitados y llevarse más de una reprimenda o un chillido. Resérvele un espacio para él solo, lleno de juguetes y objetos que masticar, para evitar que se aburra, y trate de evitar que el acontecimiento dé al traste con la rutina diaria del animal: asegúrese de que come, sale a la calle y juega a las horas de costumbre. Ocúpese de que descanse y duerma donde, cuando y como solía. Todo esto es primordial, sobre todo si se trata de un perro anciano.

Angustia de separación

Si su perro sólo muestra síntomas de ansiedad —ladrando, aullando, rompiendo objetos, ensuciándose en casa o actuando de forma compulsiva (ver págs. 142-143)— cuando lo dejan solo en casa, puede que sufra angustia de separación, aunque es necesario someterlo a un examen completo para descartar cualquier otro problema de carácter fisiológico. Si se comporta de ese modo también en presencia del amo, se trata de un problema diferente.

Los perros que sufren angustia de separación suelen mostrar una dependencia enfermiza del propietario y no soportan la idea de quedarse solos. Muchas veces se trata de animales obedientes y afectuosos, pero que siguen a su

▲ *Es estupendo tener un amigo que se alegre tanto de vernos cada vez que volvemos a casa, pero evite dramatizar los saludos y despedidas. De este modo, el perro dará menos importancia a su ausencia.*

amo a todas partes, hasta cuando va al baño. Es típico que se lleven un disgusto cada vez que lo ven arreglarse para salir y se vuelvan increíblemente locos de alegría cuando ven que regresa. Empiezan a hacer barrabasadas poco después de su marcha, pero no necesariamente pasan todo el tiempo en que está ausente su dueño comportándose mal.

Diversos factores favorecen estas crisis de angustia. Por ejemplo, un cachorro que ha pasado toda su infancia sin separarse ni un minuto de su amo y de repente se ve solo durante bastante tiempo, probablemente no pueda soportar así como así esa súbita e inexplicable (al menos para él) situación de aislamiento. Por eso es importante enseñar a los perros desde cachorros a quedarse solos en casa, dejándolos aislados al principio alrededor de diez minutos cada vez, y prolongando de forma gradual la soledad. Por otra parte, los perros que no fueron criados por sus madres, los que crecieron en criaderos caninos, aislados de la vida familiar y los adquiridos en tiendas de mascotas son especialmente propensos a padecer angustia de separación, así como los animales rescatados de un refugio o perrera.

Muchos perros, terminada la infancia, pasan por una nueva etapa crítica entre los 6 y los 12 meses de vida. En el entorno natural, esta es la edad en la que suelen encontrar al com-

Educación y conducta

P/R...

● *Mis dos perros eran inseparables. Troy, el cocker spaniel de un año, siempre había dormido acurrucado junto a Lizzie, nuestra vieja labrador. Pero hace poco tiempo, por desgracia, tuvimos que dormirla para siempre, y desde entonces Troy ha empezado a portarse mal, y cuando lo dejamos solo se dedica a destrozar la moqueta con los dientes. ¿Por qué hace esto?*

Troy no sabe vivir sin Lizzie, y hace todas estas cosas porque la echa mucho de menos. La dependencia excesiva también se da a veces entre mascotas. Para evitarla, es necesario enseñar a los animales a estar uno sin el otro de vez en cuando, y sacarlos a pasear por separado algunas veces. Ahora deben dedicar a Troy más afecto y atención que nunca, para ayudarlo a superar esta pérdida. Mantengan su rutina inalterada, para darle seguridad, pero enriquézcanla también con experiencias nuevas y estimulantes, como paseos por nuevas zonas. Podría ayudar la presencia de otro perro, o incluso un gato. Intenten encontrar un amigo para él, un perro simpático y afable que le haga compañía de vez en cuando.

● *He oído decir que hay unas razas más propensas que otras a sufrir angustia de separación. ¿Es cierto?*

Los estudios sobre la angustia de separación han demostrado que los perros rescatados de refugios y perreras son propensos a padecerla. En cuanto a los perros de raza, las estadísticas parecen indicar que los labradores, pastores alemanes y cocker sufren con más frecuencia este problema.

▲ *Los perros empiezan a perpetrar la mayor parte de los destrozos durante los 30 minutos que siguen a la partida del amo.*

Caso real

Sammy, pastor inglés de 11 años

Antecedentes:
Sammy fue adoptado por sus actuales propietarios, Peter y Helga Warner, cuando tenía cuatro años de edad. Se cree que sus antiguos propietarios lo maltrataron. Está muy unido a Peter y le sigue de un lado a otro por toda la casa. Duerme siempre al lado de la cama de Peter. Con la vejez, Sammy está perdiendo progresivamente la vista y el oído, y cada vez sufre más a causa de la artritis.

Problema: Desde hace cinco meses, se ensucia cada vez que lo dejan solo. En otras circunstancias no padece incontinencia, y el examen veterinario no reveló ningún trastorno urinario o digestivo. Se lame de forma compulsiva ambas manos y la pata delantera izquierda.

Explicación: Descartada cualquier causa fisiológica, es probable que esté sufriendo una angustia de separación provocada por su creciente dependencia con respecto a sus propietarios, y en especial a Peter, a medida que va quedándose sordo y ciego. Como sólo percibe su presencia por medio del tacto y el olfato, se siente cada vez más aislado, y esto le angustia con especial intensidad debido a la falta de afecto de sus anteriores propietarios.

Tratamiento

▶ Los Warner deben prestarle mucha atención y tocarlo mucho cuando estén en casa.

▶ Deben repartir su ración diaria de alimento en dos o tres pequeñas tomas para que nunca tenga el estómago vacío y para facilitar su digestión.

▶ Antes de salir por la mañana, sus propietarios deben sacarlo a hacer sus necesidades, asegurarse de que hace un poco de ejercicio y darle su primera ración de comida del día. Cuando se marchen, deben permitir que se quede en el cuarto estar, que es donde suelen estar los amos desde que vuelven a casa, en vez de dejarlo encerrado en la cocina como hacen ahora.

▶ Sammy debe tener una cama cálida y mullida para dormir, y alejada de cualquier corriente de aire. Conviene echar sobre su cama un abrigo viejo de Peter, para hacerla todavía más confortable y para que Sammy se sienta más cerca del amo durante su ausencia. De vez en cuando, Peter debe ponerse el abrigo durante unos minutos para impregnarlo con su olor, o bien dejarlo dentro del cesto de la ropa sucia, junto a sus otras prendas.

Problemas de ansiedad

▲ Hay personas que se dedican profesionalmente a pasear perros ajenos, y pueden ser una buena solución si el propietario no puede. Antes de confiar su perro a una de estas personas, asegúrese de que es capaz de controlar a su perro.

pañero y, convertidos en animales domésticos, a veces pueden comenzar a sentirse excesivamente unidos a sus amos. Un perro joven que se queda solo durante períodos muy largos también puede desarrollar una angustia de separación.

Un perro sin ningún desequilibrio emocional puede empezar a sufrir angustia de separación de forma repentina. Si el animal se ha acostumbrado a estar con su propietario día y noche y éste vuelve a salir dejándolo solo en la casa (por ejemplo, porque ha estado de baja durante un período más o menos largo y finalmente se reincorpora al trabajo). Los perros ancianos también son más propensos a padecerla, ya que los achaques de la edad y la pérdida progresiva de sus facultades los hacen sentirse más vulnerables y, por tanto, más dependientes de su amo. Sobre todo suele ocurrir cuando los perros se quedan ciegos o sordos. En estos casos, lo más aconsejable es encontrar un cuidador para el perro mientras sus propietarios se ausentan.

Cómo tratar la ansiedad

Los trastornos de la conducta provocados por la ansiedad pueden ser difíciles de erradicar, y casi siempre hace falta consultar a un especialista en conducta canina para poder tratarlos con éxito. Lo más importante es no castigar al perro por haber roto o ensuciado algo en nuestra ausencia. Muchos propietarios saben que su perro ha roto algo o defecado dentro de casa por la *cara de culpabilidad* que se le pone en cuanto los ve regresar. En realidad, el perro se muestra excesivamente sumiso incluso antes de que lo descubran porque prevé que su amo va a ponerse furioso de un momento a otro (o porque sabe interpretar los gestos inconscientes de éste, o porque ha aprendido a asociar su regreso con un castigo o una reprimenda). Arrastrar al perro hasta el lugar del delito y echarle una buena bronca sólo sirve para agravar su problema de ansiedad, porque él en ese momento ya no recuerda la acción cometida. El animal no está capacitado para entender el motivo del castigo o la regañina, porque lo que hizo, lo hizo hace muchas horas, y pasado ese tiempo ya no es capaz de asociar mentalmente ambos hechos.

Si no puede evitar salir de casa, tal vez pueda convencer a un amigo o vecino para que venga a cuidar del animal en su ausencia, al menos durante el tiempo que dure su tratamiento. Muchas personas que están todo el día fuera trabajando, o que tienen que tienen que viajar con frecuencia a causa de su trabajo, recurren a cuidadores de perros profesionales, que cobran por estar con el perro durante el día y acompa-

Educación y conducta

P/R...

● Tengo miedo de que Conan, nuestro pointer alemán de tres años, esté desarrollando una angustia de separación. Ladra furiosamente cuando nos ve salir de casa y, cuando volvemos, nos encontramos con que ha hecho alguna barbaridad, como por ejemplo volcar el cubo de la basura y revolver en los restos. A veces también se niega a obedecernos. ¿Cómo tenemos que tratarlo?

Me temo que el mal comportamiento de Conan no se debe a una angustia de separación, sino a una idea equivocada sobre cuál es el puesto que le corresponde ocupar dentro de la jerarquía de la familia. Está tan acostumbrado a ser el centro de atención que se enfada cuando los miembros de su jauría se atreven a ignorarlo dejándolo solo. Usted, junto con su marido, deben establecer una serie de normas destinadas a dejarle claro quién manda realmente en esa casa.

● Trabajo a tiempo parcial. He estado de baja por enfermedad durante bastante tiempo, pero me voy a reincorporar al trabajo. Oscar, mi golden retriever de 10 meses, se ha acostumbrado a verme todo el día. ¿Cómo puedo evitar su ansiedad cuando me reincorpore al trabajo?

Hace muy bien en planteárselo con antelación. Vaya acostumbrando a Oscar poco a poco a la soledad, dejándolo solo a ratos durante el día, y vaya prolongando gradualmente sus ausencias. Ya verá cómo Oscar pronto está perfectamente preparado para quedarse en casa varias horas seguidas sin que surja ningún problema.

● Joey, mi dálmata, tiene 9 meses de edad. Tengo intención de tomarme unas largas vacaciones y salir de viaje por el extranjero, dejando a Joey en una residencia canina mientras tanto. ¿Sería éste un buen momento para dejarlo solo?

Al menos desde el punto de vista de Joey, sería mucho mejor que esperase unos seis meses más antes de hacer el viaje que proyecta. Los perros adolescentes pasan por una etapa muy delicada entre los 6 y los 12 meses de edad, que es cuando se estrechan los vínculos emocionales entre ellos y sus amos. Una ausencia prolongada en este preciso momento provocaría una enorme ansiedad en su perro.

ñarlo en sus paseos habituales. Mientras tanto, es conveniente que vaya acostumbrándolo a quedarse solo de cuando en cuando mientras los propietarios se encuentran en casa. Déjelo encerrado en una habitación mientras usted esté ocupado haciendo algo en otra pieza de la casa. Cuando el perro se haya acostumbrado a esto, salga del domicilio durante unos cinco minutos aproximadamente, sin despedirse al salir ni saludarlo al entrar, como no dándole la menor importancia a la salida. Vaya prolongando sus ausencias de la casa gradualmente. Algunos veterinarios consideran oportuna, en estos casos, la administración de ansiolíticos.

Paliativos para la ausencia

Hay muchos trucos que pueden aliviar el sentimiento de soledad que experimenta su perro durante su ausencia. Por ejemplo, no salir por la mañana sin que el perro haya hecho algo de ejercicio y comido su primera ración, y a ser posible a horas fijas. Si el perro ha dado un pequeño paseo (por muy corto que haya sido) y tiene algo en el estómago, será mucho más fácil que se quede reposando cuando ustedes se marchen. Evite las despedidas largas y dramáticas, que sólo servirían para agravar la ansiedad del animal. No dé demasiada importancia a su partida, como tampoco a su regreso.

Si el perro se siente muy unido con usted, le aliviará acostarse durante su ausencia sobre una vieja prenda suya de vestir, usada, que se habrá impregnado con su olor y servirá de puente o vínculo emocional durante su ausencia. Puede dejar encendida la radio, o el televisor y, si es de noche, también una luz encendida. Un hueso de cuero de vaca sin estrenar, un juguete relleno de galletas para perro o un par de cosas nuevas que morder ayudarán a mantenerlo distraído mientras ocurre lo que para él es el peor acontecimiento del día: que usted salga por la puerta y lo deje solo.

▶ *Una vieja prenda de vestir sirve de vínculo o puente emocional entre el perro y su propietario mientras éste está fuera.*

Miedos y fobias

SI EL PELIGRO ES REAL, el miedo es necesario para mantenerse con vida. Cuando un perro encuentra un objeto que no conoce, o ve a alguien comportarse de forma inexplicable, su instinto de supervivencia le aconseja retroceder o, si no es posible la huida, gruñir, ladrar o dar dentelladas al aire. Los perros tienen un oído muy fino y cualquier ruido intenso y repentino los asusta como la lavadora o la aspiradora. Es importante acostumbrar a todos estos objetos al perro desde que es un cachorro, o de lo contrario se convertirá en un adulto permanentemente asustado por esta clase de estímulos.

A veces, los perros son demasiado miedosos debido a una combinación de factores genéticos y ambientales. Un cachorro puede aprender a ser tímido o asustadizo de su madre o de cualquier otro perro adulto que viva en la misma casa. Obviamente, los malos tratos y la crueldad también vuelven medroso a cualquier animal, y desde luego agravan su predisposición natural a la timidez, si ésta existe. También los propietarios asustadizos pueden volver asustadizos a sus perros (mostrándose angustiados durante las tormentas, por ejemplo).

Un miedo patológico

Un perro constantemente atemorizado no puede ser feliz. Su falta de seguridad en sí mismo entorpecerá su aprendizaje, hará más difícil su adiestramiento y puede convertirlo en un perro agresivo. El miedo también puede concretarse en forma de fobias (un temor desproporcionado frente a estímulos tales como lo petardos, las sirenas o las tormentas eléctricas). Una fobia pueden llegar a ser extremadamente debilitante: el perro tiembla sin poderlo evitar, produce mucha saliva, gime, orina, se esconde bajo la cama, agazapado, o trata de cavar un gran hoyo en la tierra para esconderse dentro. Es natural que el propietario, preocupado al ver este triste espectáculo, desee acariciar a su animal diciéndole «pobrecito» y cosas por el estilo, pero lo cierto es que hacer eso sólo sirve para agravar la angustia. En vez de eso, el propietario debería utilizar un tono de voz que expresase entereza, infundiese seguridad y diese al perro la impresión de que todo está bajo control. En cuanto el perro empiece a calmarse, prémielo con palabras cariñosas o con una golosina (pero no tocándolo, porque podría transmitirle sin querer su propio nerviosismo a través del tacto). Si el ruido viene de la calle, cierre todas las puertas y ventanas y ponga algo de música, o encienda el televisor, para enmascarar el ruido. Invite al perro a colocarse en algún lugar donde se sienta más seguro, como su sillón favorito o la cama en la que duerme habitualmente.

Fobias por asociación

A veces, lo que desencadena la fobia en el perro es un estímulo asociado a otro que lo asustó mucho en su momento. Por ejemplo, un perro puede asustarse cada vez que oye la lluvia golpear los cristales de la ventana porque asocia la lluvia con el ruido de los truenos, aunque ahora esté lloviendo suavemente y no haya tormenta. El miedo provocado por el ruido de una explosión puede inducir reacciones fóbicas al oír una silla desplazarse, para levantarse de la mesa, o al oír cerrar una puerta. Si el perro se asustó terriblemente en el jardín o en el coche, por ejemplo, puede negarse a volver a salir al jardín, o a volver a introducirse en el coche. Los perros también pueden padecer agorafobia: hay que sacarlos a rastras a la calle y, si se les suelta la correa, se escapan en dirección a casa, corriendo aterrorizados. En estos casos, es necesario llevar al perro a la consulta del veterinario, que tal vez le recete un ansiolítico y le recomiende un psicólogo o especialista en problemas de conducta caninos. Esta clase de problemas suelen tener un origen muy complejo y normalmente es necesario recurrir a un especialista, para que averigüe la verdadera raíz del problema y prescriba el tratamiento más adecuado en cada caso.

Educación y conducta

Caso real

Alice, caniche estándar de tres años

Antecedentes:

Alice vive con la familia Brewer. Duerme en la cocina. La ventana de la cocina da a una calle muy bien iluminada. El vecino de al lado es camionero y con frecuencia vuelve a su casa entre las 4 y las 6 de la madrugada. El camión del vecino hace mucho ruido, y cuando da marcha atrás se encienden unas luces que resultan casi cegadoras.

Problema: El pasado mes de agosto se produjo una serie de tormentas con mucho aparato eléctrico, y Alice empezó a despertarse en mitad de la noche y correr como loca por toda la casa jadeando, ladrando y gimiendo. Salta sobre la cama e inmediatamente vuelve a saltar hacia el suelo una y otra vez, orina en el suelo y no se queda tranquila hasta que se hace de día. Obviamente, tanto ella como los Brewer se levantan completamente agotados.

Explicación: Las tormentas de agosto provocaron en Alice una fobia a las luces brillantes y los ruidos que se encienden u oyen en mitad de la noche, y las luces de marcha atrás del camión del vecino desencadenan los episodios fóbicos de la perra.

Tratamiento

▶ Alicia debe tomar medicamentos que reduzcan sus niveles de ansiedad.

▶ Por la noche, debe dormir en la parte de atrás de la casa, que no da directamente a la calle.

▶ Si se despierta y sufre un ataque de pánico, los Brewer deberán dar poca importancia a lo que ocurre, utilizando un tono de voz que transmita sensación de seguridad, como diciendo: «¡Pero si no pasa nada, no seas boba!»

▶ Algunos objetos pueden ayudarla a sentirse más segura, por ejemplo una prenda de vestir vieja de sus amos, extendida sobre el lugar donde duerme, o una radio encendida toda la noche, pero con el volumen al mínimo.

● Mi perro Biggles tiene un miedo tremendo a los ruidos fuertes, como el de los petardos. El veterinario ha dicho que podría aliviarse tomando una medicina. ¿No se enganchará?

Los ansiolíticos que suelen recetarse a los animales no crean dependencia, aunque siempre hay que administrarlos con cuidado, a causa de los efectos secundarios. Los fármacos no curan la ansiedad por sí solos, pero ayudan en la terapia de la conducta.

● Hace dos meses, Liesl, mi weimaraner, iba en la parte de atrás del coche que yo conducía cuando alguien chocó deliberadamente contra nosotros. Desde entonces, se niega en redondo a viajar en coche. ¿Qué puedo hacer?

Vaya disipando su temor dándole de comer en el exterior, en un lugar desde el que pueda ver el coche, pero no demasiado cerca. Ordénele que se siente y coloque el recipiente de comida en el suelo, frente a ella. Añada algún bocadito especialmente apetitoso, para incrementar su interés, y trate de darle de comer de esta forma varias veces al día. No le deje comer mientras no se muestre tranquila. Vaya acercándose un poco más cada día al vehículo, hasta que acabe comiendo junto al coche, o incluso en su interior. Cuando se haya acostumbrado a este ejercicio, repítalo, pero con el motor en marcha (en estas ocasiones la ración de comida deberá ser menor). Lleve a Liesl a dar paseos cortos en el coche, y termine los viajes con un paseo al aire libre o una sesión de juego. Necesitará repetir los ejercicios muchas veces antes de dar el siguiente paso, pero Liesl acabará perdiendo el miedo.

◀ *La aspiradora produce en este perro un miedo horroroso, y al mismo tiempo desencadena sus instintos de caza. Si a un perro se le expone con cuidado a todos los electrodomésticos habituales durante sus tres primeros meses de vida, cuando sea adulto los ignorará por completo.*

Instintos de caza

Los perros cazan por instinto todos los animales que encuentran, como sus ascendentes los lobos.

Tal vez, cuando lo saca a pasear, su perro vuelve siempre en cuanto lo llama. Salvo si aparece de pronto en el horizonte un ciclista o una persona haciendo *jogging*, porque el movimiento desencadena sus instintos de predador. Entonces, emprende una loca persecución en pos del desafortunado ciclista o corredor, tal vez dando dentelladas al aire, o incluso llegando a apresarlo con sus dientes si lo alcanza. En estos momentos, es prácticamente imposible distraer al perro. El instinto de caza puede traer consecuencias aún más graves. En el campo, un perro descontrolado puede acechar a todas las ovejas, vacas y caballos que encuentra, y si el ganado emprende la huida, atacarlo y matarlo, o herirlo, o como mínimo provocar una estampida, con los consiguientes peligros y daños materiales que esto conlleva. En muchos países, la ley permite a cualquier ganadero disparar si ve un perro suelto cerca de los animales que le pertenecen. En la ciudad, el instinto de caza de los perros pone en peligro a los gatos y a los demás pequeños animales, pero también al propio perro, que seguirá a su presa sin poderse controlar incluso en medio del tráfico, corriendo el riesgo de ser atropellado. Y, en todas partes, los instintos de caza de los perros pueden poner en peligro la vida de los bebés y los niños pequeños porque sus movimientos, bruscos y mal coordinados, recuerdan mucho los de las pequeñas presas cuando emprenden la huida, y sus chillidos, y en general su voz, tienen un timbre agudo que recuerda el de los pequeños animales asustados.

Cómo impedir que cacen

Como ocurre con cualquier conducta problemática, la clave es prevenir su aparición educando al perro desde cachorro para que obedezca y proporcionándole una socialización adecuada. Los perros muy activos necesitan quemar su infatigable energía por medio de paseos largos y estimulantes y de juegos que supongan un reto para su inteligencia y habilidad. De este modo, se evita que caigan presas del aburrimiento y busquen por su cuenta el desafío y la diversión en la caza. Cuando saque a su perro a pasear, no le permita alejarse demasiado. Déle la oportunidad de explorar nuevos olores y nuevos lugares, pero llámelo con cierta frecuencia y ofrézcale algún premio cuando regrese, para que se acostumbre a dejar gustoso cualquier cosa que esté haciendo y volver hacia usted en cuanto lo llame.

Si su cachorro siente el impulso de perseguir a las personas que están corriendo en el parque, sáquelo a pasear con una correa muy larga, pero no lo suelte, e intente distraerlo lanzándole una pelota o un juguete en dirección contraria a la del atleta. Prémielo cada vez que deje pasar por su lado a un corredor sin prestarle atención. Con estos trucos, el cachorro acabará sintiendo que jugar y volver con usted es mucho más divertido y gratificante que perseguir al primer desconocido que se le ponga delante.

Educación y conducta

▼ *Este collie se ha agazapado para espiar y acechar mejor a los gansos. En cuanto uno de ellos se mueva, el perro se lanzará a perseguirlo como alma que lleva el diablo. Los perros de pastor, entre los que se encuentra el collie, fueron criados expresamente por el hombre para que persiguiesen a cualquier animal que tratase de abandonar el rebaño.*

Caso real

Tess: una pastor alemán de 2 años

Antecedentes:

Tess es la perra de los Franklin, un matrimonio cuyos dos miembros trabajan fuera de casa. Cuando no están, dejan a Tess en el pequeño jardín de su casa. Sólo la sacan a pasear una vez al día, y el paseo dura unos 30 minutos.

Problema: Tess ha empezado a perseguir a los ciclistas cuando sale a pasear. Corre tras ellos dando dentelladas al aire cuando casi les pisa los talones.

Explicación: Tess posee un instinto de persecución muy arraigado. Sus propietarios no propician ninguna actividad estimulante y la perra se aburre.

Tratamiento

▶ Tess debe salir y hacer ejercicio físico muy intenso dos veces al día, sujeta con una traílla larga (de 3m de longitud).

▶ Los Franklin deben adiestrarla en la obediencia y también en pruebas de agilidad. Deben lanzarle objetos para que los devuelva y dejarle juguetes interactivos, como rompecabezas especiales para perros, cuando se quede sola.

▶ Deben acostumbrar a Tess a dejar escapar a la posible presa y regresar cuando reciba una orden como: «Déjalo». Para ello, pueden hacer rodar lentamente una pelota o juguete en dirección contraria mientras le ordenan: «Déjalo», mostrándole un golosina, y dársela sólo cuando ignore el juguete por completo y acuda de inmediato a recogerla.

▶ Cuando aparezca un ciclista, deben darle la orden: «Déjalo». Podrán lanzarle una pelota en dirección opuesta a la del ciclista. Le darán un premio cuando obedezca.

▶ Si los Franklin no disponen de tiempo para cuidar de su perra y ayudarle a ejercitar su habilidad e inteligencia, tal vez deberían plantearse el encontrarle otro amo.

● Cuando Rushmore, mi beagle, era un cachorro, perseguía cualquier cosa que se le pusiera delante. Después de muchas sesiones de adiestramiento para la obediencia, ha dejado de comportarse así, pero todavía no hay forma de impedir que persiga a todos los patos que se encuentra. ¿Debería preocuparme?

Puesto que el perro ha demostrado poseer fuertes instintos de predador, sí. Siga con las sesiones de adiestramiento y utilizando exactamente las mismas técnicas, pero ahora aplicadas expresamente a esos patos. Si no consigue controlarlo, deberá elegir otros lugares para pasear, o utilizar una correa muy larga pero no soltarlo nunca cuando pasen junto al río.

● A Milo, mi terrier, le encanta perseguir a todos los perros que ve. En cuanto ve alguno, se echa a correr tras él sin darme tiempo para ponerle la correa, y no me hace caso. ¿Qué puedo hacer?

Parece que el adiestramiento de Milo no ha sido completo. Esto podría llegar a ser muy peligroso si Milo empezase a comportarse de forma agresiva. Lo ideal sería no permitir a los perros que se acercasen a ningún otro antes de haber informado a su propietario de que no son peligrosos y sólo pretenden jugar. Tendrá que adiestrar a Milo para que permanezca a su lado hasta que usted le dé expresamente permiso para marcharse con una orden como: «¡A jugar!, «Corre» u otra por el estilo.

Ladridos que molestan a todo el mundo

VIVIR CON UN PERRO RUIDOSO no es fácil. Todos los perros (salvo el basenji, la única raza canina que no lo hace), utilizan habitualmente ladridos, aullidos y gemidos para comunicarse, pero muchos perros provocan tanto ruido que su presencia se vuelve insoportable.

Algunas razas particularmente excitables, como determinados tipos de terrier y otros perros de reducidas dimensiones, suelen ladrar, cada vez que algo despierta vivamente su interés. Los perros tienden a imitar la conducta de sus amigos, y en poco tiempo pueden adquirir la costumbre de hacer más ruido de la cuenta, si ven a otro perro hacerlo. Cuando se visita una residencia canina, se ve a perros habitualmente silenciosos incorporarse con la mayor diligencia al concierto de ladridos que los rodean. Como siempre, la clave es evitar que se produzca esta conducta educando al animal desde cachorro. Si un perro ladra a las visitas, puede estar indebidamente socializado. La defensa instintiva del territorio familiar es lo que hace a los perros ladrar a todo el mundo cuando viajan en coche, intentando mantener a raya a los posibles intrusos. Aun-

P/R...

● **Cuando llegamos a casa, Freya, nuestra pastor alemán, ladra con todas sus fuerzas hasta que entramos. ¿Por qué hace eso?**

Freya trata de decirles que está impaciente por verlos. No intenten hacerla callar ni le chillen desde fuera, ya que sólo conseguirían que se excitase más. No la saluden hasta que calle.

● **Nuestro vecino dice que Katy, nuestra skye terrier de tres años, ladra constantemente cuando está sola. ¿Se callará con un collar antiladridos de citronela?**

Indudablemente, los collares antiladridos de citronela son una alternativa mucho menos cruel que los collares antiladridos eléctricos, que deberían estar prohibidos. Estos collares liberan esencia de citronela cada vez que el perro ladra y, como los perros odian ese olor, aprenden a asociarlo con el ladrido y dejan de ladrar. Dan buenos resultados con los perros que ladran por impaciencia. Sin embargo, parece que Katy sólo ladra cuando la dejan sola, y eso puede ser síntoma de ansiedad. En este caso, es necesario descubrir la causa profunda de esa ansiedad y tratarla de raíz. Si se limitan a impedir que ladre, podría empezar a manifestar su ansiedad de forma más destructiva, tal vez destrozando objetos.

Caso real

Sadie: Schnauzer miniatura de 5 años

Antecedentes: Vive con Donna Stone y su bebé, Danny.

Problema: Aunque solía ser tranquila y bien educada, ahora ladra con todas sus fuerzas cada vez que oye determinadas sintonías de la TV, suena el teléfono o llaman al timbre. Empezó a comportarse así poco después del nacimiento de Danny y está empeorando a pesar de los esfuerzos de Donna para hacerla callar.

Explicación: Sadie está tratando de defender el territorio familiar para proteger a Donna y a Danny. Considera las sintonías televisivas y los demás ruidos como intrusos que vienen a perturbar la paz de la familia. Cada vez que Sadie empieza a ladrar, Donna chilla, y la perra entiende que sus gritos van dirigidos a los intrusos y que, por tanto, Donna aprueba su conducta. Como poco después los ruidos cesan (la sintonía termina, descuelgan el teléfono, etc.), Sadie interpreta que el invasor, intimidado al oír sus ladridos, se ha dado a la fuga.

Tratamiento

▶ Donna debe mostrarse más fría con Sadie y no hacer caso cuando la perra intente llamar su atención, para que aprenda que si quiere mimos o golosinas va a tener que ganárselos.

▶ Donna debe enseñar a Sadie a acostarse cuando le diga: «¡Calla!». Una vez que se encuentre sobre su cama, recibirá siempre un premio.

▶ Tendrá que desconectar el timbre de la puerta y bajar al mínimo el del teléfono. Donna grabará en una cinta las sintonías televisivas que excitan a Sadie y se las hará oír con el volumen del reproductor al mínimo. Cada vez que Sadie ladre al oírlas, se le dará la orden de «calla» y recibirá el premio en cuanto llegue a su cama.

▶ Este ejercicio se repetirá muchas veces, aumentando el volumen de la sintonía gradualmente. Por último, ejecutará la orden de «calla» aunque no se escuche ningún sonido y la golosina será sustituida por una felicitación.

▶ Cuando Sadie haya aprendido a ignorar las sintonías televisivas, se repetirán los ejercicios, pero utilizando el timbre del teléfono o de la puerta.

Educación y conducta

que los perros también pueden ladrar en el coche porque están muy excitados o estresados a causa del viaje. Una vez más, acostumbrarlos desde cachorros a toda clase de nuevas situaciones es la mejor manera de evitar que desarrollen actitudes molestas.

Muchas veces, los perros se acostumbran a ladrar o a gimotear de cachorros, porque aprendieron que era la mejor forma de convertirse en el centro de atención, Aunque es encantador ver a un cachorrito de diez semanas chillar y ladrar de impaciencia cuando nos ve tomar la correa, porque sabe que ha llegado la hora del paseo, cuando llega a adulto puede llegar a hacer un ruido intolerable, y esta costumbre puede hacerse extensiva a cualquier otra situación excitante. Por lo tanto, si ve al cachorro comportarse de este modo,

▼ *En el entorno natural, los perros ladran para transmitir diferentes mensajes a su manada: alarma, saludos, dolor o una amenaza. Si su perro ladra demasiado, está tratando de comunicarle algo. El ladrido excesivo es sólo un síntoma: trate de averiguar el verdadero problema.*

debe volver a colgar la correa en el perchero de la entrada, o a colocarla en el estante, ordenar al cachorro que se siente, darle un premio por obedecer y no salir hasta que se halla callado por completo. Si vuelve a hacer ruido entonces, habrá que ignorarlo y marcharse a otra parte de la casa. No lo saque a pasear hasta que se muestre tranquilo.

Pero, ¿dónde os habéis metido?

Los perros que aúllan, gimen o ladran sin cesar cada vez que se quedan solos en casa padecen un trastorno denominado *angustia de separación* (ver págs. 132-135). Las razas más acostumbradas a vivir en manada, como los beagle y los husky, soportan difícilmente la soledad, pero en su caso el problema se resuelve adquiriendo otro perro que les haga compañía. Para tratar los casos graves de angustia de separación casi siempre es necesario recurrir a un psicólogo o especialista en problemas de conducta caninos. Para aliviar su ansiedad es necesario enseñarlos a depender en menor medida del dueño. Castigarlos sólo sirve para agravar su ansiedad, y por tanto empeorar su conducta. Si su perro padece este trastorno, no solucionará el problema obligándolo a callar (como creen muchos propietarios que recurren a procedimientos tan inhumanos como la extirpación quirúrgica de las cuerdas vocales o el uso de collares eléctricos antiladrido). El perro sufrirá todavía más si no ladra, y la verdadera causa de sus molestos ladridos seguirá existiendo.

Actos compulsivos y otros problemas

Si un perro realiza con insistencia actos absurdos si hay que someterlo a un chequeo exhaustivo, porque puede padecer algún trastorno fisiológico. Si el examen no revela ninguna enfermedad, el comportamiento obsesivo del perro puede ser síntoma de estrés o de un aburrimiento insoportable. Los perros que viven en refugios caninos y perreras son especialmente propensos a sufrir esta clase de obsesiones, porque el entorno en el que viven rara vez les aporta diversión o experiencias estimulantes. Pero también un perro querido por sus amos y que disfruta de todas las comodidades puede desarrollar comportamientos obsesivos. A veces, por causas tan obvias como el estrés provocado por la incorporación de un bebé en la familia, otras por falta de motivación, actividades estimulantes o ejercicio físico. En estos casos, el problema puede solucionarse dedicando más tiempo y prestando más atención al perro, y proporcionándole juguetes que consigan despertar su interés. Si el problema persiste, consulte al veterinario, que posiblemente le prescriba algún fármaco psicoactivo.

Algunas razas son más propensas que otras a desarrollar comportamientos obsesivos. Por ejemplo, los bull terrier a menudo se obsesionan en perseguir su propio rabo, y los doberman lamen y succionan compulsivamente sus ijadas. Un perro de trabajo por su raza, pero convertido en perro de compañía, como el border collie, si no puede dar salida a sus naturales instintos de pastor, probablemente se sentirá tan frustrado y aburrido que empezará a desarrollar trastornos de conducta: desde atacar de forma injustificada a perseguir animales y personas, pasando por mordisquear los talones o tacones de quien camina, pasear inquieto de un lado para otro sin parar o correr tras las luces y las sombras.

Excavadoras caninas

Un comportamiento obsesivo que suele molestar mucho a los propietarios es el de excavar donde y cuando no deben. Muchas razas caninas, y en especial los terrier, excavan por instinto. Algunos perros nórdicos, como los husky malamut, cavan por instinto hoyos en los que guarecerse del calor en tiempo cálido. Si su perro es muy sensible al calor, debe proporcionarle un lugar sombreado donde tenderse siempre que salga con él al aire libre en un día soleado. Parece que algunos perros cavan sólo por pura diversión. Si su perro es un excavador nato, pruebe a reservarle una zona concreta del jardín y convencerle para que cave sólo en la zona permitida.

P/R...

● **Spritzer, nuestro perro mestizo, no deja de lamernos desde que llegamos a casa. ¿Será un acto compulsivo?**

Podría llegar a serlo, pero probablemente sólo esté tratando de mostrarse complaciente. Los perros tímidos y sumisos intentan lamer a sus propietarios especialmente bajo la barbilla. Es un típico gesto utilizado por los cachorros para expresar sumisión a los adultos de su manada, y que les sirve de paso para provocar que regurgiten el alimento ingerido. Cuando saluden a Spritzer, eviten echarse sobre él o darle palmaditas en la cabeza: pónganse a su nivel y palmeen sus ijadas. Los perros de carácter más asertivo a veces lamen a su propietario para expresar su superioridad. El lamido también puede ser una forma de solicitar más atención.

● **Cuando Schubert, mi papillón, estuvo enfermo, dejó de comer y tuve que darle la comida con la mano para conseguir que comiera algo. Ahora se ha recuperado, pero ya no hay manera de hacer que coma en su cacharro, y cuando tiene hambre lo que hace es pedirme la comida en la mano. ¿Qué puedo hacer?**

Schubert ha aprendido que, dependiendo de usted para comer, consigue tenerle para él solo. Pruebe a ofrecerle un alimento muy sabroso (pollo, pavo o pescado), o a mezclar algunos pedacitos de queso con su pienso. Sírvale la comida tibia, o remojada con un poco de jugo de carne, repartida en dos raciones diarias. Ignórelo cuando llegue su hora de comer y retire el recipiente de comida 20 minutos después de habérselo servido, aunque esté lleno. Si no funciona, existen medicamentos que abren el apetito, como los complejos vitamínicos y los esteroides anabolizantes: consulte con su veterinario.

● **¿Cómo quitar a Kelpie, mi jack russell, la costumbre de comer excrementos de caballo cuando va al campo?**

A veces la táctica de la aversión da resultado. Utilice una correa larga y no lo suelte, si cree que han pasado caballos por el lugar donde están. Lleve escondido en el bolsillo algún objeto muy ruidoso, como por ejemplo un bote de metal lleno de guijarros. Cuando vea el estiércol, permita que Kelpie la olfatee pero, en cuanto intente tomar una porción, arroje al suelo el bote, cerca de ella, para pegarle un susto. Cuando esto ocurra, ella volverá corriendo hasta usted para sentirse protegida. Es muy importante que relacione el ruido con el estiércol y no con usted, así que debe evitar por todos los medios que la perra descubra la maniobra. Tendrá que repetir este ejercicio muchas veces antes de conseguir que Kelpie pierda por completo su afición por el estiércol de caballo.

Educación y conducta

Desviaciones alimenticias

Un buen número de trastornos de la conducta tiene que ver con la comida. Los perros son voraces por naturaleza, pero si un perro empieza a comer de forma compulsiva, puede sufrir ansiedad o aburrimiento patológico. Cuando esto ocurre, es necesario realizar un chequeo y, si el examen veterinario no revela ningún problema de salud (ver págs. 72-73), hay que investigar a fondo el estilo de vida del perro hasta dar con el problema. Si el animal sólo siente interés por la comida, pruebe a servirle parte de su ración diaria de alimento dentro de un cubo de plástico que tenga que encontrar, volcar o agitar para poder extraer su contenido. De este modo, tardará mucho más en dar cuenta del alimento.

A veces los perros pierden el interés por la comida cuando padecen estrés (por ejemplo, tras la muerte de uno de sus propietarios o de otra mascota), pero pronto recuperan el apetito. Si su perro ha dejado de comer por añoranza, préstele más atención para compensar la pérdida y trate de incentivarlo con manjares por ejemplo pollo o pescado.

Algunos perros ingieren sus propias heces, o las de otros animales (coprofagia). Esta costumbre comienza a manifestarse cuando el perro es aún un cachorro, y es relativamente inofensiva para el perro, aunque resulta tan repugnante a los propietarios que pueden llegar a deshacerse del perro. Si su perro sufre esta desviación, debe acudir al veterinario para averiguar si padece alguna enfermedad. Asegúrese de que le está proporcionando toda la cantidad que necesita de alimentos. A veces da buenos resultados repartir la ración diaria en tres o cuatro comidas. También puede mezclar trozos de piña americana o calabacín con su comida. Cuando el perro trate de ingerir sus heces, notará un sabor agrio y es más probable que las rechace.

▲ «No te escondas: sé que estás por ahí». Puede ser muy difícil inhibir los instintos ratoneros de un perro tipo terrier, que lo obligan a cavar hoyos cada vez que sale al campo, en busca de los «malditos roedores».

Para lograrlo, puede enterrar un hueso en ese rincón e invitarle a desenterrarlo. Repita esta táctica muchas veces, y vaya cambiando el punto exacto y el botín, siempre en forma de bocados suculentos, hasta que el perro se aficione a buscar delicias en esa zona, y siga cavando allí por costumbre. A veces los perros excavan de forma compulsiva dentro de casa o en el jardín porque se sienten angustiados y amedrentados, tratando de abrir un camino por donde escapar al peligro que los aterra. Si este es el caso de su perro, necesitará ayuda profesional.

Caso real

Judy: hembra de labrador castrada de 2 años

Antecedentes: Vive con Tracy Lang en un piso pequeño desde donde no se puede ver la calle. Sólo la saca a pasear una vez al día, y el paseo dura alrededor de 15 minutos. Nunca tiene oportunidad de encontrarse con otros perros.

Problema: Pasea incesantemente de un lado para otro, ladra y desgarra la moqueta con las uñas. Al verla así, Tracy reacciona dándole algo de comer o acariciándola.

Explicación: Privada de cualquier posibilidad de dar salida a sus energías físicas y mentales, Judy está perdiendo la razón lentamente. Cuando se muestra sobreexcitada, Tracy le presta más atención que de costumbre, y de este modo refuerza su conducta.

Tratamiento

▶ Judy necesita dar tres paseos diarios, de media hora cada uno, y jugar hasta quedar extenuada. Su ración de alimento se repartirá en dos comidas diarias.

▶ Sería conveniente que Judy coincidiese con otro perro a la hora del paseo, para que trate con un congénere y poder jugar con él hasta quedar agotada.

▶ Cuando estén en casa, cada vez que Tracy la vea sobreexcitada o inquieta le ordenará que se vaya a su cama. Cada vez que obedezca, Tracy dejará claro que está contenta con ella, pero no la felicitará de forma exageradamente efusiva.

▶ Cuando Judy haga ruido o se comporte de forma alocada, Tracy debe ignorarla. Si es necesario, saldrá de esa habitación y cerrará la puerta, para dejar a Judy sola.

▶ Si Tracy no puede llevar a cabo el tratamiento, debería buscar a Judy un nuevo amo.

Problemas de conducta relacionados con la sexualidad

UNA DE LAS QUEJAS QUE CON MÁS FRECUENCIA expresan los propietarios es la mala costumbre de su perro de tratar de montar objetos inapropiados, como cojines, animales disecados, o las piernas de las personas. Esta conducta es más habitual en los machos, aunque las hembras también pueden comportarse de este modo cuando son cachorros, a modo de ensayo, o al llegar a adultas, si se trata de perras dominantes (o por confusión de roles, si se han criado en una camada en la que predominaban los machos).

Cuando se trata de machos, normalmente esta monta indiscriminada termina al alcanzar la madurez sexual, entre los 6 y los 12 meses de edad. No obstante, a veces el perro conserva esa mala costumbre. La castración suele acabar con el problema (ver págs. 90-91). Antes de adoptarla como solución, se puede poner al perro una inyección que inhibe temporalmente la actividad de la testosterona, u hormona masculina. Si la conducta inapropiada cesa mientras duran sus efectos, la castración acabará con el problema. Cuanto más joven sea el cachorro al castrarlo, más efectiva resulta la castración. Si el perro acaba de llegar a la pubertad y lleva muy poco tiempo manifestando esta conducta, tal vez la inyección de hormonas sea suficiente para acabar con el problema, sobre todo si se facilitan más estímulos mentales al perro y se le obliga a realizar más ejercicio físico.

Por otra parte, la monta indiscriminada no siempre está causada por problemas de tipo sexual, sino por cuestiones relacionadas con la jerarquía. A veces, un perro monta a otro o la pierna de su amo intentando demostrar superioridad. Si éste es su caso, ignore al perro y rebaje su categoría o rango social (ver págs. 104-105). Algunos perros frustrados porque no encuentran salida para sus energías físicas y mentales, y en especial los más inteligentes, montan cada vez que ocurre algo interesante (por ejemplo, la llegada de una visita). Esta conducta puede ser síntoma de una perturbación mental muy seria, y resulta preocupante si se presenta asociada con otros trastornos, como los actos compulsivos y la agresividad. En estos casos es necesario llevar al perro al veterinario para que realice el diagnóstico apropiado y recomiende un especialista en psicología y trastornos de la conducta caninos. Si su perro trata de montarlo, nunca trate de ahuyentarlo golpeándolo, ya que probablemente sólo conseguiría provocar en él una reacción muy violenta.

Orinar para marcar

Es normal en los machos orinar al pie de los árboles o las señales de tráfico para delimitar su territorio. No obstante, algunos machos no castrados intentan marcar el territorio también dentro de la casa, orinándose en los muebles. Estos perros manifiestan un comportamiento territorial exacerbado. Suelen ser arrogantes y bravucones y con frecuencia se muestran agresivos con los demás perros. Los perros también pueden orinar dentro de casa porque algo les está haciendo sentirse inseguros, por ejemplo la llegada de un bebé o una nueva mascota al hogar. Muchas veces los perros dejan de marcar su territorio dentro de casa cuando se combina la

▶ *Los cachorros y los perros jóvenes se montan para practicar. Y dejan de hacerlo al alcanzar la madurez sexual, si no abandonan la costumbre, consulte al veterinario.*

Educación y conducta

terapia de la conducta con inyecciones que inhiben las producción de hormonas masculinas o con la castración. El problema es más fácil de erradicar cuando se trata de cachorros, porque los perros adultos podrían seguir haciéndolo por costumbre aunque hayan sido castrados.

Comportamiento sexual de las hembras

Las concentración de hormonas femeninas en la sangre de una perra varía según la fase en que se encuentre de su ciclo reproductor (ver pág. 94) y puede influir en gran medida en su manera de comportarse. Cuando llega la época de celo, cambia su estado de ánimo, y muchas veces se muestra muy irritable con las otras hembras. Cuando en la misma casa viven dos o más perras y la de inferior rango social se pone en celo, muchas veces sufre ataques por parte de la hembra más dominante. Esto ocurre porque la hembra alfa o dominante (un rasgo codificado en sus genes) trata de dejar fuera de juego a la de rango inferior para impedir que pueda aparearse (incluso aunque no haya ningún macho presente). En estos casos, castrar (esterilizar) a la perra de menor rango social, o a ambas, puede ser la solución, o también inyectarle ciertas hormonas de manera periódica, para impedir que se ponga en celo. Si las hembras son muy agresivas, a veces ni siquiera la castración es capaz de erradicar su conducta violenta.

◀ *Un macho que huele a una perra en celo no se arredra ante ningún obstáculo, ni es capaz de atender a ninguna otra cosa: sólo usted puede velar por su seguridad, asegurándose de que no escape de la casa.*

● **A Dusty, mi lebrel macho de dos años, le encanta vagabundear. Tengo miedo de que la próxima vez no sepa volver a casa. Si lo esterilizo, ¿dejará de escaparse?**

Si es el impulso sexual lo que provoca ese deseo incontrolable de ver mundo, probablemente dejaría de escaparse una vez castrado. Pero algunos perros se escapan simplemente porque en casa se aburren demasiado o, si son excesivamente dependientes, para salir en busca de su amo cuando éste los deja solos. Lo primero que debe hacer usted, en cualquier caso, es reforzar la valla del jardín.

● **Benjie, nuestro border terrier de 8 meses, monta absolutamente cualquier cosa, hasta las piernas de las visitas. Realmente, nos hace pasar mucha vergüenza. ¿Qué podemos hacer para que abandone esa mala costumbre?**

Lo más eficaz en estos casos es dejarlo helado con un «¡no!» en tono seco, o un gruñido muy grave. A continuación, déjenlo encerrado en otra habitación durante unos diez minutos, para que sepa que consideran esa conducta inaceptable. Los cachorros que se comportan de este modo suelen ser excesivamente dominantes, así que deben tener cuidado para evitar que empiece a subírseles a las barbas ahora que están a tiempo. Si continúa comportándose de ese modo, consulten con el veterinario, que tal vez les aconseje esterilizarlo o ponerle una inyección de hormonas, o les recomiende un especialista en trastornos de la conducta canina.

● **Mi dálmata Ricardo ha empezado a orinar sobre los muebles para marcar territorio. ¿Qué me aconseja?**

Limpie perfectamente los muebles manchados de orina con agua muy caliente, y rocíelos a continuación con un desodorante biológico. De este modo eliminará completamente el olor, y Ricardo no se verá impulsado a orinar en el mismo sitio. También puede limpiarlos con una mezcla de agua y vinagre a partes iguales, pero no los limpie con ningún producto que contenga amoniaco, porque su olor es muy parecido al de la orina. Lleve a Ricardo al veterinario para que compruebe que no tiene algún trastorno urinario, como cistitis, por ejemplo.

Razas caninas

La selección deliberada de determinados rasgos físicos por parte de los criadores ha dado lugar a cientos de razas caninas creadas literalmente por el hombre, que son las que vemos con más frecuencia en la actualidad. En las siguientes páginas describimos las principales características de las 25 razas caninas más habituales en todo el mundo. Todas ellas son adecuadas como mascota, aunque algunas no son aconsejables para un propietario sin experiencia o que tenga niños, y otras necesitan tanto ejercicio, espacio y aire libre que deben elegirse sólo si se vive en el campo, y nunca en un pequeño piso de la ciudad, ya que esto último significaría condenar al animal a vivir siempre triste y frustrado.

El pedigrí conlleva una desventaja: para obtener los rasgos elegidos, muchas razas se han creado a partir de sólo una o dos líneas de sangre, y el precio que hubo que pagar por salvaguardar la pureza de la raza ha sido elegir siempre perros emparentados entre sí para procrear. De este modo, los defectos hereditarios de los antepasados tienden a generalizarse en la descendencia. Entre las características de la raza incluimos los problemas de salud más habituales en cada una de ellas. Sólo existe una forma de evitar que los trastornos y defectos hereditarios se generalicen, y es sometiendo a todos los perros con pedigrí a un examen veterinario muy riguroso antes de decidir utilizarlos como reproductores. Los individuos que presenten defectos hereditarios nunca deberían procrear. En el caso de los perros cruzados y mestizos, su mayor riqueza genética disminuye en gran medida la probabilidad de que presentes trastornos hereditarios. Los perros mestizos suelen ser más saludables y robustos, además de cariñosos y leales.

Inconvenientes del pedigrí **148**
Setter ingleses e irlandeses **150**
Rottweiler **152**
Doberman pinscher **154**
Pastor alemán **156**
Boxer **158**
Golden retriever **160**
Dálmatas **162**
Husky siberianos **164**
Labrador retriever **166**
Chow chow **168**
Springer spaniel inglés **170**
Staffordshire bull terrier **172**
Cocker ingleses y americanos **174**
Beagle **176**
Caniches **178**
Shetland ovejeros **180**
Schnauzer miniatura **182**
Jack russell terrier **184**
Cavalier king Charles spaniel **186**
Pinscher miniatura **188**
West highland terrier blancos **190**
Lulús de Pomerania **192**
Dachshund **194**
Yorkshire terrier **196**
Chihuahuas **198**
Perros mestizos **200**

Inconvenientes del pedigrí

LA ESTRECHA RELACIÓN que une al ser humano con el perro se inició hace varios miles de años. Los cazadores-recolectores de la prehistoria descubrieron que los perros lobo, podían ser adiestrados para ayudar en las partidas de caza. Así, los hombres prehistóricos fueron domesticando y facilitando que procrearan entre sí los animales mejor capacitados por sus cualidades físicas y psíquicas para perseguir y matar la caza mayor, o para acechar y sacar de su escondrijo pequeños animales excavando con las patas. Cuando el hombre abandonó la vida nómada empezó a elegir y criar perros para guardar sus rebaños y proteger su ganado.

El ser humano también ha favorecido la existencia de razas con determinados rasgos físicos y psíquicos porque agradaban a los hombres. Los perros falderos y las razas de morro chato, como los pequineses y carlinos, se han extendido por su original aspecto. A mediados del siglo pasado, se puso de moda la cría de perros con pedigrí, o razas muy puras, para participar en concursos. De ahí provienen los actuales estándar de cada raza, una serie de normas que determinan los rasgos físicos y psíquicos que se consideran deseables o indeseables en ellas. Los criadores fomentaron el desarrollo de ciertos rasgos físicos que darían al perro más posibilidades de ganar un concurso.

Antes de elegir

✓ Recuerde que hay razas con menos tendencia a sufrir trastornos hereditarios que otras.

✓ Si le ineteresa alguna raza, pregunte a un veterinario cuáles son sus trastornos hereditarios más habituales y cómo reconocer sus síntomas.

✓ Para no adquirir un cachorro con problemas hereditarios, deberá preguntar al criador sobre sus ascendientes.

✓ Asegúrese de que tanto el padre como la madre del cachorro elegido no padecen trastornos hereditarios. Si la raza es propensa a padecer displasia de cadera, exija al criador que le muestre una copia del certificado OFA (en los Estados Unidos).

✓ No se deje guiar sólo por el aspecto físico del perro. La probabilidad de elegir una mascota que desarrolle trastornos de la conducta se reducirá si observa el temperamento de los padres del cachorro antes de adquirirlo. No elija uno tímido o medroso.

Defectos hereditarios de los perros con pedigrí

La selección cuidadosa de los padres a la hora de criar razas con pedigrí garantiza la producción de ejemplares con determinadas cualidades. Pero la selección artificial también aumenta el riesgo de transmisión de los defectos hereditarios a la descendencia. Por ejemplo, la displasia de cadera, una malformación muy extendida entre razas de gran tamaño seleccionadas y criadas por su gran fortaleza física, casi nunca se produce en los greyhound, una raza criada y seleccionada por su agilidad y rapidez. La originalidad del morro chato hizo que la cría de razas se orientase hacia la producción de ejemplares con el morro cada vez más corto. Finalmente, la cría selectiva acortó tanto sus vías respiratorias que estos perros suelen padecer trastornos respiratorios. La cría selectiva de ciertas razas se ha centrado en potenciar su belleza física, dejando de lado su carácter, y el resultado es que muchos perros con pedigrí pueden ser hermosos, pero tal vez desarrollen trastornos de la conducta. Cuando se pone de moda una raza, la demanda aumenta, y algunos criadores deciden producir masivamente ejemplares, aunque sea a partir de padres poco aceptables. Esto ha ocurrido con los pastores alemanes, los cocker, los cavalier king Charles spaniel y los caniches de menor alzada.

Aunque los defectos hereditarios más habituales en cada raza son bien conocidos, no siempre es fácil saber si un individuo los padece. Algunos tipos de ceguera hereditaria, por ejemplo, no se manifiestan hasta que llega la vejez, cuando el animal ya ha sido utilizado como reproductor. Más difícil aún es detectar a los posibles portadores de malformaciones genéticas cuando no padecen ellos mismos, o reconocer qué perro puede desarrollar y heredar trastornos de la conducta o problemas mentales.

Jamás debería permitirse que un perro con problemas de salud heredados tuviese descendencia. Algunos trastornos hereditarios pueden detectarse a edad temprana realizando determinadas prueba. En los Estados Unidos la OFA (Fundación Ortopédica Animal) se ofrece a estudiar la morfología de la cadera de cualquier ejemplar perteneciente a una raza con propensión hereditaria a la displasia y expide certificados en los que se especifica la mayor o menor probabilidad de que transmita la malformación.

Razas caninas

▲ *De izquierda a derecha, fox terrier de pelo duro, Shetland ovejero, cairn terrier y golden retriever. Suelen gozar de buena salud, pero exija un certificado de salud de ambos progenitores al criador si decide comprar un cachorro con pedigrí.*

P/R...

- **Me gustan los perros de morro chato, como los pequineses. ¿Tienen problemas de salud?**

Desgraciadamente, sí. Sus ojos son más vulnerables a las lesiones y enfermedades. La cortedad de su morro puede provocar dificultades respiratorias y dificulta el drenaje del lagrimal, y los pliegues y arrugas que se les forman en el rostro pueden ulcerarse y provocar mucho dolor.

- **¿Qué razas son las más adecuadas como mascota para toda la familia?**

Todos los retrievers (labrador, golden y de pelo corto y liso) tienen excelente carácter. Además, aprenden rápidamente, y adiestrarlos resulta muy fácil. Los retrievers son propensos a padecer diversos trastornos hereditarios pero, si elige un cachorro cuyos padres gocen de buena salud su retriever se convertirá en un excelente, alegre y saludable compañero para todos los miembros de su familia.

Setter ingleses e irlandeses

Cuello frágil: posible defecto en ambas variedades, a causa de una malformación ósea hereditaria.

Pelo liso y sedoso en ambas variedades. Los setter irlandeses tienen el manto de un solo color, el precioso tono dorado rojizo que los caracteriza

SETTER INGLÉS

SETTER IRLANDÉS

Vientre muy hundido que puede, en ocasiones, provocarles trastornos digestivos.

LOS SETTER TIENEN UN PORTE muy distinguido, cuerpo resistente y vigoroso y carácter afable. Fueron criados como perros de cazador desde finales del siglo XVII. La palabra «setter» significa 'perro de muestra', y alude a la postura utilizada por estos perros para indicar el lugar donde había caído la pieza. Los setters fueron entrenados para esperar junto a las presas sin tocarlas, hasta que el cazador llegase y las cobrara. El setter irlandés, de mayor alzada, tienen un carácter muy independiente, pero leal. Se dice que es un perro atolondrado, pero esto no es justo, ya que los cachorros tardan más en alcanzar la madurez que los de otras variedades y razas. El setter inglés es, en general, más reposado y juicioso que el irlandés, pero también puede mostrarse excitable. Ambas variedades necesitan ser adiestradas con firmeza y hacer mucho ejercicio al aire libre para dar salida a su arrolladora energía, o de lo contrario se vuelven revoltosos e hiperactivos.

Ambos son de gran belleza y porte distinguido, pero el setter irlandés, criado expresamente por la espectacularidad de su manto monocolor y el tono inconfundible de su pela-

▲ *Cuando se les suelta de la correa, los setter liberan su infatigable energía, haciendo alarde de elegancia y agilidad. Son verdaderos atletas que provocan admiración en los espectadores y orgullo en sus dueños.*

je, resulta, si cabe, más llamativo (su pariente más cercano, el perro de muestra irlandés original, con manto también rojizo pero mezclado con blanco, no ha sido reconocido como raza por todas las sociedades de criadores y aún se cría exclusivamente como perro de trabajo en Irlanda). El manto del setter inglés es muy diferente, con manchas negras, limón o hígado sobre fondo blanco. En ocasiones, el negro o hígado se entrevera con el castaño, produciendo un manto tricolor. Ambas variedades tienen el pelo semilargo y ondulado, sorprendentemente fácil de cepillar. Sus orejas, muy largas, nacen bastante bajas y caen, colgantes, cerca de las mejillas. Tienen morro largo y puntiagudo y expresión viva e inteligente. La cola, elegante, de mediana longitud y plumosa por su parte inferior, está siempre en movimiento cuando el perro hace ejercicio y a la altura del lomo.

P/R...

● *Jonah, mi setter inglés de 4 años, tiene una infección en los oídos y el veterinario me ha dicho que tal vez sea necesario operar. ¿Por qué?*

El setter inglés tiene las orejas muy largas y pesadas, y las lleva colgando sobre las mejillas. Su peso dificulta el movimiento y, por tanto, la entrada de aire fresco en el canal auditivo, que no se airea y tiende a acumular el cerumen. Cuando el problema es grave, es necesario operar para liberar el canal auditivo y permitir que se oxigene y drene el exceso de cera.

● *Tenemos un cachorro de setter irlandés de 9 semanas, Sukey. Es un encanto, pero se pone muy nerviosa cuando vienen personas que no conoce a casa, y las recibe reculando y ladrándoles. ¿Deberíamos evitar que vinieran visitas hasta que crezca un poco más?*

En absoluto: Sukey se pone nerviosa precisamente porque no está acostumbrada, y este es el mejor momento para acostumbrarla. Si esperan hasta que cumpla 16 semanas, tal vez sea demasiado tarde para ella. Pidan a uno de sus amigos que venga a casa, trayendo consigo algunas golosinas para perros o porciones de alimento especialmente sabrosas, pero díganle que ignore a Sukey al principio. Al poco rato, la curiosidad obligará a la perrita a acercarse al grupo. Entonces, pidan a su amigo que deje caer algunas porciones al suelo. Repitan este ejercicio con varias personas (una distinta cada vez). Sukey irá perdiendo el miedo a los desconocidos.

● *El veterinario me ha advertido que Timber, mi setter irlandés, puede ser propenso a sufrir una enfermedad que se llama torsión del estómago. ¿De qué se trata?*

La torsión del estómago es un trastorno muy grave, a veces incluso mortal, que se produce cuando el estómago del perro se llena de gas y empieza a rotar. La torsión impide que el aire pueda ser expulsado y, si no se trata, el animal normalmente muere. Las razas de pecho ancho y vientre muy hundido, como los setter, son más propensas, porque su estómago tiende a torcerse de ese modo. El riesgo aumenta cuando el perro engulle su comida con demasiada avidez, cuando ingiere alimentos que fermentan en su tubo digestivo, como las verduras crudas y los productos lácteos, y cuando come antes o después de hacer ejercicio. Si ve que a su perro se le hincha el abdomen, deberá llevarlo inmediatamente al veterinario.

Características de la raza

Esperanza de vida:	11 años
Altura de los ejemplares adultos (hasta la cruz):	
Irlandés:	machos, 63,5-69cm
	hembras, 59-63,5cm
Inglés:	machos, 59-63,5cm
	hembras, 56-61cm
Peso del perro adulto:	
Irlandés:	25-32kg
Inglés:	25-30kg

Temperamento: Amistosos y llenos de entusiasmo (el inglés, algo más reposado que el irlandés). Se adaptan muy bien a la vida familiar, pero necesitan espacio, salir al aire libre y hacer mucho ejercicio. Necesitan que se les adiestre con firmeza, por lo que no resultan aconsejables para un propietario sin experiencia.

Problemas de salud habituales

Displasia de cadera, una malformación hereditaria de una o ambas articulaciones de la cadera que muchas veces no se detecta hasta que el animal supera la adolescencia, o incluso entra en la edad adulta. Los síntomas más habituales son anquilosamiento de la articulación al despertarse, una forma de andar característica (dando pequeños saltos, como una liebre) y cojera. Para minimizar la probabilidad de que su perro la sufra, averigüe el estado de la cadera de los progenitores del cachorro, y no permita que haga excesivo ejercicio (no significa que no pueda moverse) mientras se está desarrollando, es decir, aproximadamente hasta después de cumplir seis meses por lo menos.

Hemofilia A: la sangre no coagula, y las heridas producen hemorragias incontrolables. Ocurre, aunque muy raramente, en ambas variedades de setter.

Síndrome de Von Willebrand, disfunción hereditaria de las plaquetas que provoca hemorragias sin motivo aparente.

Atrofia progresiva de la retina (APR): degeneración progresiva de la retina que puede provocar ceguera total en el perro. Trastorno propio del setter irlandés, que está remitiendo gracias a ciertas pruebas que detectan el gen defectuoso. Los portadores jamás deben utilizarse como reproductores.

Espondilosis cervical, enfermedad degenerativa de los huesos del cuello. Un crecimiento óseo anormal puede llegar a fusionar las vértebras cervicales.

Enteropatía por ingestión de gluten, incapacidad de digerir alimentos que contienen gluten (un carbohidrato). Los perros afectados padecen diarrea crónica y nunca alcanzan su peso ideal. Existen muchas marcas de pienso libre 100% de gluten.

Megaesófago: el esófago del perro carece del tono muscular necesario para llevar el alimento ingerido hasta el estómago, y el perro tiene que regurgitarlo. No existe tratamiento. Los perros afectados deben tomar una dieta especial, de consistencia líquida. Hay que darles de comer a menudo y en pequeñas cantidades, en recipientes elevados sobre el nivel del suelo, a la altura de su cabeza, para que el esófago esté siempre en posición vertical mientras degluten.

Epilepsia, enfermedad hereditaria en los setter irlandeses. El perro sufre ataques convulsivos durante algunos minutos. El tratamiento, con anticonvulsivos orales en forma de comprimidos, suele dar buenos resultados.

Atopía, reacción alérgica de la piel provocada por la inhalación de sustancias alergógenas como el polen, el polvo y los ácaros del polvo. Muy frecuente en los setter irlandeses. Provoca intensos picores, recurrentes o continuados. Se pueden realizar pruebas antialérgicas para detectar la sustancia que provoca esta reacción.

Rottweiler

EL ROTTWEILER ES UN PERRO CORPULENTO y desciende del mastiff. La raza actual es originaria de la ciudad de Rottweil, al sur de Alemania, donde se criaba para guía y protección del ganado vacuno. Las raza se extendió por el mundo a principios del siglo XX, y hoy en día se usa como perro de policía y perro guardián. Una selección poco cuidadosa permitió que se extendieran los ejemplares de temperamento agresivo, un defecto que los criadores actuales están tratando de subsanar. Con un amo adecuado, el rottweiler puede convertirse en un perro de compañía tranquilo y afectuoso aunque, por desgracia, muchos propietarios irresponsables, fascinados por el poderío y la bravura de la raza, han fomentado un comportamiento agresivoque tan mala fama da a la raza. Una fama de bestia feroz y sanguinaria que los medios informativos, dando la mayor publicidad a todas las historias sobre agresiones, han convertido en verdadera alarma social.

El rottweiler no es feroz por naturaleza, pero sí un guardián nato. Un fuerte y loable instinto de protección lo impulsa a defender a cualquier precio a su familia y el hogar en que ésta vive. Aunque aprende con gran facilidad, y por tanto no es difícil de adiestrar, su considerable fuerza física y su agresividad latente no lo hacen aconsejable para los propietarios sin experiencia, ni tampoco para los hogares donde viven niños pequeños, ya que no es fácil prever el comportamiento de estos últimos y pueden, sin querer, provocar incluso al mejor adiestrado de los perros. Los rottweiler se aburren fácilmente si se los deja solos mucho tiempo. Necesitan mucho espacio para vivir y para

▼ *Utilizados para guiar al ganado vacuno hasta las ferias y mercados desde la Edad Media, estuvieron a punto de extinguirse en el siglo XIX debido a la construcción de las vías férreas. Actualmente, sus criadores están tratando de reducir la agresividad potencial de la raza.*

Capa exterior del manto de pelo liso, áspera y apretada. Capa interna con más espesor en los muslos y cuello

Orejas pequeñas, implantadas muy altas y separadas

Cuello de toro, grueso, redondeado y levemente arqueado, muy musculoso

Razas caninas

Características de la raza

Esperanza de vida:	10 años
Altura de los ejemplares adultos (hasta la cruz):	machos, 63,5-68,5cm hembras, 58-63,5cm
Peso del perro adulto:	machos, 50kg hembras, 38,5kg

Temperamento: Sin miedo a nada, muy seguros de sí mismos: clásico perro de defensa y protección, probablemente territorial con los desconocidos. Necesitan tiempo, espacio, mucho ejercicio físico intenso y un amo estricto que los sepa controlar. No adecuados para propietarios sin experiencia ni familias con niños.

Problemas de salud habituales

Displasia de cadera, deformidad de una de las dos articulaciones de la cadera, muy común en esta raza. Se desarrolla durante la fase de crecimiento pero puede no detectarse hasta que el perro ha alcanzado su madurez o es ya viejo. Los síntomas de que se está produciendo una displasia son los característicos andares a saltos y la cojera en una o ambas patas traseras. Las posibilidades de que el rottweiler desarrolle displasia se reducen conociendo a sus progenitores, restringiendo el ejercicio hasta que el cachorro tenga 6 meses y alimentando al perro convenientemente para evitar la obesidad.

Síndrome de Von Willebrand, disfunción hereditaria de las plaquetas que provoca súbitas hemorragias sin motivo aparente.

Sordera congénita, en algunas ocasiones. No existe cura.

Displasia de la retina, malformación ocular congénita, con pliegues en la retina que pueden provocar desde una ligera pérdida de agudeza visual hasta ceguera total.

▲ *El rottweiler es un perro guardián. Aunque su reputación de perro violento no es del todo justa, sí necesita un amo que sepa controlarlo. Aprende con facilidad, y responde muy bien al adiestramiento.*

● **Hace un año adquirí a Walter, un cachorro macho de rottweiler, y se ha convertido en un animal inmenso, travieso y muy amigable. Me siento muy orgulloso de él pero la gente le huye cuando lo paseo. ¿Cómo puedo convencerles de que Walter no es un perro peligroso?**

Algunos propietarios de Rottweiler potencian en ellos una conducta agresiva. Su mala fama, aunque culpa de los amos, no va a ser fácil de borrar ahora. Si usted no es de ésos, asista con él a clases de adiestramiento, para estar seguro de que será capaz de controlarlo. Aunque estoy seguro de que sus parientes y amigos aprenderán a quererlo como merece, me temo que los desconocidos siempre lo mirarán con recelo.

● **Tenemos una rottweiler hembra de dos años, Roseanne. Tiene un carácter muy dulce, aunque tal vez un poco territorial. Dentro de un mes voy a tener mi primer hijo y me preocupa la reacción de Roseanne ante la llegada del pequeño. ¿Qué puedo hacer para prepararla?**

Empiece ahora mismo a mostrarse más fría con Roseanne. Ignórela, acaríciela sólo para premiar su buen comportamiento y enciérrela en una habitación diferente durante un rato todos los días. En cuanto llegue a casa con el niño, vuelva a mostrarse tan cariñosa con ella como siempre, haciendo que vuelva a sentirse como un miembro más de la familia. Roseanne creerá que el niño le ha devuelto su afecto y ternura, y no se sentirá desplazada por la criatura. Jamás la deje a solas con el bebé, ni un segundo. Si cree que la convivencia entre ambos va a ser peligrosa, tal vez deba ir pensando en buscar un nuevo hogar y unos amos tan cariñosos como usted para la perra.

moverse y no son adecuados para propietarios que, por falta de tiempo o de ganas, no les permitan salir al aire libre y realizar ejercicio físico muy intenso con regularidad.

Negro y poderoso

Cuerpo robusto, macizo, bien musculado, cabeza enorme, pecho ancho, cuello de toro. Los machos son mucho más corpulentos que las hembras. El manto, corto y brillante, con características manchas de color fuego sobre los ojos, en las mejillas, alrededor de la boca, en la pechera y en las patas. Cabeza ancha, con *stop* muy marcado en el nacimiento del hocico y poderosas mandíbulas. Orejas bastante pequeñas en relación con la cabeza, vueltas hacia abajo, que caen sobre las mejillas. El color de ojos más apreciado es el marrón, mirada amistosa. Cola horizontal, larga y ahusada en estado natural, aunque por tradición suele amputarse y dejarse muy corta.

Doberman pinscher

EL DOBERMAN, COMO EL ROTTWEILER y el pastor alemán, ha adquirido mala reputación en los últimos tiempos, aunque quienes los conocen pueden dar fe de que no hay muchos perros tan leales, tan fiables, tan inteligentes y de porte tan elegante. El doberman es un perro despierto y muy responsable, sumamente adecuado como perro guardián y de policía, y en general como perro de trabajo, por su notable agilidad y su sentido de la obediencia. Debidamente adiestrados, se convierten en excelentes perros de compañía para toda la familia, y son una de las razas caninas más dignas de confianza. Les encanta viajar en coche y acurrucarse (o estirarse, tirando al suelo a todo el mundo) en las butacas y sofás de la casa.

Una cría mal orientada ha producido en los últimos tiempos ejemplares nerviosos y desconfiados, que son los más propensos a morder cuando se sienten en peligro. Si le ofrecen un doberman que parece huraño o medroso, será mejor que no lo acepte ni regalado. Un doberman de carácter equilibrado está muy seguro de sí mismo y se comporta con audacia, pero no se muestra agresivo.

Atletas natos

A pesar de su aspecto musculoso y macizo, son perros de tamaño mediano, muy rápidos y atléticos. Un doberman descontrolado puede arrollar a cualquier transeúnte, así que es necesario mantenerlo siempre bajo control. Tienen el manto corto y suave, muy denso y pegado a la piel. El color más habitual es negro y fuego, aunque también los hay de capa marrón, azul o beige con manchas fuego (o rojo óxido, para ser más exactos) sobre los ojos, en el hocico, en la garganta, en la pechera, en las patas y bajo la cola. Son perros de cabeza alargada y morro afilado con ojos hundidos y almendrados de color marrón. La trufa suele ser negra, pero puede ser gris en los doberman de manto azul y marrón en los ejemplares de manto marrón y beige. Sus pequeñas orejas suelen estar dobladas hacia abajo, pero pueden enderezarse. La mandíbula inferior y la superior son de la misma longitud, y la mordida debe ser en tijera si el ejemplar es perfecto. Pies compactos y proporcionados, de líneas bien definidas, y arco bien visible. Los espolones suelen amputarse. La cola, cuando no ha sido amputada, es larga, fina, ahusada y de porte elegante, ligeramente curvada hacia abajo cerca de los cuartos traseros y horizontal hasta la punta.

Características de la raza

Esperanza de vida:	10-12 años
Altura de los ejemplares adultos (hasta la cruz):	machos, 69cm hembras, 65cm
Peso del perro adulto:	machos, 35-40kg hembras, 30-35kg

Temperamento: Leal y fácil de adiestrar. Ama la vida familiar y se lleva bien con los niños. Necesita ser tratado con firmeza, ser adiestrado a edad temprana y hacer mucho ejercicio físico.

PROBLEMAS DE SALUD HABITUALES

Tambaleos y paso vacilante: un problema muy frecuente en los doberman. Las vértebras cervicales son inestables y se ladean, estrechando el canal espinal y presionando sobre la médula espinal de la zona afectada. El perro queda tambaleante y sin apenas fuerza y, en los casos más graves, paralítico. Es necesario operar para dar más estabilidad a los huesos.

Foliculitis (inflamación infecciosa de los folículos pilosos), común en los doberman. Produce terribles picores y pequeños puntos formando manchas en algunas zonas de la piel. Se cura con antibióticos y champúes bacteriostáticos especiales.

Alopecia hormonal (calvicie), muy común. El pelo que recubre las ijadas ralea, dejando calvas casi simétricas a ambos lados del cuerpo. No produce picor. Suele deberse a desequilibrios hormonales, y principalmente a insuficiencias tiroideas. Antes de aplicar un tratamiento es necesario realizar un análisis de sangre para establecer la causa exacta de la alopecia.

Síndrome de Von Willebrand, enfermedad hereditaria de las plaquetas que provoca hemorragias súbitas y sin causa aparente.

Cardiomiopatía, o debilidad del músculo coronario, más habitual en los doberman que en muchas otras razas. A medida que el músculo se debilita, el corazón aumenta de tamaño para compensar la debilidad. Los síntomas más frecuentes son respiración dificultosa, accesos de tos y, a veces, desvanecimientos, sobre todo después de hacer ejercicio. Muchas veces se produce a continuación un fallo cardíaco de naturaleza congestiva. La enfermedad se detecta con radiografías y ECG (electrocardiogramas), y los síntomas pueden aliviarse por medio de fármacos.

Razas caninas

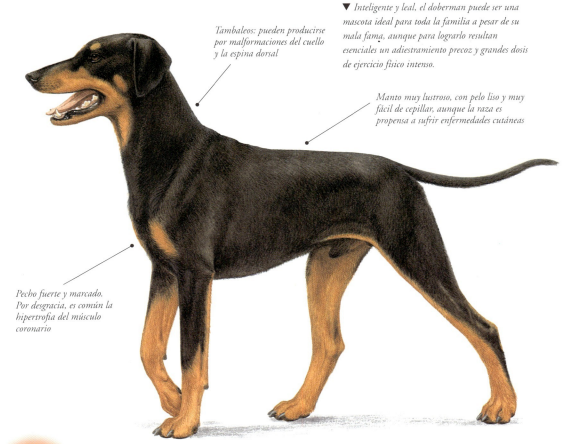

Tambaleos: pueden producirse por malformaciones del cuello y la espina dorsal

▼ *Inteligente y leal, el doberman puede ser una mascota ideal para toda la familia a pesar de su mala fama, aunque para lograrlo resultan esenciales un adiestramiento precoz y grandes dosis de ejercicio físico intenso.*

Manto muy lustroso, con pelo liso y muy fácil de cepillar, aunque la raza es propensa a sufrir enfermedades cutáneas

Pecho fuerte y marcado. Por desgracia, es común la hipertrofia del músculo coronario

P/R...

● Tanya, mi doberman de dos años, tiene siempre un montón de legañas grisáceas en el rabillo del ojo. Tengo que limpiarle los ojos como mínimo dos veces al día. ¿Será grave?

Los doberman tienen los ojos muy hundidos, y las lágrimas no fluyen inmediatamente por el lagrimal, sino que se acumulan antes en la bolsa que se forma entre el párpado inferior y el globo ocular. Lo que usted ve son lágrimas casi completamente evaporadas y acumuladas en esa zona. No hay ningún motivo para preocuparse, pero siga limpiando o lavándole los ojos cada vez que vea esas secreciones.

● Spock, nuestro doberman de 6 meses, está siempre tratando de morderse la cola. Se la amputaron hace mucho, pero la punta de la cola parece muy encallecida e inflamada. ¿Qué podemos hacer para aliviarle?

Por lo que dice, parece que la piel de la zona amputada se está retrayendo (un poco como un calcetín, cuando se nos baja), de modo que el hueso que está inmediatamente bajo ella presiona con fuerza hacia fuera, tensándola. Esto la ha encallecido, y ahora este callo le duele. Les ocurre con frecuencia a los doberman, cuando les amputan la cola. No puede permitir que Spock siga sufriendo, así que habrá que hacer que lo vea el veterinario. Lo más probable es que tenga que volver a recortarle la cola con anestesia general, extirpando parte del hueso y el callo. En principio, el problema quedaría totalmente resuelto de este modo.

● Estamos planteándonos adoptar un doberman macho de 3 años que antes pertenecía a una empresa de seguridad. ¿Puede un perro guardián joven adaptarse a la vida familiar? Tenemos tres hijos de entre 10 y 15 años y ningún otro perro. Hemos tenido un doberman, pero se nos murió hace dos años.

Teniendo en cuenta sus circunstancias particulares, yo les aconsejaría que no se quedasen con ese perro. Lo más probable es que fuera adiestrado para obedecer a su adiestrador, y para defender un local contra cualquier persona desconocida. Será una buena mascota para cualquier propietario con experiencia que viva solo, o para una pareja sin hijos, pero ustedes no pueden permitirse ningún riesgo, a causa de los niños.

Pastor alemán

PROBABLEMENTE HAY MÁS PASTORES ALEMANES o alsacianos en el mundo, que ejemplares de ninguna otra raza canina. Son animales hermosos, inteligentes y versátiles que se adaptan con facilidad a los más diversos trabajos y situaciones. Son excelentes perros lazarillo y campeones en toda clase de pruebas de destreza y obediencia. Estas cualidades los han convertido en los perros rastreadores y de defensa preferidos por las fuerzas armadas y cuerpos de policía de todo el mundo.

Por desgracia, su popularidad favoreció la cría indiscriminada y ello permitió que se generalizaran una serie de defectos de carácter, como el excesivo nerviosismo y la agresividad. Si los progenitores se eligen con cuidado, los pastores alemanes son perros de carácter tranquilo, silenciosos y fiables. No obstante, no los recomendamos a propietarios que no hayan tenido perro anteriormente, ya que son tan ladinos y seguros de sí mismos que acabarán saliéndose siempre con la suya. Hay que adiestrarlos y tratarlos con firmeza desde cachorros, pero, si esto se hace a tiempo se convierten en compañeros leales para toda la vida. Un pastor alemán nunca se aleja del propietario cuando sale a pasear y, aunque esté suelto.

Con aspecto de lobo

Los pastores alemanes tienen el cuerpo alargado y la línea

Características de la raza

Esperanza de vida:	10-12 años
Altura de los ejemplares adultos (hasta la cruz):	machos, 56-61cm hembras, 51-56cm
Peso del perro adulto:	machos, 34kg hembras, 29,5kg

Temperamento: Como buen perro guardián, puede volverse demasiado territorial si no se tiene cuidado. Fácil de adiestrar. Si el cachorro fue bien socializado, se lleva bien con los niños y le encanta la vida familiar. Necesita espacios abiertos y mucho ejercicio físico.

PROBLEMAS DE SALUD HABITUALES

Displasia de cadera, la malformación hereditaria más frecuente en esta raza. Desarrollo anormal de una o ambas articulaciones de la cadera durante la etapa de crecimiento del cachorro que a veces no empieza a detectarse hasta la juventud, o más tarde. Los síntomas más habituales son anquilosamiento de la articulación al despertarse, una forma de andar característica (dando pequeños saltos, como una liebre) y cojera de una o ambas patas traseras. Para minimizar la probabilidad de que su perro la sufra, compruebe el estado de la cadera de ambos progenitores antes de adquirir el cachorro y no permita que éste haga excesivo ejercicio (no significa que no pueda moverse) mientras se está desarrollando, es decir, aproximadamente hasta después de los seis meses de edad como mínimo.

Displasia de codo, otro problema que aparece con frecuencia en la etapa de desarrollo. Un pequeño hueso del codo no encaja correctamente en la articulación, provocando cojera y mucho dolor. Normalmente es necesaria la extirpación quirúrgica.

Mielopatía degenerativa crónica del radio, parálisis progresiva de ambas patas traseras que suele aparecer entre el final de la edad madura y la vejez. No se conoce la causa y, como los síntomas empiezan a manifestarse normalmente pasada la edad reproductora, es casi imposible saber si uno o ambos padres del cachorro están afectados antes de comprarlo.

Insuficiencia pancreática exocrina (IPE), muy común en los pastores alemanes. Los perros afectados están siempre hambrientos y delgados. No pueden digerir los alimentos correctamente, por lo que sus heces son más voluminosas de lo normal, con frecuencia tienen aspecto grasoso y su hedor resulta particularmente insoportable (ver Aumento del apetito, págs.72-73).

Proliferación anormal de microorganismos en el intestino, un trastorno asociado al anterior en muchos casos. La presencia de bacterias en el intestino delgado es excesiva, lo que provoca síntomas tales como diarrea e incapacidad de alcanzar el peso ideal.

Epilepsia, más frecuente en los pastores alemanes que en la mayor parte de las razas caninas. El perro sufre ataques convulsivos de forma repentina. Normalmente se recupera al poco tiempo, aunque en ocasiones el animal puede permanecer inmóvil y desorientado algunas horas después de superar la crisis. La enfermedad normalmente puede controlarse administrando anticonvulsivos.

Forunculosis anal, infección profunda de los sáculos anales y la zona perianal. Parece que los pastores alemanes son más propensos a sufrir infecciones en esta zona debido a su cola, muy poblada y que siempre llevan baja, lo que dificulta su correcta ventilación.

Hemofilia A, un problema de coagulación de la sangre que puede provocar hemorragias casi imposibles de cortar. Los pastores alemanes son una de las razas más afectadas, aunque el trastorno no es muy frecuente.

Razas caninas

P/R...

● Jet, mi pastor alemán de 18 meses, está perdiendo muchísimo pelo, sobre todo en la parte exterior de sus patas traseras y, cada vez que trato de retirarle el pelo muerto con los dedos, se me quedan en la mano muchos más pelos todavía. ¿Estará enfermo?

No: se trata de la muda, un proceso totalmente natural. Será más fácil eliminar todos los pelos muertos si lo cepilla recién bañado con champú. De este modo se desprenderán mejor los que aún están arraigados, y el manto mejorará de aspecto.

● Tengo un cachorro hembra de pastor alemán de 8 semanas, Sherri. Me han dicho que tengo mostrarme muy firme con ella para adiestrarla como es debido.

Un pastor alemán adulto es un perro muy grande y poderoso, y si no está bien adiestrado no se adaptará bien al hogar y causará problemas cada vez que lo saquen a la calle. La educación del cachorro, igual que el adiestramiento intensivo de los perros adultos, se basa en el premio en vez de en el castigo. Usted no tiene por qué tratarla mal, sino enseñarle cuál es la manera adecuada de comportarse en público. Pida información sobre los cursos de adiestramiento que se hayan convocado en su zona si no se cree capaz de educarla.

del lomo desciende suavemente hacia los cuartos traseros. Este rasgo físico puede llegar a ser tan exagerado que el perro parezca estar siempre agazapado o en cuclillas. Su cabeza y su hocico son muy fuertes y semejantes a los de los lobos. La trufa es negra y los ojos, almendrados y de color marrón. Las orejas, de tamaño mediano e implantadas muy altas en la cabeza, están siempre erectas, lo que confiere al perro una expresión viva, despierta e inteligente. El manto tiene doble capa, es muy denso y normalmente de pelo corto. Aunque existe una variedad de pastor alemán de pelo largo, no está reconocida por todas las sociedades de criadores del mundo. La mayor parte de los pastores alemanes son de color negro y fuego, aunque también los hay de manto negro monocolor, crema o gris con manchas más claras o pardas. La cola es muy poblada en la base y, en posición de reposo, la llevan baja, siguiendo el perfil de los cuartos traseros, dibujando una delicada curva que recuerda la forma de los sables.

Grupa ancha, en suave pendiente. Los poderosos músculos de los cuartos traseros sirven para impulsar el cuerpo hacia delante. Si el animal cojea o camina como brincando, puede padecer displasia de cadera

Las orejas poseen gran cantidad de glándulas productoras de cera, por lo que es preciso limpiarlas con regularidad

Manto con doble capa, denso, de pelo liso y normalmente corto. Puede ser también negro sin manchas, e incluso totalmente blanco

Codos propensos a sufrir malformaciones durante la etapa de crecimiento

◄ *El pastor alemán es un perro grande, bello, astuto y muy despierto que fue criado como perro de trabajo. Si se adiestra con mano firme, desarrollará todas sus excelentes cualidades con la seguridad de que ni su fuerza física ni su inteligencia lo convertirán jamás en un perro malicioso o agresivo.*

Boxer

Los fuertes muslos, tan esbeltos como poderosos, confieren una elegancia inconfundible a los movimientos del boxer.

Las encías, carnosas, a veces se desarrollan hasta cubrir los dientes, provocando dolor al masticar. La cirugía ayuda a controlar el problema

Los boxer son especialmente propensos a padecer trastornos coronarios

▲ El boxer es un perro de musculatura poderosa y curiosa expresión facial que indica perplejidad. Su aspecto físico no deja traslucir su carácter, sorprendentemente generoso y capaz de una ternura sin límites.

Los boxer son una de las razas caninas más extravertidas. Con un carácter no menos fuerte que sus músculos, fueron criados para luchar contra toros bravos en la Alemania del siglo XIX. Desde entonces, la raza ha ido evolucionando hasta convertirse en excelentes perros guardianes, de trabajo y de compañía. Son animales inteligentes, leales, equilibrados y fáciles de adiestrar, pero también con una personalidad muy acusada que exige mano firme al adiestrarlos. No suelen ser ni tímidos ni excesivamente agresivos, pero a veces recelan de las personas que no conocen y no se dejan intimidar fácilmente. Son buenos perros guardianes, pero les encanta la vida familiar y son muy cariñosos con los niños. Activos e inquietos, les gusta dar largos paseos y hacer ejercicio físico muy intenso. Su energía infatigable no da tregua de la mañana a la noche, y hace que a veces causen verdaderos estragos sin proponérselo. Si posee un boxer, necesitará dedicarle gran parte de su tiempo y de su energía para intentar cansarlo... lo que no es precisamente fácil de conseguir.

Nobleza

Su aspecto despejado y seguro les confiere cierto aire de nobleza. Son de tamaño mediano y complexión maciza, con poderosos músculos y pecho ancho. Su pelo corto resulta fácil de cepillar y de mantener limpio. El color del manto suele ser beige o manchado con el pecho y las parte inferior de las patas de color blanco. Lo ideal es que las manchas blancas no ocupen más de una tercera parte de la superficie total del manto. Llevan la cola alta en su estado natural aunque la tradición manda amputarla casi por completo.

La forma de su cabeza es inconfundible: el morro, muy marcado y de forma casi cuadrada, hace un ángulo característico con el cráneo, equilibrado y robusto. Suelen tener una máscara o mancha oscura en el hocico (únicamente), y los belfos de la mandíbula superior son muy carnosos y gruesos. El prognatismo es un rasgo característico, ya que necesariamente la mandíbula inferior es más larga que la superior. Los ojos son de color marrón oscuro y bastante juntos, que parecen mirar siempre hacia el frente, y las orejas, bien separadas, implantadas en la parte superior del cráneo. Los boxer fruncen el ceño con frecuencia, lo que les confiere una curiosa expresión, como de estar muy concentrados.

Razas caninas

● Mi boxer Pedro tiene muchas veces la piel cubierta de bultitos que le pican mucho. Aparecen de pronto y desaparecen, tal vez, sólo una hora después. ¿Qué son?

Por lo que dice, parece que Pedro sufre urticaria, una reacción alérgica de la piel que provoca la formación de bultos con forma de placa en los que cambia la orientación normal del pelo. Probablemente haya sido causada por alguna sustancia que el perro ingirió o inhaló, o por la picadura de una avispa o una abeja. Si el picor se prolongase más de dos horas, debería llevar al perro al veterinario para que le pusiese una inyección de antihistamínicos.

● Lucy, mi boxer de 9 años, perdió el conocimiento el otro día sin razón aparente. Acababa de despertarse, corrió hacia la puerta para ver quién había y justo entonces le ocurrió. ¿Será grave?

Creo que debería llevarla al veterinario. Los boxer no son de las razas más longevas, y 9 es una edad realmente avanzada. Lucy puede sufrir algún problema coronario, que empiezan a manifestarse con esta clase de síntomas. Puede que no sea grave, pero es mejor que la vea un veterinario.

▲ *Con estos perros, 1+1= travesura elevada al infinito. Los boxer son eternos cachorros, siempre inquietos y juguetones, sin cansarse jamás de corretear y apuntándose a todo.*

Características de la raza

Esperanza de vida:	10 años
Altura de los ejemplares adultos (hasta la cruz):	machos, 57-63cm hembras, 53-59cm
Peso del perro adulto:	machos, 30-32kg hembras, 25-27kg

Temperamento: Paciente y cariñoso con los niños y amante de la vida familiar, pero necesita espacios abiertos para quemar su energía. No es adecuado para vivir en un apartamento de la ciudad. Hay que adiestrarlo con mano firme.

Problemas de salud habituales

Gingivitis hiperpástica, desarrollo excesivo de las encías, que acaban recubriendo el diente, lo que provoca dolor al masticar, ya que el perro se muerde sus propias encías. Es necesario extirpar quirúrgicamente la carne sobrante. El primer síntoma suele ser el mal aliento. El problema suele reaparecer. Un trastorno relacionado con éste es el *epulis*, un alvéolo dental aislado que crece desmesuradamente, formando una especie de tumor. La operación quirúrgica suele ser sencilla.

Úlceras en la córnea, un trastorno característico de los boxer. Suelen tratarse con fármacos, pero a veces es preciso mantener unidos con puntos de sutura el párpado interno y superior durante dos o tres semanas para crear una envoltura que proteja totalmente la córnea. Existen unas lentes de contacto sin graduación que se utilizan en ocasiones como venda transparente del ojo ulcerado. El problema suele ser recurrente.

Espondilitis anquilosante, una forma de artritis que se desarrolla en la columna vertebral durante la vejez. Aparecen nuevas formaciones óseas en las vértebras, que acaban fusionadas entre sí. Las zonas más afectadas suelen ser la parte central y posterior del lomo. El perro siente dolor, se muestra inquieto e incómodo y se niega a subir escaleras. Los antiinflamatorios inyectados o administrados en forma de comprimidos suelen aliviar los síntomas.

Axonopatía progresiva, degeneración progresiva de los nervios hereditaria en los boxer. No tiene cura.

Cardiomiopatía (problemas de corazón) más frecuente en el boxer que en la mayor parte de las raza caninas. El músculo coronario se debilita y el corazón aumenta de tamaño para compensar este defecto, lo que hace que el perro se quede sin aliento fácilmente y deje de disfrutar haciendo ejercicio físico. A veces se producen desmayos, sobre todo después de los accesos de tos. El perro a menudo acaba sufriendo un fallo cardíaco de naturaleza congestiva. La exploración veterinaria, los electrocardiogramas y las radiografías confirman el diagnóstico. Se trata de una enfermedad incurable, aunque los síntomas pueden aliviarse con las drogas que se utilizan habitualmente para estimular el corazón.

Estenosis aórtica (estrechamiento de la aorta) por deformación de una de las válvulas coronarias. Con frecuencia, no produce síntomas aparentes, pero puede provocar la muerte súbita del perro en ocasiones. El veterinario oye un soplo cuando aplica el estetoscopio al pecho del perro durante la exploración de rutina. El diagnóstico se puede confirmar por medio de radiografías y ultrasonidos. El éxito del tratamiento suele ser bastante limitado.

Tumores en la piel de las glándulas mamarias y otros tejidos blandos. Se producen con más frecuencia en los boxer que en las demás razas caninas.

Golden retriever

La raza nació en Gran Bretaña, donde se criaban como perros de caza para cobrar aves acuáticas, y actualmente es una de las razas más populares en todo el mundo. Inteligentes, cariñosos, fácil de adiestrar y muy versátiles. La policía y las fuerzas de seguridad de todo el mundo los utilizan para detectar drogas y explosivos y son excelentes perros lazarillo y magníficos perros auxiliares para minusválidos. Su paciencia y falta de agresividad los convierten en mascotas ideales para familias con niños. Es muy raro que un golden muerda o amague, y normalmente son poco exigentes en lo que se refiere a la comida. A pesar de su tamaño, no necesitan demasiado espacio para vivir a gusto, aunque sí agradecen que se les permita hacer mucho ejercicio físico. Los golden retriever pueden heredar y transmitir a su descendencia diversas enfermedades y nunca se debería permitir que procreasen sin hacer antes las pruebas necesarias para descartar la displasia de cadera o las malformaciones oculares.

Capa de oro

Aunque con aspecto menos macizo que el de su pariente, el labrador retriever, el golden tiene una complexión muy semejante: ancha cabeza, pecho prominente e ijadas y grupa muy musculosas. El rasgo que más los diferencia entre sí es el color del manto, entre dorado y crema en el golden, con pelo ni muy largo ni muy corto, que puede ser indistintamente liso u ondulado. La tupida capa del golden es un verdadero impermeable que impide penetrar la humedad hasta la piel. Aunque es fácil mantener su capa limpia, suele mudar el pelo, dejándolo caer por toda la casa, sobre todo si vive en interiores con calefacción.

El golden retriever tiene fauces poderosas, pero fue adiestrado y criado para utilizarlas con suavidad y no estropear la caza de pluma que cobraba. Sus ojos, de color marrón oscuro, están bastante separados entre sí, y su expresión facial ha sido descrita muchas veces como «amable y bondadosa» por sus admiradores. Orejas ligeramente plumosas implantadas a la altura de los ojos. Cola gruesa, musculosa por la base y muy expresiva cuando intenta comunicarse con sus congéneres o los seres humanos, hace las veces de timón cuando está nadando.

Características de la raza

Esperanza de vida:	10-12 años
Altura de los ejemplares adultos (hasta la cruz):	machos, 56-61cm hembras, 51-56cm
Peso del perro adulto:	machos, 34kg hembras, 29,5kg

Temperamento: muy fácil de adiestrar, muy rara vez agresivo y amigo de los niños, es una mascota ideal para toda la familia. Necesita hacer mucho ejercicio.

Problemas de salud habituales

Atrofia de retina, una degeneración progresiva que puede provocar ceguera total en el perro. Ni los machos ni las hembras afectados deben utilizarse como reproductores.

Cataratas, opacidad progresiva del cristalino de uno o ambos ojos. La pupila parece entre grisácea y blanca, en vez de negra. En los casos más avanzados, el cristalino adquiere un aspecto perlado y el perro puede quedar ciego. Antes utilizar a un golden como reproductor es necesario estudiar su cristalino, para descartar la posibilidad de transmitir las cataratas a su descendencia. En esta raza, las cataratas pueden también haber sido provocadas por infecciones, *diabetes mellitus* y traumatismos.

Entropión (párpado vuelto hacia dentro), frecuente en los cachorros de golden. El borde del párpado se vuelve hacia dentro, y las pestañas erosionan la superficie del ojo, que se irrita y lagrimea abundantemente, y suele permanecer cerrado. Se trata con cirugía.

Displasia de cadera, una de las malformaciones hereditarias más frecuentes. La articulación de una o ambas caderas se desarrolla durante la etapa de crecimiento de manera anormal. El defecto puede no detectarse hasta la juventud, o más tarde. Los síntomas más habituales son: anquilosamiento de la articulación al despertarse, una forma de andar característica (dando pequeños saltos, como una liebre) y cojera. Para minimizar la probabilidad de que su perro la sufra, compruebe el estado de la cadera de ambos progenitores antes de adquirir el cachorro y no permita que éste haga excesivo ejercicio (no significa que no pueda moverse) mientras se está desarrollando, es decir, aproximadamente hasta después de los seis meses de edad como mínimo.

Síndrome de Von Willebrand, enfermedad hereditaria de las plaquetas que provoca hemorragias incontrolables. Puede darse en esta raza, aunque no es excesivamente frecuente.

Epilepsia, más frecuente en los golden retriever que en muchas otras razas. El perro sufre ataques convulsivos de forma repentina, y duran algunos minutos. La enfermedad puede controlarse administrando anticonvulsivos.

Razas caninas

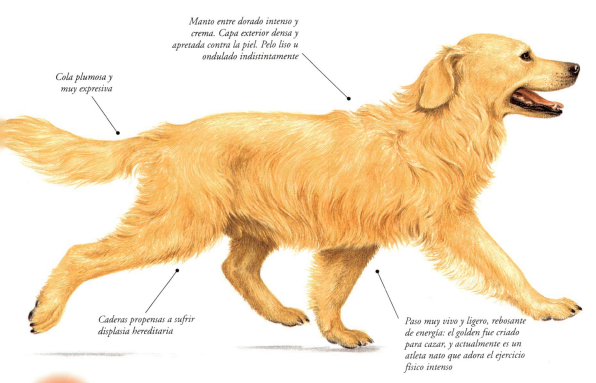

Manto entre dorado intenso y crema. Capa exterior densa y apretada contra la piel. Pelo liso u ondulado indistintamente

Cola plumosa y muy expresiva

Caderas propensas a sufrir displasia hereditaria

Paso muy vivo y ligero, rebosante de energía: el golden fue criado para cazar, y actualmente es un atleta nato que adora el ejercicio físico intenso

P/R...

● A Bella, mi golden retriever de 3 años, le sale con frecuencia una mancha en la mejilla que le duele, parece siempre húmeda y huele de una forma particular. El veterinario me ha dicho que es un eccema húmedo. ¿Qué significa eso?

Se trata de una infección cutánea localizada que provoca dolor. También se conoce como *hot spot*. La piel exuda un líquido purulento, y por eso se dice que es un eccema húmedo. Parece que los retrievers son propensos a padecerlo. Se cree que lo provocan las picaduras de los insectos, y en especial de las pulgas. El perro siente picores y, al rascarse, se provoca cada vez más inflamación y dolor. No cura por sí solo, de modo que es imprescindible llevar al perro al veterinario.

● Max, mi golden retriever castrado de 6 años, pesa 40 kg y, según el veterinario, está demasiado gordo. Me han dicho que tengo que darle menos de comer, pero ya le doy de comer sólo una vez al día. ¿Qué más puedo hacer?

Realmente, Max tiene un grave problema de sobrepeso: el peso normal de los golden machos suele estar entre 31,5 y 35 kg. Los perros castrados tienden a comer más y a convertir en grasa las calorías que ingieren. Para que adelgace, lo que debe hacer es darle menos calorías, no menos cantidad de comida. Pruebe a sustituir las galletas para mezclar por zanahorias crudas ralladas, o cocidas. Es importante que no tome nada entre comidas, ni siquiera las golosinas que se les dan como premio, sino comprimidos vitamínicos y trozos de verdura o de fruta. También debe hacer más ejercicio físico a partir de ahora.

▲ El golden retriever es un magnífico compañero, afectuoso y agradecido. Delicado y gentil por naturaleza, suele tener carácter equilibrado y con los niños es casi... una niñera. Le encanta el agua y disfruta como loco cuando lo llevan a nadar.

● Goldie, mi golden de 2 años, está muy delgada, aunque la verdad es que come mucho. El veterinario me ha dicho que no tiene ningún problema de salud. Todos los días la llevo a dar un largo paseo, pero nunca se cansa haga lo que haga, y está todo el día de aquí para allá. ¿Qué puedo hacer para lograr que engorde?

Parece que a Goldie le pasa justo lo contrario que a Max, es decir, que está tomando demasiado pocas calorías para la enorme cantidad de energía que despliega a diario. A veces nos preocupamos tanto de evitar la obesidad que se nos olvida que las necesidades energéticas pueden variar mucho de un individuo a otro. Un perro joven e hiperactivo como Goldie necesita ingerir muchas más calorías que un perro viejo y sedentario. Pruebe a alimentarla con un pienso especial para perros de trabajo o muy activos, que aportan calorías suplementarias.

Dálmata

UNA RAZA INCONFUNDIBLE debido al característico moteado de su manto. El origen de su nombre es todavía un misterio, ya que se sabe que no procede de la región croata de Dalmacia (antigua Yugoslavia). En el siglo XIX, se puso muy de moda entre las clases opulentas pasear en carruaje con un lujoso dálmata corriendo junto al vehículo y a su misma velocidad. El dálmata puede recorrer 48km diarios a la carrera por lo que, obviamente, es mucho más feliz viviendo en el campo que en la ciudad. Las personas interesadas en adquirir un dálmata deben saber que se trata de un animal que, además de necesitar gran cantidad de ejercicio físico, resulta difícil de controlar porque, aunque afables, suelen ser nerviosos y desobedientes. Para que exista una buena relación entre el perro y su propietario es esencial adiestrarlos a edad temprana, aconsejados por expertos adiestradores, y tratarlos con firmeza. Con el amo adecuado, pueden convertirse en fieles mascotas de todos los miembros de la familia. Les gusta jugar con los niños y son el perro de compañía ideal para todos los amantes del *jogging*.

Un defecto bastante extendido en la raza es la sordera. Entre un 15% y un 20% de todos los dálmatas que existen en Inglaterra son sordos de uno o ambos oídos, y en los Estados Unidos esta cifra alcanza el 30%. Los individuos más propensos a padecer sordera hereditaria son las hembras y los que tienen ojos parcial o totalmente azules, mientras que los que en vez de motas tienen manchas, considerados mucho menos hermosos, suelen disfrutar de una audición totalmente normal. A causa de esto, algunos expertos exigen que se cambie el *standard* (canon estético) de la raza, ya que actualmente los criadores suelen sacrificar a los cachorros manchados, impidiendo que se extienda este supuesto defecto en beneficio del moteado característico, lo que a su vez provoca la generalización cada vez mayor de la sordera hereditaria.

Blanco al nacer

El dálmata tiene un cuerpo musculoso y simétrico, con cabeza alargada. El manto es corto, tupido y muy lustroso. El color que predomina es el blanco puro y el moteado debe ser negro intenso o (con menor frecuencia) hígado, pero nunca negro e hígado a la vez. Los ejemplares considerados más hermosos tienen las motas muy bien distribuidas por el cuerpo y bastante separadas entre sí, de forma que nunca confluyan formando manchas compactas. Cuanto más definidas y circulares sean, más valorado será el ejemplar. Los cachorros nacen completamente blancos y el moteado aparece durante las primeras semanas de vida. La trufa es negra cuando las motas son negras y marrón, cuando son de color hígado. Los ojos, redondeados y con mirada inteligente, deben ser también de un color que combine con el del moteado. Orejas grandes, de forma redondeada, colgando cerca de la cabeza. Cola larga y ahusada.

Características de la raza

Esperanza de vida:	10-12 años
Altura de los ejemplares adultos (hasta la cruz):	machos, 58,5-61cm hembras, 56,5-58cm
Peso del perro adulto:	machos, 27kg hembras, 22,5kg

Temperamento: Vivaz, activo, vigoroso, excitable, siempre con ganas de divertirse. En manos de un propietario con experiencia, puede convertirse en un buen perro de compañía y adaptarse bien a la vida del hogar. Más adecuado para el entorno rural que para la ciudad.

PROBLEMAS DE SALUD HABITUALES

Elevada concentración de **ácido úrico** en la orina, un problema característico del dálmata (y del bulldog inglés) provocado por un ligero desorden hepático normalmente sin importancia. El problema llega cuando la concentración de ácido úrico en la orina alcanza niveles tan altos que cristaliza, formando piedras o cálculos en la vejiga urinaria. La prevención y tratamiento de este problema apenas difiere de los usuales en caso de formación de cálculos en la vejiga.

Sordera, un problema hereditario grave de algunos dálmatas. A partir de las cinco semanas de edad se puede realizar una prueba médica (conocida como BAER) para detectarlo. Puede afectar a uno o ambos oídos, y no tiene cura. Antes de utilizarlos como reproductores, hay que someterlos a un examen adecuado para descartar la enfermedad.

Nefropatía juvenil (fallo renal precoz), en algunos linajes de dálmatas. No existe ningún tratamiento efectivo.

Bronceado dalmático, una deficiencia metabólica que mancha de color tostado el manto de los dálmatas. Los perros afectados son propensos a sufrir graves irritaciones cutáneas e infecciones bacterianas.

Razas caninas

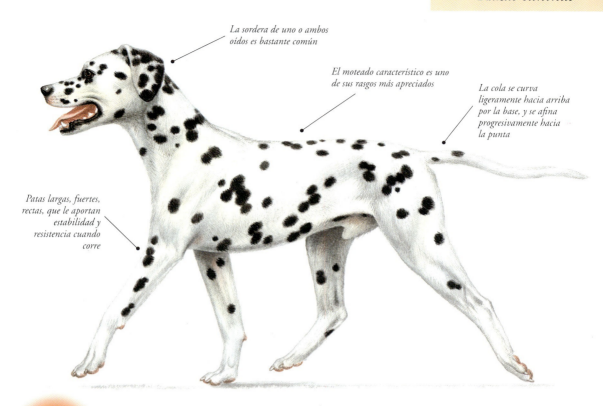

La sordera de uno o ambos oídos es bastante común

El moteado característico es uno de sus rasgos más apreciados

La cola se curva ligeramente hacia arriba por la base, y se afina progresivamente hacia la punta

Patas largas, fuertes, rectas, que le aportan estabilidad y resistencia cuando corre

P/R...

● Caspar, nuestro viejo doberman, acaba de morir. Nos gustaría tener otro perro pero, por respeto hacia Caspar, preferiríamos que fuese de otra raza. Nuestros hijos tienen ahora 7 y 9 años respectivamente. ¿Sería adecuado un dálmata?

Puesto que ya tienen experiencia con perros grandes, el dálmata puede ser una excelente opción, siempre que se ocupen de socializarlo y adiestrarlo desde cachorro. A los dálmatas les encanta el bullicio y la alegría propios de la vida familiar, y disfrutan jugando con los niños, pero necesitan tiempo y dedicación.

● Desde que vi la película 101 Dálmatas, he soñado con tener uno. El problema es que, aunque trabajo sólo a media jornada, tengo que estar fuera de casa cuatro o cinco horas cada día. ¿Sería mejor que adquiriese dos cachorros de la misma camada en vez de uno, para que se hiciesen compañía mutuamente?

Si en su casa no va a haber nadie que se ocupe de ellos las 24 horas del día, no es buena idea adquirir un cachorro de dálmata, ni mucho menos dos. Los dálmatas no soportan la soledad y tener dos cachorros significaría tener dos perros que se sienten solos a la vez. Si no dispone de tiempo para jugar con ellos y educarlos como necesitan, se sentirán insoportablemente aburridos y frustrados, y lo más probable es

▲ *Manto lustroso, cuerpo bien proporcionado, movimientos armoniosos: el dálmata es, definitivamente, un animal elegante. Aunque su nombre parezca indicar que procede de la antigua Yugoslavia, lo cierto es que la raza actual se creó en Inglaterra cruzando a los pointer con los bull terrier.*

que expresen sus sentimientos echando abajo la casa. Si de verdad desea tener un perro, ¿por qué no se plantea salvar a un perro adulto de la perrera? Allí podría elegir un animal con buen carácter que pudiera perfectamente quedarse solo en casa sin dar ningún problema durante varias horas.

● Queremos un cachorro hembra de dálmata pero, cuando fuimos a ver una camada, la única hembra tenía montones de manchas negras de forma irregular, en vez de puntitos. El propio criador nos aconsejó seriamente que no nos la quedáramos, pero la verdad es que esa perrita nos tiene encandilados a los dos. ¿Usted qué opina?

Actualmente, el standard de la raza sólo acepta los ejemplares con lunares redondos y muy bien definidos, y por eso el criador no la considera aceptable. Sin embargo, esa hembra manchada en vez de moteada corre mucho menor riesgo de padecer sordera hereditaria que cualquiera de sus hermanos. Si no la quieren para que gane concursos de belleza canina, no duden en llevársela a casa: ella es, probablemente, la flor y nata de su camada, al menos en lo que a salud se refiere.

Husky siberiano

CRIADO ORIGINARIAMENTE POR LOS INUIT nómadas del Ártico para tirar de sus trineos, el husky siberiano fue introducido en Norteamérica en el siglo XIX, por los traficantes de pieles rusos. Es una de las razas más activas que existen, y su ejercicio físico favorito es precisamente el arrastre. A falta de trineo, se conforma con la correa, así que quien se encargue de sacarlo a pasear debe ser bastante fuerte si no desea ser arrastrado como si de un trineo se tratase. A los husky les encanta correr, y parecen volverse sordos en cuanto se les suelta de la correa. Son tan rápidos que es fácil que se hayan alejado ya medio kilómetro cuando el propietario empieza a echarlos de menos. Y, si llegan a sentirse encerrados, saltan sin dificultad vallas y cercados muy altos, o incluso excavan túneles para escaparse.

En contrapartida, son muy fieles y adoran a los humanos. Fueron criados para trabajar en equipo con los demás perros de trineo y por tanto necesitan también la compañía de sus congéneres, por lo que necesitan convivir con al menos otro perro más para ser felices. En general, exigen pocos cuidados (no hace falta cepillarlos demasiado, son poco exigentes con la comida y no se muestran agresivos con los demás perros). Sin embargo, aunque rara vez ladran, conservan la costumbre de aullar como los lobos para convocar a su manada, lo que puede resultar desconcertante.

Los husky tienen dos necesidades absolutamente ineludibles: la primera, hacer ejercicio físico muy intenso con frecuencia y, la segunda, vivir en lugares fríos, frescos o, como mínimo, templados. Su cuerpo está adaptado para la vida del Ártico y jamás deberían vivir en lugares cálidos, ni deben ser expuestos al calor.

▼ *Infatigable, con cuerpo de lobo, nacido para trabajar en condiciones muy duras: el husky sólo es adecuado como perro de compañía para las personas que practican habitualmente mucho deporte.*

Cola semejante a la de un zorro

Manto de gran espesor, con una capa inferior muy tupida

Pies palmeados: los dedos permanecen unidos entre sí

Cuerpo musculoso con pecho muy ancho, como buen perro de tiro

Características de la raza

Esperanza de vida:	11-13 años
Altura de los ejemplares adultos (hasta la cruz):	machos, 53-58cm hembras, 51-56cm
Peso del perro adulto:	machos, 20-27kg hembras, 16-23kg

Temperamento: Extravertido y afable. Necesita la compañía de los humanos, y también la de otros perros. No soporta el calor.

Problemas de salud habituales

Glaucoma hereditario. La presión de los fluidos oculares se eleva mucho causa de un drenaje insuficiente. El globo ocular aumenta de volumen y produce dolor, lo que a su vez provoca inflamaciones y lagrimeo excesivo. La cirugía puede mejorar el drenaje, pero con frecuencia los daños sufridos son irrecuperables.

Distrofia de la córnea: aparece en la córnea (la parte transparente del ojo) una mancha blanca, a veces con forma de rosquilla, por acumulación de grasa. El husky puede ver a través de ella, y no pierde la visión aunque ambos ojos estén afectados. No suele desaparecer por sí sola, pero tampoco aumenta normalmente de tamaño.

Síndrome de Von Willebrand, enfermedad hereditaria de las plaquetas que provoca súbitas hemorragias sin causa aparente. Puede darse en esta raza, aunque no es demasiado frecuente.

Hemofilia A, un problema de coagulación de la sangre que puede provocar hemorragias prácticamente imposibles de cortar. El husky puede padecerlo, aunque es bastante raro en la raza.

Interconexión ventricular: un agujero —literalmente— en la pared musculosa que separa ambos ventrículos. Se trata de un enfermedad congénita muy grave que puede provocar fallos cardíacos. Se reconoce por el soplo que escucha el veterinario a través del estetoscopio durante el reconocimiento. Puede afectar al husky siberiano, pero es más bien raro.

Deficiencias nutricionales, si el perro se alimenta con piensos elaborados a partir de habas de soja, uno de los principales ingredientes de numerosas marcas comerciales. Recientes estudios científicos han detectado la incapacidad de esta raza de asimilar las proteínas de esta leguminosa.

Lobo pequeño y amistoso

La imagen del husky es impactante y llamativa debido a su aspecto de pequeño lobo con expresión vivaracha y mirada cordial. El manto puede ser de tonos muy diversos, y uno de sus rasgos más peculiares es el color de los ojos, que pueden ser avellana, azules, marrones o de varios tonos mezclados. A veces, el husky tiene un color diferente en cada ojo. El perfil de la cabeza es muy nítido, con un *stop* muy acusado entre la frente y el nacimiento del morro. Orejas triangulares implantadas muy altas y próximas entre sí, siempre erectas. La doble capa del manto lo mantiene perfectamente aislado del frío y la nieve. La capa interna es muy tupida, y la externa, suave y de mediana longitud. Su cola, cubierta de pelo largo y tupido, recuerda la de los zorros. Los pies son muy compactos y cubiertos de pelo, con dedos bastante unidos entre sí por la piel para impedir que el animal se hunda cuando camina sobre nieve. Aunque es un perro de tamaño medio, su pecho es muy ancho para alojar su potente corazón y sus magníficos pulmones, que le permiten atravesar considerables distancias a toda carrera sin fatigarse.

A pesar de su aspecto de lobo salvaje, el husky es sumamente dócil y nada agresivo con los seres humanos. Por esto mismo no resulta adecuado como perro de guarda y protección. Los huskys son vigorosos, infatigables y, normalmente, disfrutan de excelente salud, aunque pueden sufrir diversos trastornos hereditarios.

P/R...

● **Cada vez que suelto a Nannouk, ni husky hembra de 6 meses, de la correa, me es prácticamente imposible conseguir que vuelva por mucho que la llame. ¿Qué puedo hacer?**

No es fácil enseñar a un husky a regresar cuando se le llama. Muchos expertos en husky recomiendan que no se les suelte nunca de la correa. Ocho metros pueden bastar para proporcionar a Nannouk suficiente libertad de movimientos.

● **Mis vecinos se quejan de que Kolya, mi husky de un año, aúlla constantemente mientras estoy en el trabajo. ¿Hay alguna forma de evitarlo?**

Los husky se criaron como perros de jauría, para tirar de los trineos entre todos, y por naturaleza soportan muy mal la soledad. Tal vez deba plantearse adquirir otro perro para que haga compañía a Kolya cuando lo deja solo. Si no le es posible, podría pedir a alguien que se lo cuidase o buscar un cuidador perros profesional.

● **En verano nos gusta jugar a la pelota y hacer deporte al aire libre, y quisiéramos compartir con un perro la diversión. Nos han dicho que los husky son deportistas infatigables y amantes de los espacios abiertos. ¿Usted qué opina?**

Descártenlo. Los husky están hechos a vivir en climas muy fríos, y no les gusta cualquier clase de deporte. El calor los deprime y debilita y, si se acaloran, pueden incluso perder el conocimiento. Además, si lo sueltan de la correa, no pueden nunca estar seguros de que van a regresar cuando se les llame. En su caso, lo más recomendable es un retriever, o cobrado.

Labrador retriever

EL LABRADOR RETRIEVER ES UNA de las razas más populares en todo el mundo. Tienen muy buen carácter, normalmente les encantan los niños y son estupendas mascotas para todos los miembros de la familia, siempre que se les facilite todo el espacio y ejercicio físico que necesitan. Su deseo instintivo de cobrar (recuperar o traer) objetos y presas los convirtió en estupendos perros de caza. Sus poderosos músculos, unidos a su arrolladora energía, les permitían trabajar infatigablemente durante horas al aire libre, en terrenos escabrosos y condiciones climáticas adversas. Inteligentes y fáciles de adiestrar, actualmente desempeñan también funciones de perro lazarillo. Por desgracia, el aumento de la demanda causado por la creciente popularidad de esta raza ha provocado una cría masiva, y ésta, a su vez, la generalización de diversos trastornos de salud hereditarios que actualmente los criadores se están esforzando en erradicar.

Amante del agua

Esta raza se crió originariamente en Newfoundland, Canadá, donde eran utilizados por los pescadores de la zona para subir las redes ya cargadas de peces. Adoran el agua y no desaprovechan ninguna oportunidad para darse un buen chapuzón y nadar. Su manto los aísla de la humedad y les permite nadar en agua helada durante el invierno sin enfriarse. Uno de los rasgos más característicos del labrador retriever es su fuerte cola, semejante a la de las nutrias, que utilizan a modo de timón cuando nadan. Es una cola de tamaño mediano, no plumosa, pero sí densamente cu-

Cuello largo y musculoso

Pelo corto (de color chocolate en la ilustración) y tupido que aísla perfectamente de la humedad

Propenso a sufrir displasia de cadera hereditaria

Patas delanteras muy rectas, provistas de fuertes huesos

Razas caninas

bierta de pelo, que mueven de forma muy expresiva cuando tratan de comunicarse con los humanos o con otros perros.

El labrador tiene una complexión muy robusta, pecho muy ancho y cuartos traseros anchos, musculosos y bien desarrollados. Si no hace suficiente ejercicio físico, engorda con facilidad. Manto corto, liso y muy tupido de un solo color, que puede ser negro, rubio o chocolate. El pelo que recubre las orejas, patas y cola no es plumoso, sino áspero y duro. Si el labrador vive en una casa con calefacción y permanece mucho tiempo bajo techo, tiende a soltar pelo en mayor o menor medida durante todo el año.

Tiene cabeza robusta, de líneas muy definidas, y mandíbulas fuertes. La trufa puede ser negra o marrón, dependiendo el color del manto. Las orejas, implantadas muy atrás y relativamente bajas en el cráneo, cuelgan casi tocando la cabeza, no las mejillas. Los ojos suelen ser marrones o avellana, con mirada dulce y cordial. El rostro del labrador, en su conjunto, tiene una expresión muy característica, al mismo tiempo vivaracha, inteligente, amable y jovial.

◀ Son muchas las virtudes del labrador: inteligencia, buen carácter, paciencia... es un trabajador nato, sumamente fiable, y un magnífico perro-guía para los invidentes.

P/R...

● **Tammy, mi cachorro de labrador de 6 meses, ha empezado a cojear de la pata trasera izquierda y el veterinario dice que tal vez tenga displasia de cadera. Le va a hacer una radiografía para confirmar el diagnóstico, pero quiere ponerle anestesia general para hacérsela. ¿Cree que debo aceptar?**

Para confirmar el diagnóstico es absolutamente imprescindible tomar radiografías, y para ello Tammy tendrá que estar tendida sobre el lomo, con las patas traseras extendidas y sin moverse. Esto sólo se puede conseguir con anestesia general. Pero la anestesia que se utiliza actualmente es muy segura y la perra estará de nuevo en danza a las pocas horas.

● **Tengo una labrador rubia de dos años, Bliss, y me gustaría que criase para quedarme con uno de los cachorros. Un vecino que tiene un labrador negro me ha sugerido que los juntemos a los dos. ¿Será buena idea? ¿De qué color pueden salir los cachorritos?**

Si un labrador negro se aparea con otro rubio, nacerán algunos cachorros rubios y otros cuantos negros. Pero el temperamento de ambos progenitores también es muy importante. ¿Conoce bien al otro perro? ¿Lo considera equilibrado y fiable? Por otra parte, debe pedir a su veterinario que haga a Bliss una radiografía para comprobar que no padece displasia antes de que se ponga en celo, y también que examine sus ojos con el oftalmoscopio. Y exija a su vecino que realice las mismas pruebas con el labrador negro antes de permitir que cubra a su perra.

Características de la raza

Esperanza de vida:	10-12 años
Altura de los ejemplares adultos (hasta la cruz):	machos, 56-57cm hembras, 54-56cm
Peso del perro adulto:	machos, 30,6kg hembras, 28,4kg

Temperamento: Amable, delicado, leal, afable y muy de fiar. Amigo de los niños. Le gusta la vida familiar, pero necesita espacio y hacer ejercicio físico con regularidad.

PROBLEMAS DE SALUD HABITUALES

Entropión (párpado vuelto hacia adentro), un problema que aparece de vez en cuando en los cachorros. El borde del párpado se dobla hacia adentro, y las pestañas erosionan la superficie del ojo y provocan irritaciones. Los ojos se inflaman, duelen y están siempre húmedos a causa del lagrimeo constante. Con frecuencia permanecen cerrados. Tratamiento quirúrgico.

Atrofia progresiva de la retina (APR): degeneración progresiva de la retina que puede provocar ceguera total en el perro. Los perros afectados jamás deben utilizarse como reproductores, sea cual sea su sexo.

Cataratas: opacidad progresiva del cristalino de uno o ambos ojos. La pupila aparece grisácea o blanca, en vez de negra. En los casos avanzados, el cristalino adquiere un aspecto perlado y el perro puede perder la visión. Las cataratas pueden ser hereditarias o haber sido provocadas por *diabetes mellitus* o traumatismos.

Displasia de cadera: desarrollo anormal de una o ambas articulaciones de la cadera durante el crecimiento. Los síntomas pueden no empezar a manifestarse hasta la edad adulta, y pueden consistir en anquilosamiento de la articulación al despertarse, una forma de andar característica (dando pequeños saltos, como una liebre) o cojera. Para minimizar la probabilidad de que su perro la sufra, compruebe el estado de la cadera de ambos progenitores antes de adquirir el cachorro y no permita que éste haga excesivo ejercicio (no significa que no pueda moverse) mientras se está desarrollando, es decir, hasta después de los seis meses de edad como mínimo.

Osteocondrosis disicans (OCD): enfermedad que afecta a los cartílagos de una o varias articulaciones antes de que el cachorro cumpla un año de edad. Suele ser necesario operar.

Epilepsia, más frecuente en los labrador retriever que en muchas otras razas caninas. Normalmente los síntomas pueden evitarse administrando fármacos anticonvulsivos.

Chow chow

SE CREE QUE LOS CHOW CHOW proceden de China, donde eran utilizados como perros de cazador, de pastor, de tiro y como perros guardianes. Son reservados por naturaleza y pueden parecer excesivamente fríos, aunque son capaces de establecer lazos afectivos muy estrechos y duraderos con su propietario. Son perros de un solo amo y defienden con bravura a éste o su territorio si alguien lo pone en peligro o lo molesta.

Este rasgo de su carácter puede dar no pocos problemas y, si no se adiestran cuidadosamente, pueden ser animales muy difíciles de controlar. Si de cachorros no se benefician de una socialización muy intensa, pueden desarrollar una conducta exageradamente territorial. El hecho de ser perros de un solo amo puede hacer difícil el trato con los demás seres humanos, o con sus propios congéneres. Como son silenciosos, no avisan como los otros perros a los desconocidos antes de lanzarse sobre ellos, y por tanto no les dan tiempo suficiente para huir. Tener los ojos tan hundidos limita mucho su campo visual, por lo que es recomendable aproximarse siempre a ellos de frente. Son muy propensos a sufrir problemas oculares.

Un buen abrigo para protegerse del frío

El chow chow tiene un manto muy grueso, con pelo semilargo, duro o suave, que necesita ser cepillado a conciencia diariamente. El color más habitual es el rojo, aunque también hay chow-chows negros, azules y beige. Es una de las razas que más sufren a causa del calor. Soportan mejor el verano si se les baña con más frecuencia. Llevan la cola curvada sobre el lomo, lo que supone un problema adicional en tiempo cálido, ya que el calor se acumula en la zona cubierta por la cola, provocando irritaciones cutáneas. Las patas traseras son muy rectas, lo que les confiere cierto aire de rigidez al caminar. Su rostro recuerda el de los osos, con pequeñas orejas tiesas que se balancean hacia delante y hacia atrás. Ojos pequeños, oscuros y almendrados.

Es el la única raza canina que tiene la lengua azul o negra. Los profesores de veterinaria a veces ponen a prueba a sus alumnos pidiéndoles que examinen la lengua de un chow-chow anestesiado, ya que, en cualquier otra raza canina, el color de la lengua del chow-chow es síntoma de un fallo cardíaco o circulatorio.

Características de la raza

Esperanza de vida:	10 años
Altura de los ejemplares adultos (hasta la cruz):	machos, 48-56cm hembras, 43-51cm
Peso del perro adulto:	machos, 27kg hembras, 25kg

Temperamento: Perro de un solo amo, de carácter independiente, que necesita mano firme para no descontrolarse. No siempre es adecuado como mascota familiar, porque a veces no soporta a los niños. Sólo necesita hacer ejercicio moderado.

PROBLEMAS DE SALUD HABITUALES

Entropión (párpado vuelto hacia adentro): es el trastorno hereditario más frecuente en esta raza, y suele aparecer durante la etapa de crecimiento. La cría selectiva ha subrayado la forma característica de sus ojos, y esto significa que uno o varios párpados tienden a ser excesivamente carnosos. El borde del párpado se dobla hacia adentro, y las pestañas erosionan la superficie del ojo y provocan irritaciones y constante lagrimeo. Los ojos afectados con frecuencia permanecen cerrados. Tratamiento quirúrgico. Antes de comprar un cachorro, compruebe que sus dos progenitores están libres de este defecto.

Displasia de cadera, muy común en los chow-chows, un desarrollo anormal de una o ambas articulaciones de la cadera durante el crecimiento. Los síntomas pueden no empezar a manifestarse hasta la edad adulta, y pueden consistir en anquilosamiento de la articulación al despertarse, cojera o una forma de andar característica (dando pequeños saltos, como una liebre). Para minimizar la probabilidad de que su perro la sufra, compruebe el estado de la cadera de ambos progenitores antes de adquirir el cachorro y no permita que éste haga ejercicio físico muy intenso hasta después de los seis meses como mínimo.

Luxación de rodilla (dislocación de la rótula) provocada por una malformación de los huesos. Suele dislocarse hacia el interior de la pata, provocando cojera grave en el perro. El veterinario intenta colocarla en su posición normal tirando con suavidad del pie para estirar completamente la pata trasera, mientras presiona frontalmente la rodilla. Si el problema se repite con cierta frecuencia, suele ser necesario operar.

Miotonía hereditaria, un trastorno muscular bastante raro. Los cachorros empiezan a cojear de las patas traseras entre las 8 y 12 semanas de vida, aproximadamente, y con frecuencia caminan a saltos, como una liebre, aunque a veces son incapaces por completo de andar. Puede tratarse con fármacos, y los cachorros muchas veces se recuperan por completo.

Razas caninas

Ojos hundidos, con escasa visión periférica

Cola larga y muy abultada por el pelo, como el manto. La llevan rizada sobre el lomo.

Lengua azul o negra, aunque el perro goce de excelente salud

Manto muy abundante y de gran espesor, para soportar las bajas temperaturas

P/R...

● **Charlie, mi chow-chow de un año, ha empezado a gruñir a toda la gente que ve en la calle. ¿Qué puedo hacer?**

Charlie sabe que está alcanzando la madurez sexual y social, y ahora trata de imponerse y hacerse respetar como macho adulto. Debe impedir que se vuelva demasiado dominante y también que se sienta excesivamente ligado a usted, porque esto podría llevarle a mostrarse agresivo con cualquier otro ser viviente. Cada vez que, en la calle, pase alguien cerca de usted y del perro, déle una golosina. Si el viandante parece amable, pídale que le ofrezca la golosina él/ella mismo/a. Además de premiarlo, felicítelo por su buen comportamiento. Debe mostrarse un poco más fría con Charlie a partir de ahora.

● **Un amigo me ha dicho que la lengua de mi chow-chow está demasiado azul y que podría tener algún problema de corazón. Tiene buen aspecto, y se lo pasa muy bien siempre que sale a dar un paseo. ¿Debería llevarlo al veterinario?**

▲ El pelaje que envuelve el cuello del chow-chow recuerda la melena de los leones, y su rostro, la cara de los osos. Aunque en China era muy utilizado como perro de trabajo, nunca llegó a ser domesticado del todo, aunque es un perro muy ligado a su propietario (siempre una sola persona).

No tiene por qué. Todos los chow-chow tienen las encías y la lengua de color azul oscuro.

● **Vivo sola y me estoy planteando tener un perro. Me gustaría que fuese lo suficientemente fuerte como para hacer de perro guardián, pero también poder llevármelo conmigo cuando salgo a hacer jogging. ¿Sería adecuado un chow-chow para mí?**

Por una parte, sí. Son perros de un solo amo y tienen un instinto de protección muy desarrollado. Aunque no suelen comportarse de forma agresiva, no dudan en defender a su propietario y su hogar frente a cualquier peligro. Pero, por otra parte, no son adecuados para acompañar a su amo cuando sale a hacer jogging, a causa de su pelaje.

Springer spaniel inglés

Los problemas oculares son bastante frecuentes en esta raza

Orejas largas y muy cubiertas de pelo que necesitan ser peinadas y cepilladas cuidadosamente

Pelo largo y plumoso

EL SPRINGER SPANIEL FUE CRIADO para levantar (hacer saltar) la caza de pluma, y esa fue su utilidad al menos hasta principios del siglo XVII. Ha sido retratado con frecuencia en las escenas de caza y en los cuadros que representan la vida doméstica de aquella época. El springer spaniel es un trabajador infatigable, y le encanta el agua. Es difícil que se resista a la tentación de zambullirse cada vez que ve un estanque, o un río. Su carácter leal y complaciente lo convierte en una mascota ideal para toda la familia, pero es preciso adiestrarlo con firmeza para mantener sus instintos de caza bajo control. Se adapta bien al entorno urbano, pero necesita hacer mucho ejercicio. Es muy indicado como perro de compañía para familias jóvenes y activas, que lo lleven a dar largos paseos con frecuencia, pero necesita tiempo y dedicación porque, si no se le permite desplegar su energía y utilizar su inteligencia, se aburre terriblemente y puede comenzar a destrozar cosas. Aunque los springer spaniel suelen ser saludables, robustos y vigorosos, son propensos a padecer numerosos trastornos hereditarios.

▲ *El springer spaniel inglés es el clásico perro deportista, activo y desbordante de energía. Si el amo quiere, él no tiene ningún problema en marchar campo través por terrenos escabrosos durante todo el día. Es un estupendo perro de compañía para cualquier familia activa y dinámica.*

Nacido para la acción

Es un perro de tamaño mediano y cuerpo macizo y robusto, hecho para seguir a las partidas de caza durante todo el día por terrenos abruptos. Su paso largo y con empuje le permite desplazarse con rapidez y sus fauces, cortas y fuertes, están hechas a la medida de la caza de pluma. El manto, liso y muy espeso, con pelos largos y plumosos en las patas y cola, necesita ser cepillado cuidadosamente, sobre todo si el perro ha estado corriendo sobre hierba alta o matorrales. Los colores más frecuentes son hígado y blanco o negro y blanco, con o sin manchas marrones. Ojos bien separados, ovalados, con expresión muy viva. Orejas colgantes típicas de los spaniel, muy cubiertas de pelo, implantadas bastante bajas, que caen sobre las mejillas casi tocándolas.

Razas caninas

Características de la raza

Esperanza de vida:	11-12 años
Altura de los ejemplares adultos (hasta la cruz):	machos, 51cm hembras, 48cm
Peso del perro adulto:	machos, 22,5kg hembras, 18kg

Temperamento: Amistoso. Aprende con facilidad. Le gustan los niños y la vida familiar, pero necesita espacio y tiempo para hacer ejercicio.

PROBLEMAS DE SALUD HABITUALES

Atrofia progresiva de la retina (APR): degeneración progresiva de la retina (hereditaria) que puede provocar ceguera total en el perro. No hay tratamiento. La enfermedad puede detectarse por medio de ciertas pruebas y los perros afectados jamás deben utilizarse como reproductores.

Displasia de retina, defecto ocular hereditario que hace que se formen pliegues en la retina. Los síntomas oscilan desde una ligera pérdida de agudeza visual hasta la ceguera total.

Glaucoma: la presión de los fluidos intraoculares se eleva, provocando dolores, inflamación y lagrimeo excesivo. Es necesario operar. Si no se trata, el perro puede quedar ciego y perder el ojo afectado.

Entropión (párpado vuelto hacia adentro): suele afectar a los cachorros. El borde del párpado se dobla hacia adentro, y las pestañas erosionan la superficie del ojo, irritándolo. Los ojos afectados se inflaman, lloran y con frecuencia permanecen cerrados. Hay que operar.

Fucidosis canina, una enfermedad del sistema nervioso rara, pero progresiva y que acaba provocando la muerte del animal. Afecta los perros ya adultos, pero todavía jóvenes. Es hereditaria en los springer spaniel ingleses. Hasta ahora sólo se han registrado casos en Gran Bretaña y Australia. Los síntomas, entre los que se incluyen falta de coordinación, pérdida del comportamiento aprendido, sordera, deterioro de la visión y depresión, va empeorando progresivamente durante varios meses. No hay ningún tratamiento eficaz para combatirla. Es posible detectar a los portadores de esta enfermedad hereditaria por medio de un análisis de sangre.

Displasia de cadera, desarrollo anormal de una o ambas articulaciones de la cadera que puede no detectarse hasta los primeros años de la edad adulta. Los síntomas más frecuentes son anquilosamiento de la articulación al despertarse, una forma de caminar característica (dando pequeños saltos, como una liebre) y cojera. Para minimizar la probabilidad de que su perro la sufra, compruebe el estado de la cadera de ambos progenitores antes de adquirir el cachorro y no permita que éste haga ejercicio físico intenso hasta después de los seis meses como mínimo.

Acalasia, un engrosamiento del músculo que cierra el paso del esófago al estómago que obliga al perro a regurgitar el alimento ingerido. El esófago no puede vaciar por completo su contenido en el estómago, y va ensanchándose de forma progresiva. Los perros afectados tienen que comer en recipientes colocados a la altura de la cabeza para evitar que regurgiten. El problema es más habitual en el springer spaniel inglés que en la mayor parte de las otras razas caninas.

P/R...

● *Cada vez que suelto a Taylor, mi springer spaniel, se va derecho al estanque para bañarse, incluso cuando el agua está medio congelada ¿No se enfriará?*

Esta actitud es completamente normal en un springer spaniel. Cuando hace calor, no hace falta preocuparse de secarlo, aunque tampoco está de más secarle el interior de las orejas con una toalla. Pero, cuando hace frío, es necesario frotarles el cuerpo entero con la toalla, porque si no se quedan helados. Algunas personas llevan en el coche una bolsa-albornoz para el perro, es decir, una bolsa muy grande y holgada de felpa con una abertura que se ajusta con un cordón. Cuando el perro sale del agua, basta con meterlo dentro de esta bolsa y ajustar el cordón en la base del cuello, dejando fuera la cabeza y el cuello del animal. Por lo visto, a los perros les encanta este invento y, desde luego, con él entran enseguida en calor.

● *El verano pasado, estaba paseando con Rocket, mi springer spaniel inglés cuando, de pronto, empezó a agitar la cabeza de forma muy violenta. Lo llevé a la clínica y el veterinario encontró una semilla de una herbácea que se le había metido en el oído. Para extraerla, tuvieron que anestesiarlo. ¿Qué puedo hacer para evitar que esto no vuelva a ocurrir?*

Después de pasear con un spaniel entre hierba alta o maleza en verano, siempre hay que examinar atentamente su manto, sus orejas y sus patas, para ver si se le han adherido semillas de herbáceas o garrapatas durante el paseo.

● *Cuando fui a elegir un cachorro de springer spaniel inglés me quedé muy sorprendido al ver que toda la camada tenía la cola muy larga. Yo siempre había creído que los springer spaniel nacían con la cola corta, porque nunca había visto ningún ejemplar con la cola larga. Si adquiero un cachorro de springer, ¿tendré que hacer que se la corten?*

No. Antiguamente se les amputaba la cola cuando tenían sólo tres días de vida, porque era más práctico en un perro de trabajo. Los perros necesitan la cola para comunicarse, para mantenerse en equilibrio y para que les sirva de timón cuando nadan. Como actualmente suelen utilizarse como perros de compañía, no hay ninguna necesidad de cortarles la cola, aunque algunas sociedades caninas exigen todavía la amputación a los perros que participan en concursos y exposiciones.

171

Staffordshire bull terrier

A PRINCIPIOS DEL SIGLO XIX, los criadores del condado de Staffordshire, en Inglaterra, crearon esta raza cruzando los terrier con los bulldog para combinar la agilidad de los primeros con la potencia muscular de los segundos. Los *stafford* se hicieron muy pronto populares tanto dentro como fuera del *ring*. Aunque las peleas de perros son ilegales en Inglaterra desde 1835, la raza se había hecho tan popular en esta fecha que continuó criándose aunque ya no existía el deporte para el que fue creada. Su sangre de terrier los seguía haciendo muy útiles como perros ratoneros.

Después, los criadores fueron eliminando de la raza los instintos de lucha y potenciando las cualidades que lo hacían más apto como perro de compañía. Actualmente, la raza sigue siendo muy valiente, pero sobre todo amiga de los humanos: amables, amistosos y amantes de los niños. Los stafford no temen a nada, y no dudan en salir a investigar si oyen cualquier ruido extraño, sin mostrar timidez ni aprensión alguna. No toleran que ningún otro perro se les suba mínimamente a las barbas y tienen fama de ser muy camorristas, por lo que no se les debe soltar de la correa si hay otros perros cerca. El stafford necesita ser adiestrado con mano firme desde muy joven, y es preferible que su propietario tenga experiencia previa educando perros.

Aunque tienen un cuerpo muy macizo, son lo bastante pequeños como para poder vivir en un piso, pero necesitan hacer mucho ejercicio físico. Tienen el pelo muy corto y sólo necesitan un cepillado ligero de vez en cuando.

▲ El staffordshire disfruta mucho jugando con su amo. Cuanto más agotadores sean los juegos, mejor. Con una complexión tan achaparrada, es imprescindible hacer mucho ejercicio y llevar una dieta equilibrada.

Características de la raza

Esperanza de vida:	10-12 años
Altura de los ejemplares adultos (hasta la cruz):	36-41cm
Peso del perro adulto:	machos, 13-17kg hembras, 11-15kg

Temperamento: Leal y cariñoso, siempre que haya sido socializado y adiestrado adecuadamente. Amigo de los niños y amante de la vida familiar, pero necesita espacio y tiempo para hacer ejercicio físico. Buen perro guardián, pero puede mostrarse agresivo con los demás perros. Su temperamento y su considerable fuerza física no lo hacen aconsejable para los propietarios sin experiencia.

PROBLEMAS DE SALUD HABITUALES

Hiperplasia vítrea primaria persistente, un raro problema ocular más frecuente en esta raza que en cualquier otra. Parte de los tejidos primarios del ojo se conservan aún, causando problemas de visión. Se distingue una mancha opaca detrás del cristalino que semeja una catarata, pero está irrigada por vasos sanguíneos. No existe ningún tratamiento eficaz contra la enfermedad, pero los perros afectados no suelen perder la visión por completo.

Cataratas: opacidad progresiva del cristalino de uno o ambos ojos. La pupila aparece grisácea o blanca, en vez de negra. En los casos avanzados, el cristalino adquiere un aspecto perlado y el perro puede perder la visión. En el staffordshire bull terrier, las cataratas pueden ser hereditarias o haber sido provocadas por *diabetes mellitus* o traumatismos. A veces es necesario operar para remediar el problema.

Puro músculo

Físicamente, el staffordshire es la encarnación de la fuerza bruta. Su cuerpo es una masa compacta de músculos y huesos, y tal vez la palabra que mejor lo describa es «cuadrado», por su ancho lomo, su ancha cabeza y cara, su pecho ancho. El staffordshire tiene el pelo liso y suave y el color varía mucho, ya que puede ser rojo, beige, azul, negro, blanco o manchado, o de cualquiera de estos colores combinado con blanco. La cabeza es muy corta, con morro corto y músculos faciales fuertes y bien definidos. Los ojos, más bien juntos, que parecen mirar siempre hacia delante, son oscuros y redondos y, las pequeñas orejas, enderezadas por la base y después dobladas hacia abajo. Las fauces de un staffordshire son muy fuertes y sus dientes grandes. Cola recta, de mediana longitud y ahusada.

La complexión achaparrada del staffordshire lo hace propenso al sobrepeso, pero esto se puede evitar alimentándolo sólo con pienso y no sobrepasando en ningún caso las cantidades recomendadas para su peso y edad, y haciéndolo correr bastante, al menos una vez al día.

P/R...

● **Mi staffordshire, Winston, acaba de cumplir un año y ya es tan fuerte que, cuando lo llevo sujeto con la correa, pega unos tirones que por poco no me arranca el brazo. ¿Sería mejor si cambiara su collar por un arnés?**

No: con el arnés sería peor aún. Lo que necesita es un collar con ronzal, es decir, con una banda de sujeción alrededor del cuello y otra alrededor del morro. La correa se engancha en la banda que rodea el morro y la tensa suavemente cada vez que la persona que pasea al perro tensa la correa. Además, permite hacer que el perro gire la cabeza y, si éste pierde de vista el lugar hacia donde pretendía dirigirse, deja de hacer fuerza.

● **Nos gustaría tener un staffordshire bull terrier, pero tienen fama de asesinos de gatos, y nosotros tenemos dos en casa. ¿Qué nos aconseja?**

Ciertamente, los staffordshire cazan gatos, y pueden herirlos o matarlos, pero normalmente sólo cuando no los conocen. Los gatos que viven en la misma casa son parte de la familia. Lo que despierta su instinto predador es la huida de la presa. Si adquieren un staffordshire de entre 6 y 8 semanas de edad, el perro crecerá entre ellos y se acostumbrará a su presencia.

◀ A pesar de su baja estatura, el staffordshire tiene una fuerza enorme. Pocos bull terrier son tan sociables con los humanos como el de staffordshire, que nunca suele mostrarse agresivo con personas, aunque tal vez sí con sus congéneres.

Ojos propensos a padecer ciertos trastornos hereditarios

Manto corto y fácil de cepillar, de colores diversos

Complexión robusta y musculosa, con pecho y lomo muy anchos

Razas caninas

Cocker spaniel ingleses y americanos

Orejas largas, cubiertas de pelo largo y sedoso en ambas razas

El cocker inglés tiene el pelo más corto que el americano

COCKER SPANIEL INGLÉS

ENTRE TODOS LOS PERROS DE TRABAJO de tipo spaniel, los cocker son las raza de menor talla, y también los más populares. Originariamente se criaron como perros de caza, y se utilizaban para levantar las becadas (chochas). A estas aves, precisamente, alude el nombre de estas razas, ya que al principio se les denominó «*cocking spaniels*». Existen dos razas de cocker spaniel: los originales ingleses, utilizados principalmente como perros de caza, y la americana, que fue reconocida como raza independiente en 1946.

Los cocker suelen ser muy fáciles de adiestrar, pero necesitan tiempo y dedicación. Tienen que hacer mucho ejercicio, y también necesitan emplear su inteligencia y, si no se les facilitan entretenimientos mejores, probablemente se dediquen a sacar todo tipo de cosas de su sitio, poniendo la casa patas arriba. Si se controla su hiperactividad, son mascotas cariñosas, bien educadas y normalmente amantes de los niños. Por imprudencia de los criadores, existen numerosos problemas de salud hereditarios asociados a esta raza. Antes de adquirir un cachorro de cocker, exija que le muestren una copia de la ficha médica de ambos progenitores.

Dos razas casi iguales

Las dos razas de cocker son muy similares, aunque el americano tiene menor alzada y longitud y la frente algo más abovedada. En ambos, la línea del lomo desciende suavemente desde la cruz hasta el nacimiento de la cola, y la cola es ahusada y plumosa (desfilada). Pelo liso y sedoso, no rizado, y plumoso (desfilado) en las patas, tronco y cola. El manto puede ser de un solo color, con variedad de tonos (negro, dorado, rojo o crema), o de varios tonos mezclados, como azul-roano (blanco, gris y bayo o blanco amarillento), naranja y blanco, o negro y blanco. Morro cuadrado y *stop* bien definido, a igual distancia de la trufa que de la coronilla. Ojos vivarachos e inteligentes, normalmente de color marrón oscuro, aunque también pueden ser avellana oscuro si el manto del perro es de ciertos tonos determinados. Orejas implantadas muy bajas, muy largas y colgantes, recubiertas de pelo liso y sedoso. El cocker, como todos los spaniel, es propenso a padecer infecciones de oído, por lo que conviene secar sus orejas cada vez que el perro se moje. También se debe impedir que el pelaje se enrede y forme nudos, y conviene recortarlo dos veces al año para que el pelo se renueve y el manto tenga buen aspecto.

● Jodie, mi cocker spaniel hembra, tiene ahora 6 meses. Tengo intención de castrarla dentro de poco, pero su criador me ha dicho que si lo hago, se le encrespará el pelo. ¿Es verdad?

Parece ser que a algunas hembras de cocker les cambia el aspecto del manto después de castrarlas. El pelo se vuelve más fino, rizado y crespo, y no hay forma de saber si ocurrirá o no en una hembra. Los cocker con manto encrespado no pueden participar en concursos de belleza canina.

● Sunflower, mi cocker inglés de 1 año, se puso de repente a gruñirme y hasta trató de morderme sin motivo aparente y, sólo un minuto después, volvió a comportarse como si no hubiera pasado nada. ¿Qué le pasó?

Los cocker spaniel ingleses ya adultos, pero jóvenes aún, son propensos a padecer una enfermedad hereditaria que se llama vesania, asociada a ejemplares que tienen el manto dorado. El perro se muestra agresivo súbitamente y sin la menor provocación. El único indicio de que está a punto de atacar es que mira con los ojos velados, y a veces llega a asustar mucho. Aún no se conocen bien las causas de la enfermedad, pero la terapia de la conducta a controla sus síntomas.

Razas caninas

Frente más abovedada y morro más corto en el cocker americano

◀ *El cocker se ha hecho popular gracias a su carácter amistoso y juguetón. La variedad americana, criada desde un principio como perro de compañía, es algo más pequeña que la inglesa.*

Lomo más corto que el de la variedad inglesa

Cola plumosa, desfilada, en ambas variedades o razas. La llevan recta, y la agitan de forma muy enérgica

COCKER SPANIEL AMERICANO

Características de la raza

Esperanza de vida: 11-13 años

Altura de los ejemplares adultos (hasta la cruz):
Americano: machos, 37-39cm
hembras, 34-37cm
Inglés: machos, 40,5-43cm
hembras, 38-40,5cm

Peso del perro adulto:
Americano: machos, 12-13kg
hembras, 11-12kg
Inglés: Machos, 13-15,5kg
Hembras, 12-14,5kg

Temperamento: Amistoso y complaciente. Ambos son adecuados como mascota familiar. Se llevan bien con los niños. Necesitan espacio y tiempo para hacer ejercicio. Aunque por regla general son perros saludables y de buen carácter, pueden sufrir diversos trastornos hereditarios asociados a su raza (sobre todo problemas oculares).

Problemas de salud habituales

Atrofia progresiva de la retina (APR): degeneración progresiva de la retina hereditaria que puede provocar ceguera total en el perro. Aún no se ha descubierto ningún tratamiento eficaz. La enfermedad puede detectarse por medio de ciertas pruebas y los perros afectados no deben utilizarse como reproductores.

Entropión (párpado vuelto hacia adentro): suele afectar a los cachorros. El borde del párpado se dobla hacia adentro, y las pestañas erosionan la superficie del ojo, irritándolo. Los ojos afectados se inflaman, lloran y con frecuencia permanecen cerrados. Es preciso operar.

Persistencia de la membrana pupilar: los tejidos permanecen adheridos al iris, causando problemas de visión.

Glaucoma: la presión de los fluidos intraoculares se eleva, provocando dolores, inflamación y lagrimeo. Es necesario operar.

Distiquiasis: crecimiento de pestañas suplementarias a lo largo del borde del párpado. Éstas erosionan la superficie del globo ocular, irritándolo.

Nefropatía juvenil (fallo renal precoz), en algunos linajes de cocker. No existe ningún tratamiento eficaz para combatirla.

Vesania, que afecta a algunos cocker ingleses cuando alcanzan la madurez sexual.

Beagle

Estrechamente emparentado con el foxhound, la historia del beagle se remonta 600 años atrás, cuando se utilizaba como perro de jauría para rastrear y cazar liebres. Cuando olfatea, adopta una postura muy característica, con la trufa casi pegada al suelo y la cola alzada, como en las partidas de caza. El beagle es un perro testarudo que sabe muy bien lo que quiere, y convencerlo para que obedezca a su amo en vez de a sus instintos de caza no es tarea fácil. Si lo sueltan de la correa, lo más probable es desaparezca en un abrir y cerrar de ojos, siguiendo el rastro de un olor descubierto cuando exploraba los setos o las zanjas. Para acostumbrarlo a obedecer y evitar que se ausente sin permiso durante los paseos por mucho tiempo, sin hacer el menor caso del grito o silbido de su propietario, es preciso empezar a adiestrarlo y tratarlo firmeza desde muy joven.

Amistoso, juguetón y muy activo

Las principales cualidades del beagle como mascota son su falta absoluta de agresividad (ni hacia los humanos ni hacia sus congéneres) y su carácter retozón y dinámico. El beagle se apunta a todo, y no es el perro de compañía más adecuado para los indolentes y los flojos. Necesita hacer ejercicio intenso todos los días, y retozar y divertirse a menudo, para liberar parte de su arrolladora energía. No soporta permanecer demasiado tiempo en recintos estrechos o en espacios cerrados, dentro de la casa, y es propenso a engordar si come más de la cuenta y hace menos ejercicio del necesario.

Es un excelente perro guardián pero, como casi todos los perros de jauría, suele deprimirse y echar mucho de menos a su amo cuando se queda solo, y lo expresa aullando lastimeramente. Aunque el tono de su voz resulta bastante menos molesto que el de la mayoría de los perros, no es bueno conformarse y dejarlo aullar, porque realmente el beagle no ha sido creado para estar solo. Si no es posible que alguien se quede en casa con él la mayor parte del día, la única opción es adquirir otro perro, para que se acompañen mutuamente.

El beagle actual es de mayor tamaño que sus antepasados. Los beagle cazadores podían medir sólo 28cm (lo bastante pequeños como para caber en un bolsillo espacioso o en la alforja del cazador). Cuando no los transportaban de este modo, acompañaban a los cazadores a pie. La raza actual abarca tamaños y apariencias tan diversos que muchas sociedades caninas reconocen distintas variedades dentro de la misma raza (la Sociedad Nacional de Criadores norteamericana reconoce dos variedades atendiendo al tamaño). El beagle parece un foxhound en miniatura, y en su aspecto robusto aún se refleja la resistencia física de sus antepasados, que pasaban el día entero en el monte sin descansar y sin que les afectasen las inclemencias del tiempo. El beagle es una raza que soporta el calor más agobiante o el frío más intenso indistintamente, sin inmutarse.

El manto del beagle es de gran espesor, con pelo duro, y se cepilla muy fácilmente. El color más frecuente es blanco con negro y tostado. Cabeza de tamaño mediano, con expresión facial agradable, cráneo levemente abovedado y trufa puntiaguda y muy ancha. Los ojos suelen ser de color marrón oscuro y muy grandes, y las orejas son largas y colgantes. La cola del beagle es larga y bastante gruesa, siempre blanca por la punta, y la llevan siempre muy alzada.

Características de la raza

Esperanza de vida:	10-13 años
Altura de los ejemplares adultos (hasta la cruz):	33-41cm
Peso del perro adulto:	8-14kg

Temperamento: Buena mascota familiar, si la familia tiene experiencia previa y suele salir al campo o es amante de la vida al aire libre. Amigo de los niños. Ocupa poco espacio, tanto en la casa como en el coche. No es recomendable si no se ha tenido perro anteriormente, porque necesita ser adiestrado con mucho tino para que aprenda a obedecer y no descontrolarse.

Problemas de salud habituales

Epilepsia, en algunos casos. El perro sufre ataques convulsivos de forma repentina. Normalmente se recupera al poco tiempo, aunque en ocasiones el animal puede permanecer inmóvil y desorientado algunas horas después de superar la crisis. La epilepsia en sí no tiene cura, pero los síntomas remiten normalmente si se administran fármacos anticonvulsivos.

Glaucoma,: una enfermedad hereditaria en el beagle, aunque poco común. La presión de los fluidos intraoculares se eleva, provocando dolores, inflamación y lagrimeo excesivo. Si no se trata, el perro puede quedar ciego y perder el ojo afectado.

Infecciones de oído: el beagle es propenso a padecerlas debido al peso de sus grandes orejas colgantes: el aire no circula libremente por el canal auditivo y la humedad se acumula en el oído, favoreciendo el desarrollo de los microrganismos.

Razas caninas

Orejas tan largas que entorpecen la audición. Por eso, el beagle sigue a la presa valiéndose del olfato

Cola característica, de punta siempre blanca, que el beagle lleva muy alzada

El manto puede ser suave o duro indistintamente, aunque el suave es más común

◀ *Independiente, pero afectuoso, y con una forma de ladrar inconfundible, pero nada molesta. El beagle es un perro dinámico y robusto que necesita hacer ejercicio físico intenso a diario. Se muestra igual de afable con los humanos que con los demás perros.*

● **Muffin, nuestro beagle, es tan glotón que hasta me roba la comida del mostrador de la cocina. ¿Cómo puedo evitarlo?**

Los beagle suelen ser muy voraces, y no suelen resistir la tentación si se deja comida a su alcance. Será más fácil para usted y para el perro que se acostumbre a dejar la comida bien tapada y fuera de su alcance. Tampoco está de más que enseñe a Muffin a ser más obediente. Creo que le convendría consultar a un adiestrador profesional.

● **¿Cree que el beagle es una mascota adecuada para una familia tan activa como la mía? También me gustaría saber si la raza tiene algún inconveniente especial.**

En general, los beagles son excelentes mascotas para toda la familia, sobre todo si los propietarios ya han tenido perro anteriormente y están dispuestos a trabajar duro para adiestrarlos como conviene. Su peor defecto es que uno nunca puede fiarse de que vuelvan cuando se les llama si se les suelta de la correa, porque suelen echar a correr persiguiendo cualquier cosa que vean moverse. Como son tan pequeños, no suelen provocar lesiones graves ni a las demás mascotas ni a los animales salvajes, pero en cualquier caso nunca se debe permitir que un perro corra descontroladamente persiguiendo a nadie. De todas formas, si adquiere el cachorro muy joven (con ocho semanas, a ser posible) e insiste especialmente en adiestrarlo para que regrese cuando lo llame, no tiene por qué haber problemas.

● **Queremos encontrar un compañero para Scooter, nuestro jack russell terrier de 9 años, no sólo por él, sino también por nosotros mismos, para que nos ayude a superar la soledad cuando Scooter se nos vaya para siempre. ¿Sería adecuado un beagle?**

Desde luego. Como los beagles son perros de jauría, son felices conviviendo con otros perros, mucho más que cuando viven solos con sus amos. Son amables y simpáticos con sus congéneres, y es raro que traten de imponerse sobre ellos o se peleen. Eso sí, será mejor que lo adquiera de cachorro, para que se acostumbre.

177

Caniche

ESTÁNDAR

MINIATURA

TOY

No mudan el pelo, y el manto debe ser cepillado a diario y recortado con regularidad.

▲ *Las tres variedades de caniche difieren en tamaño. El caniche miniatura de la izquierda lleva el corte de pelo tradicional, o en león, mientras que el estándar y el toy tienen un aspecto mucho más natural.*

EN SU ORIGEN, ERAN PERROS DE TRABAJO utilizados por los cazadores franceses para cobrar las piezas. Su manto era prieto y rizado para protegerlos mejor de la humedad. La variedad más semejante a sus ancestros es la estándar, la raza actual de más tamaño. Los toy ya existían en el siglo XVI, y eran criados como perros de compañía para las aristócratas de París. Más tarde empezaron a utilizarse en los espectáculos circenses y, ya en el siglo XX, los pusieron de moda como perros de compañía en todo el mundo las grandes divas del cine. Preocupados ante todo por satisfacer la creciente demanda, los criadores no fueron demasiado exigentes a la hora de seleccionar progenitores, y por su culpa ahora hay más caniches nerviosos y chillones. Cuando el *glamour* de las sofisticadas divas del cine pasó de moda, los caniches tuvieron que ceder su puesto a otras razas, concretamente el pastor alemán y el Yorkshire terrier.

En tres tallas

Existen tres tamaños de caniche: toy, miniatura y estándar. Las tres variedades son inteligentes, amistosas y muy fáciles de adiestrar, y resultan adecuadas como perros de compañía y perros guardianes. Una peculiaridad de esta raza es que su pelo crece constantemente. Al no tener muda estacional, resultan particularmente aconsejables para las personas con alergia. No obstante, su abundante manto lanoso requiere un cepillado diario y esquilados periódicos. Muchos propietarios prefieren que su caniche tenga un aspecto natural, y por eso eligen el esquilado moderno, pero si se desea que el caniche pueda participar en exposiciones debe someterse a un esquilado en león, y exhibir abultados pompones de lana por encima de los pies, en la mitad anterior del tronco y en la punta de la cola, que contrasten vivamente con la piel rasurada de las patas, cintura y grupa. El manto, siempre monocolor, puede ser blanco, crema, plateado, albaricoque, marrón, azul o negro. Los ojos son siempre oscuros y almendrados y las orejas, largas y colgantes, están bien cubiertas de pelo. Llevan la cola siempre alzada, y un poco vuelta hacia arriba. Es gruesa por la base y está muy poblada y, cuando no está recortada, se estrecha hasta la punta.

Características de la raza

Esperanza de vida: 11-14 años

Altura de los ejemplares adultos (hasta la cruz):
Estándar, de 38,5cm en adelante
Miniatura, 28-38,5cm
Toy, 25cm

Peso del perro adulto:
Estándar, 20,5-32kg
Miniatura, 12-14kg
Toy, 5-7,5kg

Temperamento: Inteligente, juguetón, activo y amigo de los niños. Adecuado para propietarios sin experiencia, si están dispuestos a asistir a clases de adiestramiento.

PROBLEMAS DE SALUD HABITUALES

Otitis: los caniches son una de las razas caninas más propensas a padecer infecciones de oído porque sus orejas son largas y pesadas y les crece pelo en el canal auditivo. Todo esto hace que el cerumen y la humedad queden atrapados, convirtiéndose un caldo de cultivo ideal para las bacterias.

Enfermedades periodontales: las encías de los caniches son muy delicadas, tal vez debido a la composición de su saliva. Para prevenir la aparición de infecciones es necesario observar una buena higiene oral, cuidando la dieta y cepillándoles los dientes en casa. A veces es necesario llevarlos al veterinario para que realice una profilaxis odontológica completa.

Enfermedad de Perthe, que afecta al desarrollo de una o ambas caderas en las variedades miniatura y toy. La cabeza del fémur degenera, provocando un dolor considerable e impidiendo que el fémur encaje correctamente en la articulación de la cadera. Aunque puede tratarse con fármacos si el diagnóstico es precoz, suele ser necesario extirpar quirúrgicamente el fragmento de hueso deformado.

Epilepsia, en la variedad miniatura. El perro sufre ataques convulsivos de forma repentina. Normalmente se recupera al poco tiempo, aunque en ocasiones el animal puede permanecer inmóvil y desorientado algunas horas después de superar la crisis. Normalmente puede controlarse con fármacos anticonvulsivos.

Síndrome de Von Willebrand, enfermedad hereditaria de las plaquetas que provoca súbitas hemorragias sin causa aparente. Se produce a veces en las variedades miniatura y estándar.

Luxación de rodilla (dislocación de la rótula), en el caniche miniatura, que puede afectar a una o ambas patas traseras. A veces la rótula se desencaja y vuelve a encajar sin provocar molestias ni cojera al animal, pero otras veces permanece desencajada, impidiendo que la pata se extienda. Se puede corregir la estructura de la articulación con cirugía, de modo que la rótula permanezca correctamente encajada en el lugar que le corresponde.

Atrofia progresiva de la retina (APR): degeneración progresiva de la retina que puede provocar ceguera total en el perro. Afecta al caniche miniatura y al toy. Los perros afectados de ambos sexos deben descartarse como reproductores.

Entropión (párpado vuelto hacia adentro): afecta a veces a los caniches estándar. El borde del párpado se dobla hacia el interior, y las pestañas erosionan la superficie del ojo, irritándolo. Es preciso operar.

▲ El manto del caniche puede ser de muy diferentes colores. El tono albaricoque es muy atractivo, y también uno de los más solicitados.

● *Balzac, nuestro caniche miniatura de 9 meses, parece que tiene un canino de más a cada lado de la mandíbula superior. ¿Esto es normal?*

Es muy probable que Balzac conserve aún el diente de leche, que debería haber perdido cuando tenía 9 meses de edad. A los caniches toy y miniatura les ocurre con bastante frecuencia.. Si permanece ahí, acabará provocando desplazamientos y otros problemas dentales. El veterinario le aconsejará extraer los dientes de leche para dejar espacio suficiente a los definitivos.

● *Esquilamos a Kristin, nuestra caniche estándar, con regularidad, pero me he dado cuenta de que tiene muchísimo pelo justo delante de los oídos. ¿No habría que afeitárselo también?*

No, porque si lo hiciesen sólo conseguirían que el pelo acabase estrechando el canal auditivo. Lo que deben hacer es arrancar suavemente los pelos muertos de vez en cuando para impedir que se apelmacen con el cerumen, lo que aumentaría el riesgo de contraer infecciones.

Shetland ovejero

EL SHETLAND OVEJERO PROCEDE de las Islas Shetland, situadas al nor-nordeste de Escocia. Parece un collie de pelo duro en miniatura por su complexión, y por la textura y color de su manto. Las Islas Shetland también son el lugar de origen de otro animal doméstico miniaturizado, el pony de Shetland. Según algunos expertos, fueron la dureza del clima y la escasez de alimentos propia de las islas los responsables de la miniaturización natural tanto del perro como del caballo. Otros, en cambio, opinan que el shetland ovejero es en realidad un collie enano criado por el hombre deliberada o accidentalmente.

Como su propio nombre indica, en un principio se utilizó para pastorear a las ovejas. Es un perro inteligente, de buen carácter, muy despierto, rebosante de energía y siempre con ganas de trabajar o de jugar. Aunque tiende a ser reservado y desconfiar de las personas que no conoce, cuando se acostumbra al alguien le es fiel hasta la muerte y se convierte en un magnífico compañero de fatigas. Complaciente por naturaleza, no suele ser difícil de adiestrar. El shetland ovejero es un perro de compañía ideal. Al ser tan pequeño, puede muy bien vivir en un piso de la ciudad sin sentirse frustrado, y se le puede introducir en un coche, o sacarlo de éste, en brazos sin esfuerzo. Eso sí: necesita hacer mucho ejercicio. Y, si está interesado en adquirir uno, también debe saber que su espectacular manto de pelo largo y fino, además de ser uno de los rasgos más admirados en esta raza, necesita ser cepillado a diario.

▲ Un rasgo muy característico del shetland ovejero es la blanca y abundante melena de pechera. Aunque el manto varía mucho en cuanto al color, las patas delanteras y la pechera son blancas normalmente. Es un perro muy despierto, y siempre está preparado para el juego.

Características de la raza

Esperanza de vida:	11-13 años
Altura de los ejemplares adultos (hasta la cruz):	machos, 37cm hembras, 35,5cm
Peso del perro adulto:	7-11kg

Temperamento: Amigo leal y afectuoso de sus amos. Le gustan los niños y la vida familiar, aunque es bastante reservado con los desconocidos. Adecuado tanto para la ciudad como para el campo, siempre que salga a pasear a menudo. Su pelo largo necesita ser cepillado a diario.

PROBLEMAS DE SALUD HABITUALES

Anomalía ocular del collie (AOC), enfermedad hereditaria de los collies de pelo suave o duro, presente también en esta raza. Provoca hemorragias retinales o desprendimiento de retina. Algunos perros afectados apenas pierden agudeza visual, pero aproximadamente un 5% pueden perder parcial o totalmente la visión. No existe tratamiento. El defecto puede detectarse en los perros recién nacidos, o con pocos días de vida, explorando sus ojos con un oftalmoscopio. Es absolutamente inadmisible que los perros afectados sean utilizados para la reproducción.

Atrofia progresiva de la retina (APR): degeneración progresiva de la retina que afecta a las células fotosensibles y puede provocar ceguera total en el perro. Los perros afectados de ambos sexos deben descartarse como reproductores.

Razas caninas

▼ *El antiguo pastor de las Islas Shetland se ha popularizado como mascota en todo el mundo. Es un perro despierto, inteligente, obediente y muy fácil de adiestrar.*

Ojos propensos a padecer trastornos hereditarios

Manto muy grueso para protegerlo del gélido clima de las islas Shetland

Cuerpo macizo y resistente, preparado para el trabajo duro

P/R...

● **Colin, mi shetland ovejero, tiene el ojo derecho azul, en vez de marrón. ¿Esto significa que se va a quedar ciego?**

No: el ojo es de color azul por falta de pigmentación en el iris. Colin seguramente pertenece a una variedad de ovejero de Shetland que tiene el manto de color azul-plata.

● **Mi shetland ovejero, Misty, tiene cuatro meses. Le encanta revolcarse en la porquería y, cada vez que lo saco a pasear, vuelve cubierto de basuras o de lodo. ¿Es verdad que no hay que bañar nunca a estos perros?**

El baño no perjudica en absoluto a los ovejeros de Shetland, al menos si se utiliza un champú que respete los aceites naturales que protegen su pelo o que lleve acondicionador incorporado.

● **Mi familia y yo vivimos en la ciudad, pero nos gusta mucho salir al aire libre. Quisiéramos tener un perro, pero nuestra casa es demasiado pequeña para un collie. ¿Sería un shetland ovejero adecuado para nosotros?**

Los shetland son como collies de pelo duro en miniatura, aunque de complexión más robusta y con el morro más corto. Si disponen de tiempo para sacarlo a hacer ejercicio al menos dos veces al día, el perro puede ser perfectamente feliz en la ciudad. Necesitan sentirse acompañados, así que son ideales como mascota familiar.

Rostro fino y enjuto

El shetland ovejero tiene un cráneo cónico de perfil muy elegante, que va afilándose desde las orejas hasta el morro. El pelo que cubre el rostro es corto y sedoso, subrayando la elegancia de su perfil. Cuando el perro está alerta, lleva las orejas erectas, pero con la punta, doblada hacia abajo. Este gesto, unido a la expresión dulce de sus ojos oscuros y marrones, confiere al shetland ovejero un aire inconfundible y sumamente atractivo. El principal problema de sus ojos, pequeños y bastante hundidos, es que se irritan con facilidad, y que son bastante propensos a enfermar.

El pelo que recubre el resto del cuerpo contrasta mucho con el facial. La capa exterior del manto es larga, tiesa y áspera, y adornada de forma natural por la abundante melena que recubre la zona del cuello y el pelaje plumoso, desfilado, de sus patas delanteras. La capa interna del manto es corta y suave. El color más frecuente es el marta claro u oscuro, en tonos que van desde el miel hasta el rojizo con manchas blancas o tostadas. También hay ejemplares tricolores marrón intenso, negro y blanco. Una variedad especialmente atractiva es la azul, con manto azul-plata con jaspeados y mechas de color negro. Y también existen ejemplares blanquinegros y de manto negro y tostado.

Schnauzer miniatura

DE TODOS LOS SCHNAUZER ALEMANES («*schnauze*» significa «nariz» en alemán), el miniatura es la raza de menor talla, y también la más extendida. Desciende del mismo tronco común que los demás schnauzer, pero fueron cruzados con el affenpinsher y el pinsher miniatura. Es propenso a padecer enfermedades hereditarias provocadas por una cría irresponsable, orientada a satisfacer la demanda. A pesar de ello, es una raza sumamente adecuada como mascota familiar, sobre todo cuando sus propietarios tienen experiencia previa con perros, debido a su carácter inquieto y revoltoso (originariamente se crió como perro ratonero). En cualquier caso, es más tranquilo que la mayor parte de los perros ratoneros, y concretamente que los terrier en general. Es bueno como perro guardián y vive muy a gusto en los pisos de la ciudad, donde puede dedicarse a uno de sus entretenimientos favoritos: asomarse a la ventana y pasar horas tratando de averiguar todo lo que ocurre en la calle.

No hay que dejarse engañar por su tamaño: el schnauzer miniatura no es en modo alguno un perro faldero. Siempre está activo y pendiente de todo lo que ocurre a su alrededor, su complexión es robusta, y le gusta hacer vida social y darse largos paseos. Es afectuoso y fácil de adiestrar, cosa que nunca está de más en esta raza, ya que de otro modo su carácter dinámico y rebosante de energía lo podría convertir en un animal hiperactivo y molesto.

▼ *El schnauzer miniatura es un perrito alegre, jovial, dinámico, amigable y muy desenvuelto, un perro de compañía ideal para los habitantes de la ciudad, siempre que no le dejen aburrirse, o de lo contrario podría entretenerse destrozando la casa.*

Pelo duro, áspero y tieso. Necesita cuidados (cepillado) pero, en contrapartida, no lo muda en exceso

Caderas propensas a sufrir malformaciones hereditarias: antes de adquirir un cachorro, hay que hacerlo examinar por el veterinario para descartar este defecto

Barba y bigote muy largos y poblados que necesitan cepillarse con regularidad para que el perro no adquiera aspecto descuidado

Patas de longitud entre larga y mediana. Las delanteras son rectas, pero las traseras no, lo que le permite salir disparado como una bala cuando echa a correr

● **Pepper, nuestro schnauzer miniatura, siempre tiene las barbas de color marrón y con aspecto mugriento, y no permite a nadie que le limpie ni le toque la boca. ¿Estará enfermo?**

El aspecto de sus barbas y bigotes puede deberse, a que el pelo se le mancha con la saliva. En este caso tienen que lavarlo y peinarlo. No obstante, podría deberse a un problema dental. Si ninguno de ustedes consigue convencerle para que le deje echar un vistazo a su boca, deberán llevar a Pepper al veterinario.

● **Vivimos en la segunda planta de un bloque de apartamentos y tenemos dos hijos adolescentes. Estamos pensando en comprar un schnauzer miniatura, pero nos han dicho que son muy ladradores, sobre cuando entra alguien en casa, y no quisiéramos tener problemas.**

Si están bien adiestrados, no tienen por qué dar ningún tipo de problemas. La raza actual se ha criado y utilizado como perro de compañía durante más de un siglo. Tienen, sí, instintos de perro guardián, pero con una socialización adecuada de cachorros y un adiestramiento correcto, pueden aprender a aceptar la ida y venida de multitud de personas.

● **¿Puede un schnauzer miniatura ser peligroso para los niños?**

Casi todas las razas miniatura desconfían bastante de los niños, tal vez porque muchas veces les hacen diabluras, y suelen hacer movimientos mucho más bruscos que los de los adultos. Si un perro pequeño recibe un golpe, se resiente y le duele mucho más que a un perro grande. Si le hacen daño, lo más probable es que muerda o como mínimo amague. Nunca hay que dejar a los niños pequeños solos con un perro, por diminuto que éste sea.

Un perro cuadrado

Los schnauzer miniatura con pedigrí de exposición tienen el cuerpo cuadrado: su alzada es igual a su longitud. Su cabeza es alargada, su hocico, robusto, y su trufa, bastante grande. El cuello es largo y arqueado. Ojos oscuros y vivarachos, de forma ovalada, y orejas implantadas muy altas en la cabeza, y dobladas ligeramente hacia delante. Patas de mediana longitud, las delanteras rectas y con el codo muy pegado al pecho y las traseras, provistas de fuertes huesos y ligeramente en ángulo, para darle mayor velocidad cuando corre. El lomo traza una suave línea descendente, en dirección a la grupa. Llevan la cola, en su estado natural, siempre alta, pero por tradición se les suele amputar a la altura de la tercera vértebra.

De todas las razas enanas, el schnauzer miniatura es de las más elegantes. El manto es de doble capa, duro y áspero por fuera y corto, liso y suave por dentro. Puede ser negro monocolor, negro-plata o sal y pimienta. Sus abultadas barbas y cejas, así como la pechera y la parte de atrás de las extremidades posteriores, son siempre plateadas. Estos perros sueltan muy poco pelo, pero hay que peinar diariamente sus barbas, cejas y bigotes, y cepillar el resto del cuerpo con un cepillo de cerdas de alambre a diario. Los bigotes y barbas necesitan peinarse y lavarse más a menudo, porque suelen llenarse de migas y restos de comida, acumulando mucha suciedad. Es conveniente que le recorten el pelo o esquilen cada seis meses en la peluquería para que el manto se mantenga en buen estado.

Características de la raza

Esperanza de vida:	12-14 años
Altura del perro adulto (hasta la cruz):	machos, 36cm hembras, 30cm
Peso del perro adulto:	machos, 7kg hembras, 6kg

Temperamento: Vivaracho, despierto, resistente y leal. Buena mascota familiar, ya que es feliz rodeado de gente conocida. A veces, receloso con los niños. Muy ladrador, pero con voz no demasiado chillona ni estridente. Vigilante, en cuanto escucha el menor ruido. Muy adecuado para familias que hayan tenido perro anteriormente.

Problemas de salud habituales

Cataratas: opacidad progresiva del cristalino en uno o ambos ojos. La pupila se vuelve grisácea o blanca, en vez de negra, en los casos avanzados. El cristalino semeja una perla y el perro puede perder la visión. En el schnauzer miniatura, las cataratas suelen ser hereditarias, aunque a veces aparecen como síntoma de otros problemas de salud, como infecciones, diabetes o traumatismos.

Enfermedad de Von Willebrand, defecto hereditario de las plaquetas (un componente de la sangre que contribuye a la coagulación). No es frecuente, pero cuando aparece produce hemorragias súbitas sin motivo aparente. El problema puede controlarse con transfusiones.

Enfermedad de Perthe, que afecta al desarrollo de una o ambas articulaciones de la cadera. La cabeza del fémur (el hueso del muslo) degenera, produciendo intensos dolores y, a la larga, impidiendo el funcionamiento de la articulación. Se cree que la provoca la falta de riego sanguíneo en esta parte del hueso. Si empieza a tratarse pronto, los medicamentos pueden a veces ayudar, aunque con frecuencia es necesario el tratamiento quirúrgico para extirpar el fragmento de hueso deformado.

Jack russell terrier

VIVARACHO Y MENUDO, el jack russell terrier es probablemente una de las razas caninas más numerosas y populares de todo el mundo. La raza fue creada en Inglaterra en la primera década del siglo XIX por Jack Russell, un pastor protestante apasionado por la caza del zorro, a partir de un linaje determinado de fox terrier. El jack russell terrier, criado para hostigar al zorro, haciéndolo salir de su madriguera, tenía que correr al paso de los caballos de los cazadores, y sus patas eran más largas que las de la mayor parte de los jack russell terrier actuales. La Asociación Nacional de Criadores británica ha reconocido recientemente el Parson (párroco) jack russell terrier como raza independiente, y ha establecido como estándar de la raza los rasgos que más recuerdan a su aspecto original.

Ratonero y bullicioso

Este pequeño, competente, infatigable y ágil terrier es un verdadero seguro antiplagas. Basta con llevarlo a un granero infestado de ratas o ratones: en un abrir y cerrar de ojos, no sólo habrá exterminado a los roedores, sino que incluso habrá recogido sus cuerpos, amontonándolos pulcra y cuidadosamente en el exterior, de forma que sólo haya que echarlos a la basura. A pesar de su increíble habilidad, actualmente se utilizan sobre todo como perros de compañía. Son cariñosos, totalmente entregados a sus amos, y adoran especialmente a los niños, pero tienden a ser algo insociables con los demás perros y con los animales en general.

No es buena idea adquirir un jack russell si no gusta dar largos paseos, preferiblemente por el campo. Al aire libre, el perro pasa gustoso horas y horas olfateando las zanjas, la maleza, siguiendo el rastro de cualquier alimaña que cazar. Es un perro que siempre debe estar ocupado haciendo algo, y que no debe permanecer solo mucho tiempo. Si tiene tiempo para aburrirse, se buscará indefectiblemente algo que hacer, y ese algo suele consistir en morder la casa del propietario en general, y en especial sus más preciadas posesiones.

El jack russell puede ser de pelo duro o de pelo fino indistintamente, pero el manto siempre es áspero y duro al tacto, para protegerlo mejor de las inclemencias del tiempo y de los espinos. El color más frecuente, aunque no el único, es blanco con manchas negras, limón o tostadas. La alzada varía mucho de un ejemplar a otro, pero el cuerpo siempre suele ser más largo que alto. Hocico largo, y normalmente bastante afilado. Orejas implantadas muy altas en la cabeza, normalmente dobladas hacia adelante, aunque a veces las pueden llevar totalmente erectas. Antiguamente se les solía amputar la cola a los tres días de nacer, pero esta práctica está algo pasada de moda. El jack russell suele tener una salud de hierro y pocas enfermedades hereditarias.

Características de la raza

Esperanza de vida:	12-15 años
Altura del perro adulto (hasta la cruz):	25-35cm
Peso del perro adulto:	4-7kg

Temperamento: Muy activo, intrépido y complaciente. Buena mascota familiar, amistoso con los seres humanos, pero tal vez insociable con sus congéneres y predador con los gatos que no conoce. Necesita hacer mucho ejercicio físico. No suele caer enfermo.

PROBLEMAS DE SALUD HABITUALES

Dislocación del cristalino: el cristalino se desplaza de su posición normal detrás de la pupila, adelantándose dentro del globo ocular, donde bloquea el drenaje de los fluidos intraoculares, provocando glaucoma grave. Es una situación de emergencia que exige operar de inmediato. Parece ser una tendencia hereditaria de esta raza en concreto.

Luxación de rodilla: una dislocación de la rótula que afecta a veces al jack russell terrier, sobre todo a los de menor alzada y con patas más cortas. En algunos perros, la rótula se descoloca y se vuelve a colocar en su posición normal espontáneamente, sin provocar dolores ni cojera, pero en otros, la rótula permanece desencajada y el perro se ve imposibilitado para extender la pata. Normalmente es necesario operar para corregir la estructura de la articulación y fijar la rótula en el lugar que le corresponde.

Enfermedad de Perthe, que afecta al desarrollo de una o ambas articulaciones de la cadera. Suele afectar a los terriers de menor tamaño, entre los que se encuentra el Jack Russell. La cabeza del fémur (el hueso del muslo) degenera, produciendo intensos dolores y, a la larga, impidiendo el funcionamiento de la articulación. Si empieza a tratarse pronto, los medicamentos pueden a veces ayudar, aunque con frecuencia es necesario el tratamiento quirúrgico para extirpar el fragmento de hueso deformado.

Razas caninas

▼ El jack russell terrier es una pequeña bomba de energía: siempre alerta, siempre curioso, siempre con ganas de divertirse. No tarda en salir a investigar si escucha cualquier ruido sospechoso, lo que le convierte en una eficaz alarma antirrobo.

Ojos: parece que la raza posee una tendencia hereditaria a sufrir dislocación del cristalino.

Pelo áspero y duro, tanto si es fino como grueso

Patas delanteras rectas y con frecuencia bastante cortas

Pecho estrecho para colarse en cualquier madriguera, ya sea de zorro o de conejo

P/R...

● ¿Qué puedo hacer para que Finn, mi jack russell de tres años, deje de ladrar cada vez que viene a casa una visita?

El jack russell es un perro guardián que protege la casa avisando de que merodea algún intruso. A esta edad, puede ser bastante difícil inhibir este comportamiento instintivo. Puede enseñarle a obedecer la orden de «quieto», dándole una golosina cada vez que obedezca. Cuando se haya acostumbrado por completo a obedecer esta orden, pida a un amigo o amiga que vaya a su casa a una hora predeterminada. Un instante antes de su llegada, ponga a Finn la correa y déjelo atado en el extremo del recibidor más alejado posible de la puerta, habiendo hecho que se tumbe en el suelo antes de darle la orden de «quieto». Cuando suene el timbre, dígale «quieto» otra vez y, si obedece, déle una golosina o un premio. Repita muchas veces este ejercicio.

● Desde que mis hijos vieron un jack russell terrier en un programa de la tele, no han dejado de pedirme que compre uno. Vivimos en un piso bastante pequeño y, como los jack russell son pequeños también, están empezando a convencerme. ¿Cree que es buena idea?

Eso depende mucho del tiempo y dedicación que puedan consagrar al animal. Son muy dinámicos, extravertidos y emprendedores, y necesitan hacer muchísimo ejercicio y ser cuidadosamente adiestrados para poder ser felices en la urbe.

▲ Los jack russell han sido durante mucho tiempo perros de granjero, utilizados para mantener los graneros limpios de ratas y ratones. Son perros de compañía muy robustos, saludables y vigorosos, pero conservan casi intactos sus instintos de terrier.

Cavalier king Charles spaniel

Cola larga y sedosa, que el perro agita casi siempre que está en movimiento

Hay que recortar y peinar el pelo de las orejas con frecuencia para evitar infecciones

El soplo cardíaco es un problema común en esta raza: antes de adquirir un cachorro, hágalo examinar por el veterinario

Este spaniel menudo y vivaracho es una de las razas más amorosas, fiables y adaptables que existen. Los ejemplares adultos son tan pequeños que pueden tomarse en brazos y transportarse sin esfuerzo, y viajan muy a gusto en cualquier coche, aunque también disfrutan mucho dando largos paseos y jugando y haciendo el bruto al aire libre. Pero, si son tan apreciados, es más que nada por su carácter: siempre parecen felices, no son agresivos, sino sumamente amigables, y pocas veces nacen ejemplares nerviosos o asustadizos. Con esos gestos suyos, tan francos y llenos de confianza, y esos ojazos dulces y marrones roban el corazón a todo el mundo. Es una raza perfectamente adecuada como primer perro de una familia, incluso aunque haya niños pequeños, y también como perro de compañía para las personas mayores que ya no están para muchos trotes, pero necesitan un amigo inseparable.

Su enorme popularidad ha fomentado la cría intensiva entre miembros de la misma familia, y la endogamia finalmente ha provocado una incidencia muy alta de malformaciones cardíacas hereditarias. Su esperanza de vida, a causa de esto, se ha reducido a 9 años en muchísimos casos. Cuando cumplen los 5 años de edad, un 50% de los machos y casi el 50% de las hembras padecen ya soplos cardíacos.

P/R...

● Me han dicho que los cavalier king Charles spaniels tienen soplos cardíacos a menudo. ¿Cómo puedo saber que el cachorro que elija estará libre de esta enfermedad?

Parece que el problema es mucho más frecuente en unos linajes que en otros, así que debe preguntar al criador si los padres o abuelos de la camada la han padecido. Si se conocen bastantes casos de soplo en sus antepasados, busque otro criador. Asegúrese de que tanto el padre como la madre tienen más de dos años de edad, porque en esta raza la enfermedad no suele empezar a manifestarse hasta después de esa edad.

● Manhattan, mi cavalier king Charles spaniel, ha empezado a cazar moscas imaginarias. ¿Por qué lo hace? ¿Cómo puedo quitarle esta costumbre?

Se cree que este comportamiento está relacionado con un tipo determinado de epilepsia, y por lo tanto a veces se cura administrando los fármacos anticonvulsivos que prescriba el veterinario. Si Manhattan vuelve a hacerlo, no trate de impedírselo riñéndole ni mostrándole mucha compasión, porque podría agravar su enfermedad. En vez de eso, trate de distraerla con un juguete, o invitándola a jugar con usted.

Razas caninas

El nuevo aspecto de una antigua raza

La raza cavalier king Charles spaniel nació hace más de 50 años como una rama independiente de la familia de los king Charles spaniel, creada muchos siglos atrás. La mayor diferencia del Cavalier es que tiene un morro más largo, y por tanto se parece más a los spaniels que inmortalizara el pintor de la escuela flamenca Van Dyck en el retrato del rey Carlos II (o king Charles) que realizó entre 1630 y 1685. De ahí procede su nombre. El Cavalier también es un poco mayor que su pariente cercano el king Charles. Su rostro, visto de frente, recuerda por el morro chato al pequinés, aunque sus ojos, muy grandes y redondos, no son tan prominentes. Sus orejas son las típicas de los spaniels: colgantes, implantadas muy altas en la cabeza y cubiertas de pelo largo y ondulado. La cola, que rara vez puede contemplarse inmóvil, la llevan baja, siempre por debajo de la línea del lomo. El manto, largo y sedoso, puede ser levemente ondulado, pero nunca rizado.

El manto puede ser de cuatro colores delimitados. La variedad negra y tostada es de color negro liso con manchas tostadas sobre los ojos, en las mejillas, dentro de las orejas, en el pecho, en las patas y en el reverso de la cola, y no debe tener manchas blancas. La variedad rubí es monocolor, de un tono cobre intenso, y las manchas blancas se consideran indeseables. La variedad Blenheim tiene manchas localizadas de color castaño sobre fondo blanco: castaño y blanco al 50% en la cabeza, incluyendo ambas orejas y el pelo que rodea los ojos, y sólo blanco desde el centro del tronco hasta los pies. A veces tienen una mancha de color castaño entre las orejas. La variedad tricolor tiene grandes manchas blancas y negras y manchas tostadas sólo sobre los ojos, en las mejillas, por la parte interior de las orejas y en el reverso de la cola.

◀ *El cavalier king Charles spaniel empezó a criarse de forma selectiva en los años 20, para eliminar los rasgos que lo hacían parecerse al carlino y restaurar la apariencia de los spaniels del XVII.*

▶ *Los cavalier tienen la cabeza más grande y el morro más largo que los king Charles spaniel, excesivamente parecidos a los carlinos. Ambas razas tienen vista de lince y fino olfato.*

Características de la raza

Esperanza de vida:	9-13 años
Altura del perro adulto (hasta la cruz):	30,5-33cm
Peso del perro adulto:	5,5-8kg

Temperamento: Absolutamente de fiar y nada agresivo. Amigo de los niños. Se siente igual de a gusto en la ciudad que en el campo y se adapta perfectamente a los pisos de la ciudad, siempre que se le saque a pasear a la calle. Ideal para la urbe. Excelente para propietarios sin experiencia.

Problemas de salud habituales

Endocardiosis precoz (soplo cardíaco). Como su propio nombre indica, se empieza a manifestar con frecuencia cuando el perro es muy joven. Se trata de una enfermedad degenerativa que afecta a las válvulas del corazón. Cuando éste late y la sangre que bombea, en vez de ser expulsada del ventrículo y empezar a circular por las arterias, vuelve al interior del corazón porque las válvulas no se cierran completamente. Esta turbulencia provoca un sonido característico conocido como soplo, que puede detectarse aplicando el oído a un estetoscopio. A medida que las válvulas se deterioran, el corazón va volviéndose incapaz de bombear la sangre necesaria, y empieza a agrandarse intentando compensar esta incapacidad. Finalmente, se produce un paro cardíaco de naturaleza congestiva. Normalmente, aunque la enfermedad exista, los síntomas no empiezan a manifestarse hasta bien entrada la madurez, sobre todo si el perro tiene problemas de sobrepeso. Pueden consistir en tos crónica, jadeos, debilidad intensa e incluso desvanecimientos. Es posible prolongar la vida activa del perro administrándole diuréticos y las drogas habitualmente utilizadas para estimular las funciones del corazón.

Cataratas: el cristalino de uno o ambos ojos va perdiendo lentamente su transparencia. La pupila, en vez de negra, empieza a verse blanca o grisácea a medida que el cristalino se endurece y adquiere opacidad. En los casos más avanzados, el cristalino adquiere el aspecto de una perla y el perro puede perder la visión. En el cavalier king Charles spaniel, las cataratas pueden ser hereditarias, pero también pueden ser síntoma de otros trastornos como infecciones, *diabetes mellitus* o lesiones oculares.

Pinscher miniatura

Aunque parece un doberman en miniatura, lo cierto que su parentesco con el doberman es bastante lejano. El pinscher miniatura se originó probablemente más de dos siglos antes que el doberman, y su antepasado directo es el pinscher alemán o pinscher estándar. La raza no se extendió fuera de las fronteras alemanas hasta acabada la segunda guerra mundial (1939-1945). Desde entonces, estos perritos adaptados a la vida urbana se han ido haciendo cada vez más populares como perro de compañía en todo el mundo.

La raza, también llamada por algunos Min Pin, tiene un carácter tan dinámico y audaz que difícilmente satisfaría a aquellos que desean tener un perro faldero. Originariamente se crió para exterminar roedores (función que hoy también cumple de forma satisfactoria), y no se arredra ante ningún otro animal, por muy grande que sea. Su valentía, junto con su agudeza auditiva, lo convierten en un excelente perro guardián. Soporta mucho peor el frío que el calor, así que no puede vivir a la intemperie (es decir, en una caseta para perros) salvo en lugares donde el clima es muy caluroso. No necesita hacer ejercicio demasiado intenso, pero le gusta mucho pasear y jugar, y retozar con frecuencia.

Los pinscher miniatura suelen mostrarse muy sociables con los humanos, aunque a veces recelan de los niños. Para evitar que muerdan o amaguen es necesario socializarlos y adiestrarlos desde muy jóvenes, por lo que no resultan demasiado aconsejables para un propietario sin experiencia. Tampoco lo son para las familias con niños pequeños, porque los críos suelen tratar de tomarlo en brazos, tirarle del rabo o de las orejas y fastidiarlo, ya que tiene aproximadamente el tamaño de un gato, y el animal podría a agredirlos o lesionarse. No obstante, los propietarios que ya han educado algún cachorro anteriormente y las familias con niños ya crecidos pueden encontrar en él una mascota ideal. El pinscher miniatura muy rara vez sufre enfermedades o malformaciones hereditarias.

Pequeño, pero muy fuerte

Los criadores han ido depurando el aspecto de este perro, a la vez que reducían su tamaño. Aunque menudos, tienen una complexión muy robusta y unas fauces muy fuertes.

● *Fuimos a ver una camada de pinscher miniatura y el cachorro que nos parecía el más bonito de todos se quedó como escondido mientras sus tres hermanos venían hacia nosotros. Mis hijos trataron de traerlo en brazos, pero (iy eso que tenía sólo 6 semanas!) él les gruñó. A mis niños les da mucha pena ese perrito asustado e insisten mucho en que nos lo quedemos. ¿Cree que haríamos bien?*

Desde luego que no. Si tienen que elegir un cachorro de esa camada, elijan uno más atrevido y que no les tenga ningún miedo. El tímido sólo sería adecuado para un hogar más tranquilo, en el que viviera a solas con su amo, que, con tiempo y paciencia, podría lograr acostumbrarlo a sentirse más seguro. Si tiene niños pequeños, será mejor que busque otra raza, como el Yorkshire terrier o el schnauzer miniatura.

● *Squeak, nuestro pinscher miniatura de 6 años, tiene mal las encías. El veterinario ha dicho que tienen que hacerle una limpieza dental en la clínica, y con anestesia general. Tengo mucho miedo de que no lo soporte... ies tan diminuto! ¿Tengo realmente motivos para preocuparme?*

Cualquier operación quirúrgica implica un mínimo porcentaje de riesgo, pero la anestesia en sí es muy segura en nuestros días. El veterinario hará un análisis de sangre antes, para comprobar que Squeak goza de buena salud. Si no deja que el veterinario lleve a cabo esa profilaxis odontológica, Squeak sentirá dolores toda la vida: yo le aconsejo encarecidamente que acceda.

● *Voy a recoger mi nuevo cachorro de Min Pin la próxima semana. No tiene ni dos meses, y es todavía minúscula. Mis amigos me han dicho que tengo que empezar a adiestrarla desde ya, pero... no sé, a mí me parece que todavía es un poco pronto...*

Las razas de tamaño reducido, y especialmente las que proceden de perros de defensa y protección, no necesitan menos adiestramiento que sus parientes grandes. Los pinscher miniatura, en concreto, tienden a ser demasiado dominantes si no se les enseña desde el principio que no son ellos los que mandan en la jauría-familia. Son fáciles de adiestrar, pero sólo si se empieza muy pronto a hacerlo. Unas 8 semanas es justo la edad ideal para empezar a educarlos. Primero, acostumbre al perro a su familia y su modo de vida. Cuando ya se haya adaptado, empiece con las clases de adiestramiento.

Razas caninas

Orejas grandes en relación a su tamaño, que recuerdan las de un murciélago

◄ *Un perro muy despierto y sin miedo a nada, con una gran personalidad a pesar de lo reducido de su tamaño. El pinscher miniatura es afectuoso por naturaleza, pero necesita que lo enseñen a comportarse desde cachorro.*

Cola larga y recta

Manto corto, apretado y lustroso

Rótulas propensas a dislocarse

También tienen una forma de andar muy característica, elevándose mucho en cada paso, como al trote.

Aunque no tiene la cabeza corta, es menos larga en relación con el resto del cuerpo que la del doberman. El manto, corto, denso y lustroso, prácticamente no requiere cepillado. Puede ser de color negro, chocolate o azul, y con características manchas de color tostado en las mejillas, belfos, mandíbula inferior, garganta y la parte inferior de las cuatro patas, y un par de manchas simétricas por encima de los ojos y en la pechera. También existen ejemplares de pelo rojizo monocolor. Ojos negros, y orejas de murciélago, erectas o dobladas hacia abajo. Como ocurre con otras razas alemanas, se les solían recortar las orejas a edad temprana por tradición, para que se mantuviesen siempre erectas y le dieran un aspecto más fiero. Esta práctica, prohibida ya en muchos países, se considera actualmente una mutilación cruel e innecesaria, y ya prácticamente ha dejado de utilizarse. Antiguamente también se les amputaba la cola, y también esta costumbre está desapareciendo en la actualidad.

Características de la raza

Esperanza de vida:	13-15 años
Altura del perro adulto (hasta la cruz):	machos, 30cm hembras, 25cm
Peso del perro adulto:	machos, 5kg hembras, 4kg

Temperamento: Muy vivo, fuerte, fiel. Siempre alerta, reacciona de inmediato si oye cualquier ruido sospechoso. Ideal para las personas que viven en pisos o apartamentos, porque, por su tamaño, puede hacer suficiente ejercicio en un espacio reducido.

PROBLEMAS DE SALUD HABITUALES

Luxación de rodilla: una dislocación de la rótula que afecta a veces a los pinscher miniatura, y que resulta más grave en su caso, debido a su característica manera de andar. En muchos casos, la rótula se descoloca y vuelve a colocar en su posición normal espontáneamente, sin provocar dolores ni cojera, pero en otras ocasiones la rótula permanece desencajada y el perro se ve imposibilitado para extender la pata. Normalmente es necesario operar para corregir la estructura de la articulación.

West highland terrier blanco

Cabeza muy tupida con orejas pequeñas, puntiagudas y erectas

Manto de color blanco puro, con pelaje duro y grueso

Cola cubierta de pelo duro, no desfilada (no plumosa)

Uñas y almohadillas de color negro, bien adaptadas al suelo rocoso de las Tierras Altas

Con razón este perro nacido en las Tierras Altas *(highlands)* del oeste de Escocia es una de las razas de pequeño tamaño más extendidas en el mundo. Son extrovertidos, vivarachos, amantes de la diversión, siempre con ganas de dar un paseo y prácticamente infatigables. Una de las razones por las que son tan solicitados es su tamaño, tan reducido que pueden llevarse en brazos a cualquier sitio, y otra, que se adaptan igual de felizmente a un apartamento que a una casa unifamiliar con jardín, siempre que se les permita moverse lo suficiente.

Macizo y con empuje

Aunque son pequeños, tienen el cuerpo macizo, con pecho ancho y lomo horizontal. El tamaño de sus manos es superior al de sus pies. Tanto unas como otros están muy poblados, y bajo el pelo asoman uñas y almohadillas de color negro. Los cuartos traseros son anchos y fuertes. Caminan muy derechos, con soltura, avanzando las patas delanteras. Con las traseras dan cortos pasos, tan firmes como ágiles, flexionando bastante la articulación de la rodilla y del tobillo, lo que les confiere su característico empuje al andar.

El manto es blanco puro, con doble capa y pelaje duro y grueso. Hay que cepillarlo con regularidad, llevarlo a la peluquería canina para que lo entresaquen o aclaren dos veces al año. Cabeza levemente abovedada, casi oculta por el pelaje, que siempre llevan muy erguida. Trufa negra como la tinta, bastante ancha pero no abultada. Sus ojos son muy oscuros, y siempre parecen abiertos de par en par, con mirada penetrante e inteligente. Dientes bastante grandes, y mordida en tijera. Orejas cortas, cubiertas de pelo aterciopelado, erectas y con la punta muy afilada. La cola, que mide entre 12,5 y 16 cm, está cubierta de pelo duro, no desfilado (plumoso), muy garbosa y nunca totalmente vertical.

Razas caninas

Características de la raza

Esperanza de vida:	11-14 años
Altura del perro adulto (hasta la cruz):	28cm
Peso del perro adulto:	machos, 8,5kg
	hembras, 7,5kg

Temperamento: Una mascota familiar ideal, que se lleva de maravilla con los niños. Fácil de adiestrar, adecuado para el entorno rural o el urbano indistintamente.

Problemas de salud habituales

Enfermedad de Perthe, hereditario en los terrier de tamaño reducido. Afecta al desarrollo de una o ambas articulaciones de la cadera en la etapa de crecimiento y se empieza a manifestar al alcanzar la juventud. La cabeza del fémur degenera, provocando dolores, cojera e impidiendo el juego de la articulación y deformándolo.

Osteopatía cráneo-mandibular: los huesos del cráneo y de la mandíbula inferior se hipertrofian. Es hereditaria, aunque rara, en el west highland terrier blanco, y casi siempre se detecta cuando el cachorro se está desarrollando. Al principio, causa mucho dolor. El cachorro tiene fiebre, produce demasiada saliva y pierde el apetito. Los síntomas pueden aliviarse con analgésicos. Cuando el cachorro deja de crecer, es decir, alrededor de los 9 meses de edad, deja de sentir molestias, pero mantiene las excrecencias óseas de su mandíbula y su cráneo.

Atopía, un problema cutáneo de naturaleza alérgica especialmente habitual en esta raza, que provoca picores muy intensos. Puede empezar a manifestarse cuando el perro tiene sólo 6 meses. Se produce por inhalación de polen, polvo o ácaros del polvo u otros agentes alergógenos. Pueden llevarse a cabo pruebas antialérgicas subcutáneas para aislar el agente responsable.

Queratoconjuntivitis sicca (ojos secos), problema de autoinmunidad hereditario más común en esta raza que en muchas otras. Un ojo (o, en ocasiones, ambos) deja de producir lágrimas, y la córnea se queda seca. Después, se llena de vasos capilares, que la invaden tratando de resolver el problema. Entre los síntomas se incluyen la pigmentación ocular y la formación de legañas pegajosas y grisáceas. Si se deja sin tratar, puede provocar mucho dolor y, finalmente, dejar al perro completamente ciego.

Temblores, típicos de esta raza y de otros perros blancos miniatura, como el maltés. Aparecen entre los últimos meses de la infancia y los primeros de la madurez, cuando el perro es aún joven. Las cuatro patas y la cabeza tiemblan o tiritan sin motivo aparente. Suelen desaparecer espontáneamente una semana después.

▲ *Un simpático y buen amigo, feliz cuando siente que lo quieren. Normalmente se llevan muy bien con los niños. Son tan pequeños que pueden vivir en un apartamento sin problemas, pero deben tener acceso a algún pequeño parque o jardín. Valiente y con oído muy fino, también hace las veces de perro guardián.*

P/R...

● **Krystal, mi west highland terrier blanca, tiene legañas pegajosas en un ojo y se lo rasca mucho. ¿Qué le sucede?**

Tal vez se haya provocado un pequeña lesión y necesite atención veterinaria, de modo que conviene llevarla a la clínica sin pérdida de tiempo. Si no descubre ninguna pequeña herida, el veterinario tratará de averiguar si se trata de los primeros síntomas de un trastorno ocular conocido por el nombre de ojo seco, o conjuntivitis sicca, que es muy frecuente en esta raza en concreto.

● **Scottie, mi west highland terrier blanco, ha empezado a rascarse y a lamerse y mordisquearse las manos y pies. Tiene la piel enrojecida en esa parte y le han salido algunas calvas. Yo no le veo pulgas ni ácaros. ¿Será uno de esos trastornos de la conducta?**

Aunque los perros pueden sentir picor por muchísimas causas, incluyendo las pulgas y los ácaros, esta raza en concreto es particularmente propensa a sufrir atopía, una alergia que inflama la piel. Si ha descartado la presencia de parásitos, lleve al perro al veterinario para que realice las pruebas necesarias y prescriba el tratamiento adecuado. Es muy probable que Scottie tenga alergia al polvo o a los ácaros del polvo. Si es así, plantéese comprar una aspiradora especial para los problemas de alergia, que eliminan gran parte de los agentes alergógenos del entorno doméstico.

Lulú de Pomerania

EL LULÚ DE POMERANIA es más diminuto de los spitz, la familia de razas caninas propias de las regiones árticas del Globo. La raza se originó en Alemania, y la puso de moda la Reina Victoria en el siglo XIX. En aquella época su tamaño era mayor, y pesaba más de 13kg. Por medio de la cría selectiva se logró reducir su tamaño y alterar su color originario, que era básicamente blanco, para obtener el marta y el naranja que hoy en día caracterizan esta raza. Vivarachos, muy seguros de sí mismos y también muy listos, los lulús de Pomerania son estupendos perros de compañía, pero no adecuados para familias con niños pequeños. Parecen no darse cuenta de su ínfimo tamaño y se comportan como si fuesen perros grandes. Suelen ladrar estrepitosamente a las personas desconocidas que visitan su casa.

Zorro pequeño y lanudo

Con su rostro afilado, su pobladísima cola y su color leonado (ámbar oscuro), se diría que es un zorro en miniatura. Llevan su lanosa cola vuelta hacia adelante, totalmente doblada sobre el lomo. Sus orejas, pequeñas y muy enderezadas, parecen siempre alerta. Sus ojos son oscuros y levemente ovalados y, en algunos colores, aparecen rodeados por una atractiva línea negra a lo largo del borde del párpado que parece subrayarlos. El manto es lanoso, con doble capa, muy aislante. La capa inferior es suave y la exterior, abundante, larga y lisa, forma una melena leonina alrededor de su cuello.

▲ *En general, los lulús no son una de las razas más fáciles de adiestrar, pero no existe regla sin excepción. Este lulú participa en un concurso de agilidad, demostrando ser un perro muy despierto, con reflejos, y con no poca capacidad de entusiasmo.*

Características de la raza

Esperanza de vida:	13-15 años
Altura del perro adulto (hasta la cruz):	22-28cm
Peso del perro adulto:	machos, 1,8-2kg hembras, 2-2,5kg

Temperamento: Vivaracho, leal, confiado. Buen perro de compañía para personas poco activas, y también buen perro guardián. No el más adecuado para los propietarios que no han tenido perro anteriormente, porque necesita ser adiestrado desde cachorro con especial habilidad.

PROBLEMAS DE SALUD HABITUALES

Luxación de rodilla: una dislocación de la rótula de una o ambas patas traseras. A veces, la rótula se desencaja y vuelve a encajar en su posición normal espontáneamente, sin provocar dolores ni cojera, pero en algunas ocasiones permanece desencajada y el perro se ve imposibilitado para extender la pata. Normalmente es necesario operar para corregir la estructura de la articulación y fijar la rótula en el lugar que le corresponde.

Patent Ductus Arteriosus (PDA), una enfermada propia del lulú. Un vaso sanguíneo que conecta la aorta (la principal arteria del corazón) con la arteria pulmonar del feto no se cierra después del nacimiento. A causa de esto, la aorta es incapaz de transportar el oxígeno hasta los órganos principales del cuerpo de manera eficaz y, de hecho, la envía de nuevo a los pulmones. Algunos cachorros mueren poco después de nacer, por un fallo circulatorio. Otros sobreviven, pero mantienen siempre ciertos síntomas como soplos cardíacos, tos crónica o dificultades respiratorias.

Razas caninas

La cabeza revela su ascendencia sptiz, ancha, aplastada y con el morro estrecho y puntiagudo

Cola muy peluda, recta y horizontal, sobre el lomo

Manto largo y liso, que requiere cepillados exhaustivos

● **Vivo en un tercer piso y estoy buscando un perro de compañía pequeño. Tengo artritis en las manos. ¿Sería adecuado un lulú?**

Me temo que no. El lulú de Pomerania tiene un manto muy denso que necesita ser cepillado de forma vigorosa con un cepillo de alambre, o se llena de nudos y se apelmaza. Obviamente, usted no puede hacer esto a causa de su artritis. Yo le aconsejaría en su lugar un perrito con pelo corto y fácil de cuidar, como un chihuahua o un pinscher miniatura, por ejemplo.

● **¿Por qué nunca se ven lulús completamente blancos? Me encantaría tener uno así.**

Cuando la raza empezó a hacerse popular fuera de Alemania, hace ya más de 100 años, se parecía mucho al samoyedo actual, con el que está estrechamente emparentada. Los criadores lograron reducir su tamaño a costa de alterar el color original de su pelo. Algunos criadores están tratando actualmente de producir lulús diminutos, pero blancos, sin demasiado éxito. Aunque muchas veces nacen cachorros blancos, cuando éstos cumplen 6 o 7 semanas ya son tan grandes que no se ajustan al standard de la raza.

▲ *El lulú actual es bonito y robusto, pero mucho menor que sus antepasados. Aún sigue siendo un perro muy activo, por lo que necesita más espacio del habitual en otras razas pequeñas.*

● **Mis hijos no han dejado de pedirme que les compre un lulú desde que vieron uno en casa de un amigo y se quedaron prendados de él. Son preciosos, pero parecen tan frágiles... que me da miedo meter uno de esos delicados animalitos en esta casa de locos. ¿Cree que sería buena idea?**

La miniaturización ha provocado que los huesos de los lulús sean más finos y frágiles que los de los perros grandes. Debido a esto, se fracturan con más facilidad, sobre todo si el perro llegara a caérsele a un niño de los brazos, o se diera algún golpe. Aunque son muy amistosos, también son muy nerviosos, y ladran estrepitosamente siempre que se excitan (por eso son tan buenas alarmas antirrobo). Por todo esto, si desea un lulú de Pomerania, será mejor que espere hasta que sus hijos hayan crecido un poco.

193

Dachshund

EL TRONCO BAJO Y LARGUÍSIMO, y las patas tan cortas, dan al dachshund un aspecto inconfundible. Su estructura corporal lo hacía más eficaz cazando pequeños animales, ya que podía colarse sin problemas en las madrigueras de los zorros y los tejones («*Dachshund*», en alemán, significa «perro cazador de tejones»). Las variedades enanas de la raza se utilizaban para cazar conejos. Aún hoy en día se siguen utilizando como perros de trabajo, sobre todo en Alemania, aunque se han popularizado en todo el mundo como perros de compañía. El dachshund es famoso por su coraje, y es un excelente perro guardián que jamás deja de avisar a la familia si alguien se acerca a la casa.

Una pequeña y poderosa máquina

Hay dos variedades de dachshund, la estándar y la enana. La variedad estándar dobla aproximadamente el tamaño de la miniaturizada. Ambas, como prueba de su pasado cazador, tienen un olfato muy bien desarrollado para encontrar presas dondequiera que se escondan y largas y fuertes mandíbulas para darles caza. El pecho es ancho y robusto, con una forma adaptada a los agujeros donde se esconden las presas, y tiene un esternón muy prominente, que forma una curva acusada en su pechera. En esta raza, es costumbre medir el perímetro de pecho del perro adulto para establecer su talla. El tronco es muy largo y muy recto y la cola se afina progresivamente en dirección a la punta, siguiendo la misma dirección de la espina dorsal. Los ojos, bajo prominentes arcos ciliares, son oscuros, y expresan inteligencia y vivos reflejos. Trufa negra (marrón en algunos tipos de manto), y las orejas están implantadas muy altas, y muy hacia atrás. Tienen punta redondeada y cuelgan ligeramente hacia delante, tocando las mejillas.

Hay tres tipos de manto. El dachshund de pelo duro tiene el manto corto, grueso y brillante. No suelta demasiado pelo y necesita sólo un mínimo cepillado para mantenerse en buenas condiciones. El de pelo largo, tiene el pelaje suave, liso o suavemente ondulado y desflecado (plumoso), y muy largo en las orejas, bajo el cuello, en la

▶ El dachshund es una mascota inteligente, siempre alerta, y con los sentidos muy bien desarrollados. Para mantener bajo control sus instintos cazadores es necesario adiestrarlo con firmeza.

El manto puede ser de pelo largo (como en este caso), corto o duro. Los colores pueden variar mucho

El tronco tan largo le aporta movilidad, pero también le provoca bastantes problemas de columna

El hocico, largo y ahuesado, supera en longitud al cráneo

parte inferior del cuerpo y en el reverso de la cola. Es necesario cepillarlo con regularidad. El dachshund de pelo duro tiene dos capas, una externa dura y tiesa y otra interior, muy densa. Son características sus cejas, muy pobladas, y sus pequeñas barbas. En las orejas, en cambio, tiene el pelo muy suave. Hay que entresacar (aclarar) periódicamente los pelos muertos. Casi cualquier color está admitido en el dachshund. Los de pelo corto y largo son con frecuencia rojos, pero también hay muchos negros y tostados, chocolate y tostados, y moteados (blanco con manchas tostadas, chocolate o negras). Los de pelo duro casi siempre son manchados (negros o marrones con manchas de tono más claro).

Al tener el tronco tan alargado y las patas tan cortas, el dachshund sufre bastantes problemas de columna. Sobre todo, en los discos o almohadillas intervertebrales, lo que produce mucho dolor y parálisis parcial o total en los perros afectados. Sus largas fauces, destinadas para atrapar a la presa en su propio agujero, también son propensas a padecer malformaciones y otros problemas de salud.

● **Mis vecinos han empezado a quejarse de que Zola, mi dachshund de dos años, ladra ruidosamente cuando yo no estoy. ¿Qué puedo hacer?**

Los dachshund están siempre alerta así que Zola puede estar reaccionando cada vez que oye un ruido. También podría ser que le echase mucho de menos cuando sale de casa. Cuando tenga que salir, pruebe a dejar algunas luces encendidas, y también la radio o la televisión, y asegúrese de que no le falte juguetes. Si sigue ladrando, pida al veterinario que le recomiende un especialista en conducta canina.

● **Acabo de llevar a Ollie, nuestro dachshund miniatura de pelo duro, a revacunarse por primera vez. Ahora tiene 15 meses. El veterinario lo pesó y dijo que está demasiado gordo porque pesa 7kg. Pero, si Ollie está en buena forma física, ¿qué más da lo que pese?**

Los dachshund miniatura suelen pesar sólo unos 4,5kg. Realmente, Ollie tiene un problema de sobrepeso importante, y esto hace que sus discos intervertebrales sufran aún más de lo habitual, de modo que tendrá que hacerle adelgazar. Los dachshund son muy tragones, así que será mejor que trate de informarse sobre sus necesidades dietéticas concretas.

Características de la raza

Esperanza de vida:	11-14 años
Contorno de pecho del perro adulto:	estándar, más de 35cm
	miniatura, 31-35cm
Peso del perro adulto:	estándar, 7-14,5kg
	miniatura, 4,5-5kg

Temperamento: Totalmente de fiar, siempre que se haya adiestrado con mano firme. Buena mascota familiar, bueno con los niños, tan adecuado para el entorno urbano como para el rural. Es feliz también en un piso, si lo llevan a dar paseos.

PROBLEMAS DE SALUD HABITUALES

Problemas con los **discos intervertebrales**, más frecuentes en el dachshund que en otras razas debido a la desproporcionada longitud de su lomo, y tal vez también a la naturaleza de los propios discos intervertebrales. Si mueve en exceso la espina dorsal, se abre la almohadilla cartilaginosa que existe entre las vértebras, sobre todo hacia la parte central del lomo, y parte de su contenido se derrama y presiona la médula espinal. También puede ocurrir en los discos intervertebrales que están a la altura del pecho o del cuello. Muchas veces, los síntomas desaparecen con reposo absoluto y medicamentos, pero el perro siempre tendrá la columna muy delicada a partir de ese momento. A veces es necesario operar. Algunos perros sufren parálisis permanente en ambas patas traseras.

Prognacia, un desarrollo excesivo de la mandíbula superior del dachshund, ya larga de por sí. La protrusión impide que los dientes superiores e inferiores encajen correctamente con los inferiores cuando el perro cierra la boca. Puede ser necesario operar.

Conservación de los dientes temporales, o de leche: ocurre en el dachshund, tal vez a causa de la prognacia (ver arriba), ya sea leve o grave. En condiciones normales, cuando el perro cumple 6 meses de edad debería haber perdido todos los dientes de leche y tener sólo la dentición permanente, pero a veces se mantienen en las encías después de que aparezcan los definitivos. En la mandíbula no hay sitio suficiente y se producen serias complicaciones. Si después de los 6 meses el perro conserva algún diente de leche, es necesario que el veterinario se lo extraiga con anestesia general.

Distiquiasis, un defecto hereditario en el dachshund. Le salen finas pestañas suplementarias justo en el borde del ojo, y rozan la superficie de éste, causando mucha irritación. Depilarlos puede ser una solución provisional, pero a veces es necesario corregir este problema por medio de la cirugía.

Degeneración progresiva de la retina: un problema ocular hereditario que provoca una pérdida gradual de la visión. Antes de utilizar a ningún perro o perra como reproductor es necesario comprobar que está libre de este problema.

Enfermedad de Von Willebrand, una enfermedad hereditaria de las plaquetas que aparece alguna vez en un dachshund. Provoca repentinas hemorragias sin causa aparente.

Yorkshire terrier

Ojos oscuros y vivos, con tendencia a padecer cataratas

Cola de mediana longitud, difícil de distinguir cuando la llevan baja

El pelo que recubre su rostro puede entorpecer al animal si no se recorta

Manto recortado para facilitar el cepillado

ENTRE TODOS LOS TERRIER DE PEQUEÑO TAMAÑO, el yorkshire terrier, clasificado como *toy* (juguete), es el más popular. Tan pendenciero como elegante, se siente como un pez en el agua tanto en el monte.

En sus orígenes, era un perro de trabajo criado por los mineros de la zona industrial del norte de Inglaterra para que exterminase los roedores que infestaban las minas. Se cree que desciende del maltés, el terrier negro y tostado, y el clysdale terrier, ya extinguido. En la actualidad mantiene intacto el fuerte instinto ratonero propio de todos los terrier.

A pesar de su minúsculo tamaño, es sorprendentemente osado y vigoroso. Nada le gusta tanto como jugar y retozar a sus anchas por el parque. Debido a su tamaño, suele ser elegido como mascota por las personas que viven en apartamentos de la ciudad, pero su temperamento no tiene nada que ver con lo que se espera de un perrillo faldero: tiene espíritu aventurero y necesita hacer mucho ejercicio físico para desfogarse.

▲ *Viendo un yorkshire primorosamente acicalado para exposición, nadie diría que en sus orígenes fue un rústico perro ratonero. Aunque actualmente se consideran perros falderos, conservan todo el nervio y el brío de sus antepasados.*

El yorkshire terrier se puede llevar en brazos o en una bolsa adecuada a cualquier parte. Es una mascota familiar ideal, porque normalmente tiene buen carácter y le encanta jugar. Eso sí, si se siente atosigado por niños muy pequeños y demasiado traviesos, puede llegar a hacer lo que haría casi cualquier otro perro: morder. Es un animalito intrépido y curioso, características que lo convierten en un buen vigilante. Es más inteligente de lo que mucha gente imagina, pero pocos propietarios se toman la molestia de adiestrarlo, y es una lástima, ya que el adiestramiento le permite desarrollar sus mejores cualidades innatas, como ocurre con cualquier otro perro.

Razas caninas

Características de la raza

Esperanza de vida:	12-15 años
Alzada del perro adulto hasta la cruz:	23cm
Peso del perro adulto:	2,5 - 3,5kg

Temperamento: Activo, valiente, siempre vigilante. Propenso a ladrar de manera estridente, pero esto lo convierte en una buena alarma antirrobo. Si escucha cualquier ruido sospechoso, no duda en salir a investigar. Buena mascota familiar. Le gustan los seres humanos, pero no tanto sus congéneres, en muchos casos. No es la mascota ideal cuando hay niños muy pequeños en la familia, pero sí un excelente perro de compañía para las personas mayores, debido a la facilidad con que se transporta a todas partes.

PROBLEMAS DE SALUD HABITUALES

Luxación de la rótula (dislocación de hueso de la rodilla) de una o ambas patas. Se da a veces en esta raza. En ocasiones provoca cojera, pero muchas veces la rótula vuelve a su sitio sin causar demasiadas molestias. Es posible operar para corregir la estructura de la articulación, e impedir que la rótula vuelva a dislocarse.

Colapso traqueal: los anillos cartilaginosos que mantienen abierta la tráquea para permitir la entrada del aire se debilitan y dejan de funcionar. Entonces, la tráquea se estrecha tanto que el animal apenas puede respirar. El perro respira de forma muy profunda y trabajosa, se fatiga y debilita; muchas veces se amodorra (aletarga) y, en ocasiones, muere. Es un problema provocado por la miniaturización de la raza. Rara vez puede solucionarse con cirugía.

Retención de los dientes temporales, o de leche, después de que aparezcan los definitivos. Muy propio de los Yorkshire. La falta de espacio provoca serios problemas odontológicos, ya que los restos de comida se quedan atrapados entre el diente de leche y el definitivo, y en poco tiempo aparecen infecciones periodontales. Si el perro conserva alguno de sus dientes de leche después de los 6 meses de edad, el veterinario debe extraérselo.

Cataratas, opacidad progresiva del cristalino de uno o ambos ojos. La pupila parece gris o blanca, en vez de negra. En los casos más avanzados, el cristalino parece una perla y el perro puede perder la visión. Las cataratas son hereditarias en el Yorkshire, y suelen aparecer con la vejez.

En traje de paseo

El yorkshire es un perro minúsculo, que no suele pesar más de 3,5 kg. Tiene un pelaje muy característico, sedoso al tacto y de color azul-acero desde la base del cráneo hasta el arranque de la cola, y tostado claro en la garganta y el pecho. Los cachorros nacen casi completamente negros, y el pelo claro aparece durante el primer año de vida. Tienen las uñas negras. Cuando se exhiben en una exposición canina, el manto aparece muy largo, alisado y brillante, pero esto sólo se consigue durante horas de trabajo en la peluquería canina. Si en vez de ser perros de exposición son mascotas y pasan mucho tiempo al aire libre, tienen el pelaje mucho más ondulado. De todas formas, para mantenerlo en su estado natural, pero también en buenas condiciones, también es necesario trabajar mucho en casa con el cepillo, por lo que muchos propietarios prefieren hacérselo cortar muy corto y ponerles un abriguito de lana cada vez que los sacan a pasear durante el invierno, ya que los yorkshire son perros muy frioleros.

Si le les ata el característico moñito, pueden verse sus ojos, oscuros, brillantes y que siempre miran de frente. Llevan las orejas, pequeñas, en forma de «V» invertida y de color tostado, siempre erectas. Mucha gente sigue amputándoles la cola por costumbre, pero esta práctica está empezando a quedar en desuso. La cola, aunque no esté amputada, se ve con dificultad, camuflada por el espesor del resto del manto, que también desdibuja la silueta del perro, macizo, con lomo horizontal y patas rectas y delgadas bajo la mata de pelo.

● *Dale Boy, mi yorkshire macho, tiene el flequillo tan largo que casi no le deja ver, y mi marido se niega en redondo a que se lo recoja con un lacito. ¿Sería buena idea cortárselo?*

Si no tienen intención de llevar a Dale Boy a una exposición canina, la mejor solución es, desde luego, cortárselo con unas tijeras de punta roma. Él estará encantado, porque los yorkshire odian que se les meta el pelo en la boca.

● *Tenemos una yorkshire hembra de dos años, Mona, y nos encantaría que criase, pero es más grande de lo que admite el standard de la raza —pesa unos 5 kg sin estar gorda—. ¿Haríamos mal si la dejásemos criar?*

No. Algunas hembras de yorkshire son tan sumamente menudas que sólo pueden dar a luz si se les practica la cesárea, así que lo mejor es unir una hembra grande con un macho muy pequeño. De este modo, el parto será mucho más fácil y los cachorros, cuando lleguen a adultos, tendrán un tamaño aceptable para el standard.

● *Somos una pareja de jubilados, pero llevamos una vida activa y nos encanta dar largos paseos por el campo. Estamos buscando un perro pequeñito (vivimos en un piso). ¿Sería un yorkshire adecuado para nosotros?*

No se dejen engañar por el tamaño: Los yorkshire casi siempre llegan más lejos y más rápido en los paseos que los seres humanos. La raza es ideal para ustedes, porque se adapta perfectamente a vivir en un piso, debido a su tamaño, pero rebosa energía.

Chihuahua

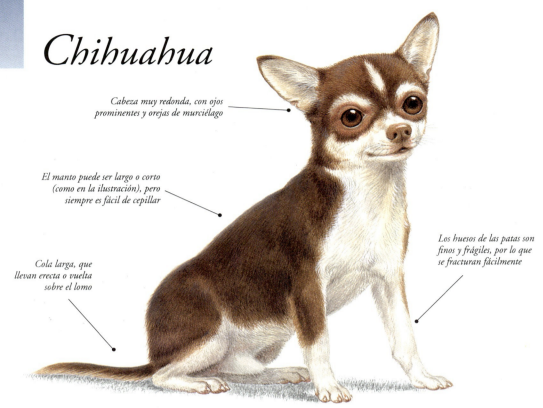

Cabeza muy redonda, con ojos prominentes y orejas de murciélago

El manto puede ser largo o corto (como en la ilustración), pero siempre es fácil de cepillar

Cola larga, que llevan erecta o vuelta sobre el lomo

Los huesos de las patas son finos y frágiles, por lo que se fracturan fácilmente

EL CHIHUAHUA PROCEDE DE MÉJICO. Es la raza canina más antigua de todo el continente americano. Probablemente lo llevaron a América los conquistadores españoles, aunque este hecho no ha sido demostrado. Debe su nombre al estado mejicano desde donde fueron exportados a los Estados Unidos por primera vez, a mediados del siglo XIX.

Los chihuahuas son los perros más diminutos del mundo, más pequeños incluso que cualquier gato doméstico. A pesar de su tamaño, son bravos, asertivos y muy traviesos. Parecen no darse cuenta de lo diminutos que son, y no dudan en provocar a cualquier otro perro incluso fuera de sus límites territoriales. Vivarachos e inquisitivos, son buenos perros guardianes, aunque siempre desde el interior de la casa. Tienden a tiritar en cuanto sienten el más mínimo soplo de brisa, pero son flexibles y resistentes, muy activos, y disfrutan haciendo mucho ejercicio. Desde el principio fueron criados como perritos falderos, y su apetito se corresponde perfectamente con su tamaño. A veces son exigentes y quisquillosos con la comida. Cariñoso y leal por naturaleza, el chihuahua es el perro de compañía ideal para las personas mayores; pero, como también por naturaleza tienden a ser muy dominantes, no

▲ El chihuahua es el perro faldero por antonomasia. Muy afectuoso con los humanos, pero no con las otras razas caninas. Lejos de asustarse y huir, se enfrenta sin dudarlo con perros muchos más grandes que él.

son mascotas muy aconsejables para los hogares donde viven niños pequeños.

Un perro diminuto con los ojos enormes

Los chihuahuas pueden tener pelo corto, suave y brillante o largo, sedoso y más abundante en las orejas, patas y cola, muy poblada y plumosa (desfilada). Ambas variedades tienen más largo el pelaje del cuello, que forma una especie de collarín o gola. El chihuahua de pelo largo es menos frecuente, y tolera mejor el clima fresco. Los colores y mezclas de color varían mucho, abarcando toda la gama del beige claro al castaño y del plata al azul-acero. El manto siempre es fácil de cepillar. El cuerpo es enjuto y más largo que alto, y las patas delanteras son muy delgadas. La cabeza es muy redonda, casi con forma de manzana, y el morro, estrecho y afilado. Orejas muy grandes y erectas, divergentes, y cuello, fuerte. Tienen los ojos bastante juntos, muy grandes, redondos, negros e inquisitivos, con expresión inteligente.

Razas caninas

- **A mi cachorro de chihuahua de un año, Chandler, le encanta estar acurrucado en mi regazo, pero amaga un mordisco cada vez que intento apartarlo. ¿Debo preocuparme?**

Chandler ha llegado a una edad en la que se siente muy seguro de sí mismo y no duda en desafiarle. Es importante que lo enseñe a respetarle y comportarse bien. Sobre todo, mostrándose más fría con él y obligándolo a estar en el suelo de vez en cuando.

- **Mi madre es bastante mayor, pero todavía lleva una vida activa. Vive sola en un pequeño apartamento. Me gustaría regalarle un perro para que le hiciese compañía. ¿Cree que un chihuahua sería adecuado para ella?**

Desde luego, siempre que su madre esté dispuesta a comprarle muchos juguetes entretenidos y a sacarlo a pasear. Como son tan pequeños, hasta un anciano puede llevarlos en brazos a donde quiere cómodamente. El ladrido del chihuahua es chillón y desagradable, así que su madre tendrá que enseñarle a estar calladito, al menos cuando se quede solo en la casa.

▶ *El collarín del chihuahua de pelo largo es mucho más pronunciado que el de pelo corto y, a diferencia de éste, tiene la cola plumosa. Ambas variedades tienen el hocico muy pequeño y pierden los dientes con facilidad.*

Características de la raza

Esperanza de vida:	11 - 13 años
Alzada del adulto hasta la cruz:	15 - 23cm
Peso del perro adulto:	1 - 3kg

Temperamento: valeroso, sumamente leal, afectuoso e inteligente. Le gusta mucho pasear, pero está a gusto incluso en pisos muy pequeños. No es aconsejable para familias con niños muy pequeños.

PROBLEMAS DE SALUD HABITUALES

Hidrocefalia (agua en el cerebro), una enfermedad congénita muy común en los chihuahuas. Los fluidos encefálicos aumentan, ejerciendo mucha presión sobre las células cerebrales. La presión puede llegar a tales extremos que sólo quede intacta una minúscula porción de los tejidos cerebrales. Los síntomas incluyen debilidad mental y física y ataques convulsivos. En ocasiones es posible operar para drenar el exceso de líquido y aliviar la presión. En estos casos, el perro puede volver a llevar una vida bastante normal. No obstante, otras veces la enfermedad no tiene cura.

Molera, un punto blando en el centro de la parte superior del cráneo que se produce cuando los huesos craneales en desarrollo no se sueldan correctamente. En ese punto del cráneo, el cerebro carece de protección. Los criadores de chihuahuas están tratando de corregir este defecto, con cierto éxito.

Estenosis pulmonar (estrechamiento de la arteria pulmonar), una rara enfermedad hereditaria del chihuahua. El arranque de la arteria a partir del corazón es muy estrecho, lo que obliga al músculo cardíaco a realizar grandes esfuerzos para bombear la sangre hacia los pulmones. Finalmente, el corazón acaba por cesar de latir. A veces es posible corregir este defecto con cirugía.

Glaucoma primario, enfermedad hereditaria en el chihuahua. La presión de los fluidos intraoculares aumenta debido un problema de drenaje. Provoca dolor, inflamación y lagrimeo excesivo. Para corregirlo es necesario operar.

Luxación de rodilla (dislocación de rótula) de una o ambas patas traseras. Puede afectar al chihuahua. A veces la rótula se desencaja y vuelve a encajar sin producir dolores ni cojera, pero otras veces el animal queda incapacitado para extender la pata. En este caso, es posible con frecuencia corregir quirúrgicamente la estructura de la articulación para impedir que la rótula vuelva a desencajarse.

Hemofilia A, un fallo en ciertos mecanismos de coagulación de la sangre que provoca hemorragias prácticamente incontrolables. Puede afectar al chihuahua, pero no es muy frecuente.

Perros mestizos

No todo el mundo prefiere tener un perro con pedigrí. Muchas personas eligen, en su lugar, un perro cruzado o sin raza reconocible. Los mestizos suelen ser buenas mascotas, cariñosas y saludables, de carácter equilibrado y fáciles de adiestrar y, con una socialización adecuada, se adaptan perfectamente al bullicio de la vida familiar. Su esperanza de vida media es de entre 10 y 15 años, y con mucha frecuencia se ven libres de las principales enfermedades que aquejan a sus parientes más puros.

El término «mestizo» se aplica tanto a los perros nacidos de padre y madre puros de diferente raza, o de padre y madre que tienen mezcla de dos razas conocidas, como a los que son producto de infinidad de cruces o cuya raza es imposible de determinar, es decir, a aquellos a los que se llama comúnmente «chuchos». Casi todos los mestizos son fruto de un acoplamiento no deseado, pero también hay propietarios que deciden cruzar a su perro con un ejemplar de otra raza de forma deliberada.

Como, a diferencia de los de raza pura, no son producto de una cría endogámica destinada a mantener intactos los rasgos de sus antepasados, poseen una cualidad denominada «vigor híbrido». Sin la limitación de recursos genéticos propia de sus congéneres con pedigrí, poseen rasgos hereditarios de muy diversos linajes. De ahí procede el denominado vigor híbrido, ya que la mezcla suele dar como resultado ejemplares más robustos y saludables, con más resistencia frente a las enfermedades que la mayoría de los perros con pedigrí, y con muchas menos probabilidades de sufrir las malformaciones hereditarias propias de cada raza.

Para muchas personas, uno de los principales encantos de criar un cachorrito mestizo es precisamente el no saber cómo será cuando termine su desarrollo. ¿Tendrá el pelo largo o corto? ¿Cambiará su pelaje de color con el tiempo? ¿Se quedará así de pequeño, o crecerá tanto como parecen anunciar sus patitas, tan desproporcionadamente grandes? Analizando su aspecto, una vez crecido, se puede tratar de adivinar la raza que predomina en sus antepasados.

Elegir un mestizo

Los perros mestizos pueden adquirirse de muy diversas maneras. La mayor parte de las veces, nos los ofrece un amigo o un vecino cuya perra se ha escapado estando en celo y ha vuelto a casa preñada sin que se conozca cómo era el padre. Muchas veces los cachorritos nacidos de este modo son muy bonitos. Si un amigo o vecino le ofrece un cachorro que le gusta, trate de conocer lo mejor posible a la madre antes de aceptarlo, para prever en mayor o menor medida cómo será cuando crezca, lo que es fácil sobre todo si el propietario de la perra pudo ver al macho. Trate de observar cómo se comporta la madre con sus crías, porque esto influye mucho en el tempe-

▶ *Estos preciosos mestizos de collie y terrier tibetano de 8 semanas ya están perfectamente socializados y listos para ir a su nuevo hogar. Sus futuros propietarios no ganarán con ellos ningún concurso de belleza canina, pero sin duda disfrutarán de unas mascotas excelentes para todos los miembros de la familia.*

¿Me conviene un mestizo?

Ventajas
- ✓ El vigor híbrido suele producir perros robustos y sanos, con menos enfermedades hereditarias.
- ✓ Los mestizos pueden ser tan leales y cariñosos como los perros con pedigrí, si están debidamente socializados y adiestrados.
- ✓ Suelen costar muchísimo menos.
- ✓ Si se rescatan de un refugio, el propio centro lo vacuna y esteriliza a precio reducido.

Inconvenientes
- ✗ No puede saberse a ciencia cierta el tamaño o aspecto que tendrá cuando crezca si no se conoce a los padres.
- ✗ No puede preverse tampoco su temperamento ni su futura forma de comportarse.
- ✗ El refugio canino puede insistir en esterilizarlo antes de que lo adopte, o en hacer que usted se comprometa a hacerlo una vez adquirido.

Razas caninas

● *Tengo 70 años, soy viuda y nuestro perro de toda la vida acaba de morir. Todavía estoy en buena forma, y echo de menos tener perro. ¿Cree sensato adquirir un nuevo perro a mi edad?*

Un nuevo perro alivia en gran medida la añoranza del viejo amigo perdido. Un cachorro tal vez sería demasiado revoltoso para usted, pero ¿por qué no visita algún refugio canino que tenga cerca, a ver si encuentra un perro mestizo de mediana edad, tranquilo y amigable?

● *Queremos una mascota para nuestros hijos, que tienen 8 y 10 años respectivamente. No nos podemos permitir un perro con pedigrí y estamos pensando en adoptar un perro mestizo que sea bastante joven. ¿Cree que es buena idea?*

¡Adelante! Los perros mestizos casi siempre son excelentes mascotas familiares. Traten de encontrar uno que tenga entre 8 y 12 semanas. Siendo tan joven, podrán educarlo a su gusto (ver págs. 108-109), evitar que desarrolle trastornos de la conducta y adiestrarlo de forma adecuada.

● *Me atrae la idea de adoptar un perro mestizo del refugio canino, pero me preocupa que pueda tener problemas de conducta. ¿Lo cree probable?*

Los perros que se rescatan de la perrera muchas veces tienen problemas de conducta, debido en parte al abandono o los malos tratos que han sufrido antes de llegar al refugio, y en parte a la vida de la perrera, que no es la más adecuada psicológicamente. Por otra parte, suelen padecer muchos menos trastornos de salud hereditarios que los perros de pura raza. Si elige un cachorro, no tiene por qué surgir ningún problema.

ramento que desarrollarán los cachorros cuando se hagan mayores.

Muchos perros mestizos se adquieren en la perrera y otros refugios para animales domésticos abandonados. Las clínicas veterinarias disponen, en ocasiones, de un catálogo de cachorros o perros adultos que esperan ser readoptados. Trate de conocer lo mejor que pueda la historia del animal antes de adquirirlo. Si busca un cachorro, pida al personal del refugio toda la información posible. ¿Nació en el refugio o ingresó en él junto a su madre? ¿Tiene hermanos? Todos los datos que consiga recabar le servirán de pista acerca de su carácter el día de mañana. De todos modos, aunque su temperamento futuro dependerá en gran medida del que tuvieron sus padres, también lo hará, y tal vez en mayor medida aún, el tipo de educación que usted le proporcione durante las primeras semanas. Su forma de cuidarlo y su capacidad para adiestrarlo también son factores determinantes de su carácter y conducta futuros. Exactamente igual que les ocurre a los cachorros de pura raza.

Términos usuales

Acaricida: producto que extermina insectos y Parásitos de la familia de las arañas, como los ácaros y las garrapatas.

Aclarado o entresacado: eliminación de pelo demasiado largo y denso con un peine cortador, o a mano.

Almohadilla suplementaria: pequeña almohadilla de las patas delanteras, colocada tras el carpo, que sólo toca el suelo cuando el perro frena en seco con las patas delanteras.

Almohadillas (digitales y plantares): piel endurecida y engrosada de la parte de las manos y pies del animal que está en contacto con el suelo.

Alumbramiento: parto.

Amputación (del rabo): extirpación quirúrgica de la cola. Suele practicarse a los cachorros cuando son muy jóvenes por motivos estéticos.

Amputación (parcial de la oreja): recorte quirúrgico del pabellón auditivo en ciertas razas para lograr que las orejas se mantengan siempre erectas (es una práctica prohibida en muchos países).

Angustia de separación: estado de ansiedad intensa que experimentan algunos perros cuando están separados de un ser humano u otro perro al que se sienten muy unidos.

Anticuerpo: proteína creada por el cuerpo para que fluya por el torrente sanguíneo y extermine los microorganismos patógenos que invaden el cuerpo.

Atopía: Problema cutáneo que cursa con picor producido por una reacción alérgica de la piel frente a una sustancia inhalada.

Autoinmunidad: reacción inmunitaria destructiva para una zona del cuerpo del propio sujeto afectado.

Azul-mirlo: manto azul y gris mezclado con negro.

Biopsia: Muestra de tejido extraída del animal vivo con el fin de analizarla para confirmar un diagnóstico.

Bozal: accesorio que se coloca alrededor del morro del perro para impedir que muerda.

Braquicéfalo: con el morro achatado.

Capa impermeabilizante: pelos más largos y normalmente más duros que constituyen la capa externa en los perros que tienen doble capa en el manto.

Carpo: el equivalente, en el perro, a la muñeca humana, es decir, la articulación que existe entre la del codo y la de los dedos de las patas delanteras.

Castración de la perra (vaciado): extirpación quirúrgica de los ovarios y el útero.

Castración: extirpación quirúrgica de los testículos del perro macho.

Catarata: opacidad permanente del cristalino que dificulta o impide la visión.

Celo o calores: período de 21 días durante el cual la perra es fértil. Se produce dos veces al año.

Collar isabelino: collar cónico que se ajusta al cuello del perro para impedir que se mordisquee alguna parte del cuerpo, los puntos de sutura, etc., o que se rasque la cabeza o las orejas.

Collar o ronzal de cabeza: collar especial para adiestrar; no es de castigo, pero ayuda a controlar mejor al animal cuando está sujeto por la correa o traílla.

Corvejón: articulación de las patas traseras del perro equivalente a la del tobillo en los humanos, entre las de los dedos y la de la rodilla.

Cruz: el punto más alto del cuerpo del perro, ubicado justo detrás de la base del cuello.

Dentición: disposición de los dientes en el interior de la boca.

Despigmentación ocular: una mancha de color azul muy claro en una parte del iris, o en la totalidad del mismo.

Diabetes insipidus: desarreglo hormonal que provoca un aumento de la sed por la incapacidad de los riñones para concentrar la orina.

Diabetes mellitus: enfermedad producida por exceso de azúcar en la sangre.

Discos intervertebrales: pequeñas almohadillas situadas entre las vértebras para absorber los golpes que se producirían entre sí en el desplazamiento del animal.

Displasia: desarrollo anormal, por ejemplo, de la cadera.

Distensión abdominal: dilatación del estómago a causa de los gases atrapados en su interior que a veces provoca torsión del estómago, un accidente con frecuencia fatal que aqueja principalmente a los perros de pecho ancho y vientre hundido.

Doble capa: manto muy aislante, propio de los perros destinados a soportar los rigores del clima, consistente en una capa externa de pelo grueso e impermeable y otra, interna, de pelo más fino y lanoso.

Dolicocéfalo: con morro largo.

Eccema húmedo: zona infectada de la piel muy dolorida, normalmente enrojecida y siempre húmeda.

Embarazo falso o nervioso: estado de algunas hembras tras el celo, cuando no han sido cubiertas durante el mismo, provocado por un desarreglo hormonal que provoca todos los síntomas de la preñez, como hinchazón del abdomen, secreción de leche y adopción de algunos de sus juguetes para tratarlos como si fueran sus crías.

Endogamia: apareamiento y reproducción entre ejemplares estrechamente emparentados, por ejemplo padre e hija.

Enfermedad aguda: aquella que aparece de forma repentina y evoluciona en poco tiempo.

Enfermedad congénita: enfermedad que aparece en el momento del nacimiento.

Enfermedad crónica: aquella que empieza a manifestarse de manera gradual y evoluciona lentamente.

Entero: animal no esterilizado.

Epulis: tumor duro que se forma en las encías, benigno por regla general.

Erección capilar: proceso por el cual los pelos de la parte trasera del cuello y del principio del lomo se erizan cuando el perro se asusta o amenaza a un posible enemigo.

Espolón: dedo pulgar atrofiado de los perros. Nunca está en contacto con el suelo cuando pisan. Muchas razas carecen de espolones en las patas delanteras.

Esterilizar: hacer estéril a un macho o una hembra por medio de la extirpación de los testículos u ovarios respectivamente.

Estro: período corto, dentro del celo, en el cual la hembra está en disposición de concebir y busca la oportunidad de aparearse.

Forro: prepucio del perro, piel que recubre por completo su pene en condiciones normales.

Granuloma del lamido: callo o inflamación que se produce en la piel del perro cuando acostumbra lamerse o mordisquearse la misma zona.

Habituación: proceso durante el cual un perro se adapta a un nuevo entorno.

Términos usuales

Hereditario/a: término que suele aplicarse a las enfermedades o malformaciones transmitidas por uno o ambos progenitores a su descendencia. No siempre aparecen, o se manifiestan, en el momento de nacer.
Insulina: hormona secretada por el páncreas que permite la absorción de la glucosa presente en la sangre.
Lactantes: cachorros aún no destetados.
Larva: Parásito inmaduro.
Ligamento cruzado: uno de los dos ligamentos principales (anterior o posterior) de la articulación de la rodilla del perro.
Lipoma: tumor benigno de las células adiposas.
Lombrices intestinales: lombrices largas, semejantes a espaguetis, que viven en el intestino delgado del perro. Afectan principalmente a los cachorros.
Luxación: dislocación de una articulación. Un hueso se desplaza y no encaja correctamente en su lugar natural.
Macho reproductor: perro macho elegido como padre para una determinada camada.
Manchado: con manto negro entreverado con marrón, beige u otro color.
Marcación del territorio: utilización de los fluidos corporales (orina, heces o el contenido de los sáculos anales) para dejar mensajes olfativos a otros perros.
Mestizo: perro nacido de padres de diferente raza, tanto si son puros como si son mezclados a su vez.
Moquillo: infección vírica mortal en los perros. Se previene eficazmente por medio de vacunas.
Mordida a nivel: tipo de mordida en que los incisivos de la mandíbula superior e inferior están al mismo nivel y no pueden encajar para cerrar la boca por completo.
Mordida en tijera: estructura perfecta del maxilar, que permite cerrar la boca totalmente porque el arco dental superior excede muy ligeramente el inferior.
Morro: parte de la cabeza situada por delante de los ojos, que comprende trufa y fauces.
Muda: cambio del manto estacional, que provoca caída abundante del pelo.
Negro-marta: coloración del manto, con pelos negros por la punta sobre fondo rubio, plateado, beige o tostado.
Obesidad: sobrepeso que supera el 15% del peso ideal para la raza y edad de un perro concreto.
Ojos secos: incapacidad para producir suficientes lágrimas y, por tanto, se reseca la superficie del globo ocular.
Parásito: animal que vive en el cuerpo de otro, absorbiendo de él su alimento, normalmente con perjuicio de la salud del huésped (o víctima).
Paso: forma de andar del perro a diferentes velocidades.
Pechera: la parte del pecho que se ve frontalmente, entre el nacimiento de las patas delanteras.
Pedigrí: documento escrito en el que aparecen los antepasados del perro.
Perfil del lomo: línea que forma el lomo desde la cruz hasta el arranque de la cola.
Perro alfa: el perro de mayor nivel jerárquico de la manada.
Piometra: infección uterina mortal, que suelen padecer las perras de mediana edad o ancianas.
Plaqueta: componente sanguíneo que interviene en la coagulación de la sangre.
Plumoso: pelo más largo, desfilado, que adorna de manera natural algunas partes del cuerpo como las orejas, las patas, la cola o el tronco de un perro que tiene el pelo más corto en el resto del cuerpo.
Prognatismo: mordida (cierre) propia de los perros con la mandíbula inferior más larga que la superior, donde los dientes inferiores quedan por fuera de los superiores cuando la boca se cierra.
Pronóstico: conocimiento anticipado de la aparición de una malformación o enfermedad, o de la necesidad de intervenir quirúrgicamente.
Protrusión: imposibilidad de los dientes superiores e inferiores para encajar porque la mandíbula superior es más larga que la inferior. Por ello, al cerrar la boca, el arco dental superior se coloca fuera del arco dental inferior.
Pura raza: perro nacido de padres de la misma raza nacidos de padres de la misma raza a su vez.
Quiste: bolsa llena de líquido que se forma de manera anormal en cualquier tejido del cuerpo.
Rabia: infección potencialmente mortal del sistema nervioso central de los mamíferos, incluyendo a los perros y los seres humanos, que se transmite a través de la saliva de los animales infectados.
Raza: grupo de perros de características más o menos iguales respecto a su tamaño y complexión, producto de la cría selectiva.
Renal: relativo a los riñones.
Rompecabezas canino: especie de puzzle o juguete interactivo diseñado para que libere porciones de alimento o golosinas en momentos o circunstancias determinadas, con el fin de mantener al perro entretenido y estimular su inteligencia.
Rótula: pequeño hueso móvil de la rodilla, que actúa como una polea en la parte frontal de la articulación.
Sáculos anales: glándulas odoríferas situadas a ambos lados del ano.
Síndrome: grupo se síntomas que se manifiestan a la vez, indicando una enfermedad o malformación concreta.
Socialización: proceso por el cual un cachorro se acostumbra al trato con los seres humanos, los perros y otros animales.
Standard **de la raza:** descripción del ideal de cada raza establecida por las asociaciones nacionales de criadores.
Stop: transición entre el morro y el resto del cráneo, ángulo que se forma entre el hueso del hocico y el cráneo.
Sumisión: deferencia del perro hacia un individuo que considera jerárquicamente superior.
Terrier: perro criado originariamente para exterminar alimañas.
Trastorno metabólico: Anomalía en los procesos químicos que normalmente tienen lugar en el interior del cuerpo para regularlo. Un ejemplo es la diabetes.
Traumatismo: lesión o traumatismo.
Tricolor: color de manto que combina negro, blanco y tostado.
Tumor benigno: de carácter no MALIGNO, recurrente ni invasivo.
Tumor maligno: tumor con capacidad potencial para invadir otros órganos del cuerpo.
Tumor: masa o abultamiento anormal que aparece en cualquier tejido corporal. Puede ser benigno o maligno.
Úlcera: zona dolorida, inflamada e irritada en el interior o exterior del cuerpo.
Vacunación: estimulación del sistema inmunitario para proteger el cuerpo contra las enfermedades infecciosas.
Vértebras: cada uno de los huesos que forman la espina dorsal.
Vesania: accesos de agresividad muy peligrosa, imprevisible, repetidos, por regla general inmotivados y de corta duración.
Virus: organismo submicroscópico que infecta el cuerpo de los animales.

Agradecimientos

Los editores desean agradecer la inestimable ayuda de todos los que han colaborado en la edición de este libro.

Caroline Bower: Qué raza elegir, Perros rescatados de la perrera, Elección del cachorro, Instalación del cachorro en su nueva casa, Control de los esfínteres, Viajar con el perro y 3ª parte: Educación y problemas de conducta.

John Bower: La muerte de su mascota, Enfermedades infecciosas más comunes, parásitos más comunes, Urgencias y primeros auxilios y 4ª parte: Razas caninas.

Adam Coulson: El perro y la ley, La dieta del cachorro, La salud del cachorro, Alimentación del perro adulto, La salud del perro, El perro anciano, Anatomía del perro, Sacar el mayor partido al veterinario, Pérdidas de equilibrio, Aumento del apetito, Aumento de la sed, Problemas urinarios, Cojera, Problemas oculares.

Philip Hunt: Problemas orales y odontológicos.

Hilary O'Dair: Ataques y convulsiones.

Stephen O'Shea: La tos, Problemas respiratorios y asfixia, Debilitamento súbito y colapsos.

Neil Slater: Vómitos, diarrea y otros problemas intestinales.

Alix Turnbull: Responsabilidades que conlleva tener un perro, El cepillado, Vacaciones y mudanzas, Tumores y quistes, Esterilización: el perro macho, La perra, apareamiento y reproducción.

Kevin Watts: Enfermedades cutáneas que cursan con picor, Enfermedades cutáneas que no producen picor, Problemas capilares, Problemas en las manos y pies, Enfermedades de la oreja y el oído.

Nigel Bray: Consejero editor.

Stephanie Robinson, antiguo director asociado de legislación canina de la asociación nacional norteamericana de criadores, nos ayudó en la elaboración del capítulo El perro y la ley.

Créditos fotográficos

Abreviaturas

AOL	Andromeda Oxford Ltd	IF	Isabelle Français
AP	Animal Photography	US	Ulrike Schanz
BCL	Bruce Coleman Ltd	TSM	The Stock Market, UK
	Jane Burton	AL	Ardea London
		JB	

1 John Daniels/Shoot Photographic; 2 JB/AOL; 4 AOL; 7 John Daniels/AL; 9 TSM; 10 IF; 11 R. Drury/TRIP; 14–15 IF; 16–17 E.A. Janes; 18izq JB; 18der AOL; 19c Sally Anne Thompson/AP; 19inf AOL; 20, 22, 23, 24, 25 IF; 26sup AOL; 26inf US; 27 JB; 28sup Your Dog Magazine; 28inf TSM; 29 Jorg & Petra Wegner/BCL; 30 US; 31sup Sally Anne Thompson/AP; 31inf AOL; 32sup Barnaby's Picture Library; 32inf Spectrum Colour Library; 33 Hi-Craft; 34 JB; 35 US; 37 John Daniels/AL; 39 Heather Angel/Biofotos; 41 Your Dog Magazine; 45 TSM; 46sup Dr. H. Thompson/University of Glasgow Veterinary School; 46inf Chandoha Photography; 48 with kind permission of Bayer AG, Germany; 49izq A. van den Broek; 49c Dr. K.L. Thoday/Royal School of Veterinary Studies, Edinburgh; 49der A. van den Broek; 50supizq Sherley's Ltd; 50cizq Novartis Animal Health; 50supder David Scharf/Science Photo Library; 52sup Chandoha Photography; 52inf Dr. Janet Littlewood/Animal Health Trust; 55sup JB; 55inf Dr. Janet Littlewood/Animal Health Trust; 56 Angela Hampton/RSPCA; 57 Barnaby's Picture Library; 57cder Dr. Janet Littlewood/Animal Health Trust; 58 JB; 59 IF; 60 Barnaby's Picture Library; 61 Sally Anne Thompson/AP; 62 JB; 63 James E. McKay; 64 M.J. Brearley/Animal Health Trust; 65 Hans Reinhard/BCL; 66 Dr. K.L. Thoday/Royal School of Veterinary Studies, Edinburgh; 67, 68 US; 69 The Veterinary Hospital, Estover, Plymouth; 70izq JB; 70der JB/BCL; 71 AOL; 72 IF; 73 JB; 73infizq AOL; 74–75 Hilly Hoar; 76 Urolithiasis Laboratory, Inc.; 77 AOL, hand model Mary Hammond; 78, 79c Professor Andrew Nash/University of Glasgow Veterinary School; 79sup J. Howard/Sylvia Cordaiy Photo Library; 81sup The Veterinary Hospital, Estover, Plymouth; 81inf J. Howard/Sylvia Cordaiy Photo Library; 82sup Sally Anne Thompson/AP; 82inf Simon Everett/Pet Dogs; 83 L. Trickey/RSPCA; 84 John G.A. Robinson B.D.S.; 85 JB; 87supizq Wayland Publishers; 87supder Dr. Janet Littlewood/Animal Health Trust; 87inf Sally Anne Thompson/AP; 88supizq, tr, br Dr. Dan Lavach/Eye Clinic for Animals, California; 88infizq Dr. Jane Sansom/Animal Health Trust; 91 Your Dog Magazine; 92, 95, 96, 97 JB/BCL; 99 JB; 100 Sally Anne Thompson/AP; 101 John Daniels/Shoot Photographic; 103 Bob Glover/BCL; 105 Stephen J. Krasemann/BCL; 106 J. Howard/Sylvia Cordaiy Photo Library; 107 JB; 108, 109 IF; 110 TSM; 111 John Daniels/Shoot Photographic; 112izq, 112der, 113izq, 113der JB/AOL; 114 TSM; 114–115 AOL; 115 JB; 116 Chandoha Photography; 118 John Daniels/AL; 119 TSM; 120 JB/BCL; 121 E.A. Janes; 122 J.P. Ferrero/AL; 123 Hans Reinhard/BCL; 124 IF; 127 Hilly Hoar; 129sup US; 129inf, 130 JB; 131 US; 132 TSM; 133 Your Dog Magazine; 134 TSM; 135 John Daniels/Shoot Photographic; 136–137 JB/BCL; 137 AOL; 138–139 Your Dog Magazine; 141 R.T. Willbie/AP; 143 C. Seddon/RSPCA; 144 David Dalton/Frank Lane Picture Agency; 145 IF; 147 J.M. Labat/AL; 149 IF; 153 Barnaby's Picture Library; 159, 172 IF; 179 US; 180 IF; 185 Sally Anne Thompson/AP; 187 IF; 191 US/Aquila; 192 Daniele Robotti; 199 J.M. Labat/AL; 200–201 Jorg & Petra Wegner/BCL; **Equipo fotográfico** cedido por Mark Mason Studios; **portada, arriba,** Ulrike Schanz; **centro,** J. P. Ferrero/Ardea London; **lomo,** The Stock Market; **contracubierta,** Jane Burton y AOL; **solapilla,** Dr. Brian Singleton.

Material gráfico

Priscilla Barret 42 izq, 107 sup., 204-208; Lizzie Harper 42 centr.; Richard Lewington 48; Ruth Lindsay 51, 59, 61, 67, 76, 80, 89, 90; Denys Ovenden 43, 104, 109, 111, 117, 125, 126, 128, 131, 133, 137, 139, 140, 143, 148–199; Graham Rosewarne 85, 95

Índice

Las páginas reseñadas en *cursiva* contienen ilustraciones

a

abscesos 82, 84, 85
aburrimiento 57, 131, 131, 139, 142, 143, 144, 145, 163, 195
acalasia 171
ácaros 49, *49*, 52-53, 56, 83; del oído y la oreja 53, 86; del manto 53, 54, 55, *55*
ácaro de la sarna 49, 53
ácaros del manto ver Cheyletiellosis
ácaros de principios del verano 49, *49*, 83
actos compulsivos 131, 142-143
adenomas anales 91
adiestramiento 112-113, 138-9
agilidad 12, *29*
agresiones 129
agresiones al cartero 125
agresividad 13, 17, 142; agresión asertiva 107, *107*; agresiones perpetradas contra niños 122; agresión por temor 107, *107*, 126, 132, 136-137; agresividad provocada por enfermedades 129; agresividad y esterilización 90, 91, 122; agresividad del perro anciano 129; agresividad: vesania 128-9, *129*, 174, 175; agresiones destinadas a un sujeto distinto de la víctima 122; agresión territorial 33, 90; agresivos con otros perros 126-127, 145; agresivos con sus propietarios 122-123, 174, 199; agresivos con los desconocidos 124-125; agresiones imprevisibles 128-129
agua, disponibilidad de 21, 29, 33, 74
ahogo 60-61, 101
airedale terrier 56
akita 12-13
alergia (reacciones alérgicas) 52-53, *52*, 56, 57, 71, 83, 86, 151, 159, 191
alfa (individuos alfa de la manada o jauría) 104-105, *110*, 145
aliento 37, 77, 84-85, 159
alimentación de las 26, 95, 97
alimentación: comportamientos anormales 143
alimentación: reacciones alérgicas 53, 71, 86
almohadilla suplementaria de las patas delanteras *43*
almohadillas suplementarias 43, 83
alopecia 56, 154
alquitrán, manchas en el manto 56
alsaciano (perro de pastor) ver Pastor alemán
alteraciones de la rutina diaria 34-35, 132
amputación (de la cola) 43, 106, 171, 189
anatomía 42-43, *42-43*
ancianidad del perro 36-37
ancianos: perros de compañía adecuados para los 197, 199, 201
anemia 48, 49, 50
anestesia 45, 67
angustia de separación 134
angustia de separación 25, 132-135, *132*, 140-141
animales de granja: 11, 138
anquilostomas 50, *50*, 51
anquilostomas 50, 51
ansiedad 25, 132-135, 143
antiguo ovejero inglés 31
anzuelos de pesca, extracción de 101
aorta (estenosis) 159
apareamiento 94-95, 106
arador de la sarna ver ácaro de la sarna
arneses 173
articulaciones 36, 42, 67; cojera 80-81
artritis 36, 67, 80, 81, 159
asertividad 17
astillas 82, 83
ataques convulsivos 62-63, 64-65
ataques convulsivos ver convulsiones
aulas de aprendizaje para los cachorros y sus amos *23*, 109
aullidos 106, 140-141, 164-165
autoinmunidad (síndrome de) 54, 55
automutilación 142
axonopatía progresiva 159

b

baño, el 30-31
barniz, manchas en el manto 56
barreras para los perros 25
basenji 140
bassett 12-13
beagle 12-13, 65, 72, 72, 141, 176-177, *177*
border collie 12-13, 28, 142
border terrier 188
bordetella 47, 58, *58*
borreliosis ver enfermedad de Lyme
boston terrier 12-13, *42*, 60
boxer 11, 12-13, 28, 31, 33, 37, 42, 65, 69, 85, 158-159, *158*, *159*
bozales 98, *100*
braquicéfalos 42
bretón 12-13
bronquitis 59
bull terrier 115, 142 ver también Pit bull terrier; ver también Staffordshire bull terrier
bulldog 42, 56, 60, 122, 162
bultos 37
bultos e inflamaciones 52-55

c

cachorros 18-19; cama de los 18, 19, *19*, *110*; nacimiento de los 96-97, *96*; cría de 94-97; necesidad de masticar y morder 8, 130-131; y niños 118-119, *118*; elección del cachorro 16-17; comportamiento destructivo de los 130-131, 132, *133*; dieta y administración del alimento 8, 19, 20-21, 72, 110; cepillado de los 23, 30, 110; manipulación de los 17, 23, 30; cuidado de la salud de los 22-23; control de los esfínteres (aprendizaje) 8, 24-25; que se quedan solos en casa 11, 130, 132-135; hermanos de la misma camada 19, *127*; y otras mascotas 120-121; seguridad de los 18, 19; socialización de los 17, 23, 108-109, 117, 124, 136, 138, 140; dentición 84; educación 108-109; vacunaciones de los 22, 47; destete 20, 97; con lombrices 50-51, 65
cairn terrier *149*
cálculos en la vejiga urinaria 76, *76*, 77, 162
calidad de vida, evaluación de la 38
calores ver celo
cama del perro, 28, 29, 55; cama del perro anciano, 36; cama del cachorro, 18, 19, *19*, 110
caminar en círculo de manera obsesiva 142
campylobacter 47
cáncer 77, 78-79, *79*, 82, 87; leucemia 79; de pulmón 59,60; de mama 78-79, 93; de piel 54, 55, 79; de testículos 90, 91
caniches 12-13, 31, 36, 65, 76, 148, 178-179, *178*, *179*
carácter juguetón 13, 114
cardiomiopatía *ver enfermedades del corazón*
caries 85
carlino 33, *42*, 60, 101, 148
castigo físico 11, 104, 105, 123, 136
castración de la hembra ver esterilización (vaciado); del macho 9, 25, 27, 71, 90-91, 122, 144
castración ver esterilización
cataratas 37, 88-89, *88*, 160, 167, 172, 183, 187, 197
cavalier king Charles spaniel 12-13, 36, 62, 119, 121, 148, 186-187, *186*, *187*
caza (instintos de) 138-139, 142
ceguera 67, 88-89, 134, 151, 160
celo 8, 82-83, 94, *94*, 106; celo y piometra 75, 93
cepillado 8, 13, 23, 29, 30-31; cepillado de las orejas 87; cepillado de los perros ancianos 36; cepillado y cuidados de peluquería profesionales 11, 31; cepillado del cachorro 23, 30, 110
cheyletiellosis 53
chihuahua 12-13, 27, 80, 193, 198-199, *198*, *199*
chip ver identificación electrónica
chow chow 12-13, *20*, 27, 168-169,*169*
cistitis 76
clases de adiestramiento 113, 117
cocker spaniel 12-13, 65, 76, *129*, 133, 148, 174-175, *174-175*
cojera 80-81, 83, 167
cola, como signo lingüístico 106-107; amputación de la 43, 106, 171, 189; en movimiento 107
colapso traqueal 197
colapsos 62-63
collares 19, *19*, 112
collares de castigo que ahogan 125
collares de citronela 140
collares electrónicos 125, 140
collares-ronzal 173
collie de pelo duro 12-13, 42

205

Índice

collie: anomalía ocular del collie 180
collie: *ver border collie; ver collie de pelo duro; ver ovejero de Shetland*
coma 63
compañerismo 29
comportamiento destructivo 130-1, 132, *133*; comportamientos obsesivos 131, 142-143; comportamiento social de la jauría 104-105; comportamiento sexual 144-145
comportamiento destructivo 130-131, 132, *133*
comunicación 106-7, 140-141
comunicación, problemas de 122
conducta, problemas relacionados con la sexualidad 144-145
conejos 120-121, 121
conjuntivitis 88, *88*
control de la natalidad 93
convulsiones 63, 64-65
coprofagia 73, 142, 143
córnea, distrofia de la 165
córnea, úlceras en la 159
correas: tipos *19*; caminar sujeto con la correa *9*, 10, 112, *113*, 173
cortes 82, 98
corvejón 42, *42*
criadores caninos 11
criptorquidismo 90, *90*
crueldad con los perros 11, 125, 136
cruz 43
cuarentena 11, 47
cubrición ver apareamiento
cuidadores de perros 34, 134-135, 165
cuidados de la salud 8, 40-101; seguros médicos para perros 8, 22; prevención de enfermedades 29; *ver también enfermedades y malformaciones individuales*
Cushing, síndrome de, *ver hiperadrenocortiquismo*

d

dachshund 12-13, 42, 57, 67, 76, 194-195, *194*
dálmata 12-13, 28, 76, 87, 11, 162-163, *163*
dálmata: bronceado dalmático, síndrome del 162
deformación de los huesos de la cabeza 191
demodex canis (ácaros de la sarna) 49, 54, 55, *55*, 56
demodicosis 54, 56
dentición 84, 130
dependencia excesiva 142
dermatitis 83
dermatitis por lamido 83
desequilibrios hormonales 54, 56-57, 75, 154

deshidratación 70-71, 70, 74
destete 21
desvanecimientos: 62-63, 159
diabetes 36, 62, 76
diabetes insipidus 75
diabetes mellitus 75, 93, 172
diarrea 25, 46, 47, 48, 50, 51, 67, 69, 70-71, 74
dientes 84-85; mostrar los dientes 107, *107*, *122*, *123*; limpieza de los 30, 37, 84-85, 179; pudrición de los 37; el primer diente de leche 84; conservación de los dientes temporales 84, 84, 179, 195, 197
dieta de la perra preñada y lactante 26, 95
dieta del cachorro 19, 20-21, 72, 110
dieta del perro adulto 26-27, 29
dieta del perro anciano 36
dieta y administración del alimento 26-27, 29, 68
dieta, cambios en la 71, 74
dipylidium cañinum 51
disfunciones de las glándulas suprarrenales 73, 75
dislocación de la rótula ver luxación de rodilla
displasia de cadera: 43, 80, 81, *81*, 148, 151, 153, 156, 160, 161, 166, 167, 168, 171
distiquiasis 175, 195
doberman pinscher 12-13, 27, 42, 56, 67, 122, 142, 154-155, 155
dolicocéfalos *42*
dolor de huesos durante el desarrollo ver *panosteítis*
dolor del perro por la pérdida de un ser querido 113
dolor por la pérdida de una mascota 38-39
dominancia: perros alfa 104-105, *110*, 145; rivalidad entre hembras 127, 145; mirar fijamente a los ojos 106; montar para dominar 144-145

e

eccema húmedo 52, 53, 161
eccema húmedo 52, 53, 161
eclampsia 65, 97
ejercicio 11, 28, 29, 131, 138, 143; los perros ancianos 36; los cachorros 43
elección de un perro en un refugio canino 14-15, 16
elección de un cachorro 16-17
elección de una raza 12-13
electrocución 99
embarazo falso 93, 128
embarazo y parto 94-97, 167
encías, enfermedades de las 37, 84-85, 159, 179, 188
endocardiosis prematura 186, 187
enfermedad de Lyme 49, 81

enfermedad de Perthe 81, 179, 183, 184, 191
enfermedad de Von Villebrand 151, 153, 154, 160, 165, 179, 183, 195
enfermedad de Weil 46
enfermedades hereditarias 94, 148-149, 200
enfermedades infecciosas 46-47, 58
enfermedades periodontales, 37, 84-85, 179
enfermedades provocadas por virus 46-47, 58
enfermedades renales 73, 77, 162, 175
enteritis contagiosa ver parvovirosis; gastroenteritis 69; infecciosa 47, 69, 70
entropión 88, *88*, 160, 167, 168, 171, 175, 179
enucleación 88
envenenamientos 63, 70, 77, 100
epilepsia 63, 64-5, *65*, 67, 128, 129, 151, 156, 160, 167, 176, 179, 186
epulis 85, 159
equilibrio (pérdida del sentido del) 66-67, 81, 86
esfínteres, control de los 8, 24-25, 113
esperanza de vida 8, 36
espolones *43*, 83
espondilitis 159
espondilosis cervical 151
esqueleto 42-43, *42-43*
estómago, hinchazón del *68*, 69
estómago, torsión del 69, 70, 151
estrabismo 66
estreñimiento 36, 71
estro ver celo
eutanasia 38
excavar, la costumbre de 131, .136, 142-143, *143*
excitabilidad 13, 140
extirpación del canal auricular 87

f

fiebre eruptiva de las Montañas Rocosas 49
fiebre láctea ver eclampsia
fiebre: 75
fisioterapia 80
flatulencia 71, 71
fobias 136-137
foliculitis 154
forro 43
forúnculos anales 156
fox terrier *149*
fracturas 80
fucidosis canina 171
Fundación Ortopédica Animal (OFA) 148

g

ganado vacuno 11, 138
garrapatas 30, 49, *49*, 52
garrapatas 49

gastroenteritis 69
gatos 120-121, *120*, 173
gemidos 106, 136, 140-141; por ansiedad 132
gestación 95
gingivitis 85, 159
gingivitis hiperplástica 159
glándula prostática 71, 77, 91
glándulas odoríferas 53, 106
glaucoma 88, 165, 171, 175, 176, 199
gluten, enteropatía por ingestión de 151
golden retriever 12-13, *65*, 149, *149*, 160-161, *161*
golpes de calor 101, *101*
gran danés 12-13, 28, 36, 92
granuloma del lamido 57, *57*
granulomas 57, *57*
greyhound *42*, 80, 148
gruñidos 106, 117, 122, 169; por ansiedad 132; por miedo 136
gusanos parasitarios 23, 48, 50-51, *50*, *51*, 59, 69, 70, 72; desparasitación interna 23, 29, 44, 50-51; ataques compulsivos provocados por los parásitos 65

h

hábitos alimenticios anormales 143
habones 52, 99, 159
heces: sangre en las 50, 70; limpieza de las 8, 9, 10, 25; ingestión de 73, 142, 143; insuficiencia pancreática exocrina (aspecto de las) 73
hematomas 86
hembras: 17; control de la natalidad 93; embarazos nerviosos 93; fertilidad de la hembra 93; comportamiento sexual de la hembra 44-5; castración de la hembra (vaciado) 75, 77, 78, 92-93, 127, 145, 174; hembras: convivencia de dos o más en una misma casa 127, 145; embarazos no deseados 93; *ver también celo*
hemofilia A 151, 156, 165, 199
hemorragias 98
hemorragias internas 63
hepatitis infecciosa canina 46
heridas, cura 98
hermanos de la misma camada 19, *127*
hidrocefalia 199
hinchazón del abdomen 50
hiperactividad 90, 132
hiperadrenocorticoidismo 56, 75
hipersensibilidad 53
hipotiroidismo 56 129
huesos del perro 42-43, *42-43*
humo de los cigarrillos 59
hurgar en la basura 68, 70, 70
husky siberiano 12-13, *42*, 141,

Índice

142, 164-165, *164*

i
identificación 9, 10, 11, 19
identificación electrónica 9, 10, *11*
identificación por medio de tatuajes 9, 10
incontinencia 25, 77
infecciones bacterianas 53, 57, 58, 76
infecciones de las vías respiratorias 58
infecciones por hongos 54, 59, 86
inmunización 44, 46-47, *46*; revacunaciones anuales 28, 29, 45, 46, 47; contra la tos de las perreras 35, 58; del cachorro 22, 47; contra la rabia 11, 47
inoculación ver inmunización
instintos de pastor 138-139, 142
insuficiencia pancreática exocrina 73, 156
interconexión ventricular 165
intestinos, obstrucción l 69, *69*
intoxicaciones 66

j
jack russell terrier 9, 12-13, 23, 28, 122, 184-185, *185*
jadeos y respiración trabajosa 60, 74
jerarquía social de la manada 104-105
jerarquía: cómo establecerla 104-105, 122-123
juego; juegos entre perros 114; importancia del juego 104, 114-115, *114*; jugar a morder *114*, 123; jugar a «sacudir hasta matar» 115
juguetes *19*, 104, 114-115, *114*, 117, 131

k
king Charles spaniel *42*

l
labrador retriever 12-13, 27, 31, 65, 85, *118*, 133, 149, 166-167, *166*
ladridos 8, 13, 106, 117, 140-141, 195; ladridos provocados por la ansiedad 132, 136; ladran a las visitas (perros que) 185; ladridos en el coche 33, 141; ladrido compulsivo 142, 143; ladrido territorial *125*, 140-141
lagrimales 89, 155
lamido 52-3, 57, 83, 142
lenguaje del cuerpo, el 106-107, *106*, *107*
leptospirosis 46
lesiones de la médula espinal 67, 77, 81, 195
leucemia 79
lhasa apso 115
liendres 48-49
ligamentos 81
ligera proliferación bacteriana en el intestino 156
lipomas 78
lobos 104, *105*, 106
lombrices 23, 50, *50*, 51, 59
lombrices en las 50-51
lulú de Pomerania 12-13, 192-193, *192*, *193*
luxación de rodilla 80, *80*, 81, 168, 179, 184, 189, 192, 197, 199

m
machos 17; control de los esfínteres 25; castración 9, 25, 27, 71 90-91, 122, 144; comportamiento sexual del macho 144-145
malamute 142
maltés 12-13, 80, 191
manchas de pintura en el manto 56
maniobra de Heimlich 61, 101
manos y pies 80-1, 82-3; reacciones alérgicas 52-53, 52, 83; cepillado 31; tiña 54
manto, acicalamiento compulsivo del 142
mareos en el coche 32, 33, 68
masaje cardíaco 99, 99
masticar (necesidad de) 8, 130-131, 132
mastitis 97
mastocitoma 78
megaesófago 61, 69, 151
membrana pupilar, persistencia 175
mensajes olfativos 106
mesocéfalos 42
mestizos 12, 200-201, *200*
metástasis 78
microchip *ver identificación electrónica*
miedos y fobias: 136-137, 143
mielopatia radicular crónica degenerativa 156
miotonía hereditaria 168
mirarse a los ojos 106, 123
molera 199
montar animales y objetos inapropiados 144-5
moquillo 15, 46, 46, 47, 69, 70
mordeduras de serpiente 77, 100
mordiscos 142
mordiscos a su propio amo 122-123
mordiscos que dan jugando 114, 123
muda del pelo 56, 157
muerte 38-39

n
nefropatía juvenil 162, 175
nerviosismo 136-137
neumonía 46, 58, 60
nido para parir y criar a los cachorros 95
niños (el perro y los) 12, 13, 115, 118-19, 122, 138, 149, 163, 183, 188, 191, 193
nistagmo 66

o
obesidad 36, 61, 80, 90, 93, 161, 195
ojos 88-89; ceguera 67, 88-89, 134, 151, 160; cataratas 37 88-89, *88*, 160, 167, 172, 183, 187, 197; anomalía ocular del collie 180; conjuntivitis 88, *88*; distrofia de la córnea 165; inflamación de la córnea 88, *88*; ulceras en la córnea 159; distiquiasis 175, 195; entropión 88, *88* 160, 167, 168, 171, 175, 179; glaucoma 88, 165, 171, 175, 176, 199; keratoconjuntivitis *sicca* (ojos secos) 191; luxación del cristalino 184; nistagmo 66; ojos de los perros ancianos 37; hiperplasia vítrea primaria persistente 172; persistencia de la membrana pupilar 15; atrofia progresiva de la retina 151, 160, 167, 171, 175, 179, 180; degeneración progresiva de la retina 195; prolapso de la retina 101; displasja de retina 153, 171; estrabismo 66; despigmentación del iris 181
ojos secos 191
orden de «¡A jugar!» 139
orden de «¡Quieto!» 113, *113*
orden de «Al paso», la 112, *113*
orden de «Déjalo» 139
orden de «¡Échate!» *112*, 113
orden de «Siéntate» 112, *112*
orden de regresar 112
orejas y oídos 86-7, 176; oído y el sentido del equilibrio, el 66-67, *67*, 86; orejas como signo lingüístico, las 106-107, *107*; orejas: limpieza y cepillado 31, 87, 88, 157, 179; amputación parcial 189; pérdida de la audición 86-87, 134, 153, 162, 163; ácaros de la oreja 53, 86; hematomas 86; oído: otitis 179; orejas desgarradas: 101
orina como marca territorial, la 25, 106, 144-145
orina; presencia de sangre en la 76, 77; elevado contenido de ácido úrico en la 162; toma de muestras para analizar 75, 77, *77*; problemas urinarios 76-77
orinar para expresar sumisión 25
orinar para marcar el territorio 106, 144; en el interior de la casa 25, 144-145
osteocondrosis 167
osteocondrosis *dissicans* (OCD) 167
osteopatía cráneo-mandibular 191
otitis 179
ovejas 11, 138

p
palos y fragmentos de madera 61, 115
panosteítis 81
parainfluenza 47
parálisis 81; parálisis facial 66; parálisis en las patas 67
parásitos 22, 23, 29, 30, 48-51; parásitos externos 48-49, 52-53, 56; parásitos internos 50-1, 59
parásitos alojados en el corazón 23, 50, 51, *51*, 59
parásitos alojados en los pulmones 59
parto de la perra 96-97, 96
parto ver alumbramiento
parvovirus 46-47, 69, 70
parvovirus ver parvovirosis
paseadores profesionales de perros *134*

207

Índice

pasear nerviosa y compulsivamente 142, 143
pastor alemán 11, 12-13, 43, 56, 65, *65*, 69, 73, 81, 87, *107*, 122, 133, 148, 156-157, *157*
patent ductus arteriosus (PDA) 192
peleas: 123, 126-127; lesiones provocadas por peleas 101; responsabilidades en una pelea 11
pelota, como juguete canino 60, 61, 101, 115
pequineses 12-13, 33, *42*, 101, 148, 149
perras preñadas y lactantes 26, 56, 74, 94-97
perros chatos 148, 149
perros de trabajo 10, 70
perros desatendidos 11
perros discapacitados *81*
perros guía ver perros lazarillo
perros lazarillo 10, 156, 66
perros peligrosos 11
perros que saltan sobre las personas 123
perros readoptados 14-15, 16, 25, 116-117, 132-133, 155
perros salvados de la perrera 14-15, 16, 25, 116-17, 132-133, 200, 201
perros vagabundos 10, 11
perros y bebés 119, 132, 140, 145, 153
perseguir su propia cola 142
peso, pérdida de 48, 50, 51, 73, 77
petróleo: manchas en el manto 56
pica 73
picaduras de abeja 52, 99, 159
picaduras de avispa 52, 99, 159
picaduras de insectos 52, 53, 99
picaduras de mosquito 52
picor 23, 48, 52-53, 86
piedras ver *cálculos*
piel, problemas cutáneos; reacciones alérgicas 52-53, *52*, 56, 57, 83, 86, 151, 159, 191; callosidades 55; cáncer 54, 55,

79; *cheytiellosis* (ácaros del manto); síndrome del bronceado dalmático 162; problemas capilares 53, 56-57; eccema húmedo 52, 53, 161; enfermedades que cursan con picor 23, 48, 52-53; sarna 49; enfermedades cutáneas que no pican 54-55; tiña 54, 56; demodicosis 49, 54, 55, *55*, 56; parásitos externos 48-49, 54-55, 56; erupciones 53, 54; quemaduras solares 55; tumores 159; úlceras 53, 57; urticaria 159
pinscher miniatura 12-13, 27, 188-189, *189*, 193
piojos 48-49. 52
piometra 75, 93
pit bull terrier 11
pointer *42*
polen, reacciones alérgicas provocadas por el 53, 151, 191
polifagia 72-73
postura de recuperación 63, 98
preñez accidental 93
prepucio ver forro
problemas capilares 53, 56-57; alopecia 56, 154; foliculitis 154; granulomas 57, 57; caída del pelo 48, 53, 54, 55, 56-57, 56, 83, 86; limpieza de manchas de sustancias peligrosas en el pelaje 56; muda estacional 56, 57
problemas cardíacos 38, 51, *51*, 59, 59, 60, 62, 154, 158, 159, 186, 187, 192
problemas de los discos intervertebrales 195
problemas intestinales 70-71, 72-3
problemas orales 84-85, 159, 179
problemas respiratorios 37, 58-61
prognacia 195
próstata *ver glándula prostática*
pulgas 23, 30, 35, 44, 48-49, *48*, 51, 52-53
pulmones: estenosis 199

q

quemaduras por líquidos hirvientes, (tratamiento) 99
quemaduras provocadas por cáusticos 99
quemaduras solares 55
quistes 78-9, 79, 81, 82

r

rabia 11, 47
rascarse 52-53, 56, 143
razas con pedigrí 12-13, 148-149
razas de pelo duro 31
razas de pelo largo 8, 31
razas enanas 42
razas gigantes 43, 81, 92
razas miniatura 60, 183

recipientes 18,19
recogecacas 8, 9
requisitos legales 10-11
residencias caninas 8, 11, 34-35, 47, 135, 140
respiración artificial 98-99
resuellos y respiración sibilante 60-61
retina: atrofia progresiva 151, 160, 167, 171, 175, 179, 180
retina: degeneración progresiva 195
retriever de pelo corto 149
retrievers *42*, 72,149
rivalidad 69, 73
rottweiler 12-13, 27, 43, 81, 115, 122, 152-153, *152*, *153*

s

sáculos anales (obstrucción) 53
salmonella 47
saluki *42*
san Bernardo 92
sarna 49
schnauzer miniatura 12-13, 182-183, *182*, 188
sed, aumento de la 36, 74-75, 77
seguro 8, 11, 12
semillas de herbáceas 82, *82*, 171
semillas de herbáceas en el conducto auricular 86, 171
serpientes: mordeduras 77, 100
setter inglés 12-13, 119, 150-151, *150*
setter irlandés 12-13, 27, 65, 69, 150-151, *150*
setter ver setter inglés y setter irlandés
shar pei 12-13
shetland ovejero 12-13, 27, 119, *149*, 180-181, *180*, *181*
shih tzu 12-13, 76
síndrome vestibular 66, 67
socialización 17, 23, 108-109, 117, 124, 136, 138, 140
sofocos 42, *42*
soledad 25, 106, 111, 130-131, 132-135, *132*, 140, 163
sordera 86-87, 134, 153, 162, 163
springer spaniel 12-13, 27, 170-171, *170*
staffordshire bull terrier 12-13, 27, 172-173, *172*, *173*
sumisión *107*, 132; lamidos para expresar sumisión 107, 132

t

tambaleos y paso vacilante 67, 81, 154
tasas de las licencias caninas 10
temblores de las razas pequeñas e manto blanco 191
tenia 50, 50, 51
terrier 36, 115, 122, 140, 142, *149*
territorio, defensa del 30, 90, 94, *125*, 140-141; delimitación por

medio de señales olfativas 25, 106, 144-5
testículo retenido en el abdomen 90, *90*
tétanos 65
timidez 16
tiña 49, 54, 55, *55*, 56
tonsilitis 61
tos 46, 50, 58-9, 63; ver también tos de las perreras
tráfico rodado *10*, 138; accidentes de tráfico provocados peor perros 11; acostumbrar al cachorro al tráfico 23, 109
traslado de un perro herido 98
traslados 34-35
trastornos metabólicos 75
trastornos provocados por el estrés 70
tumores 11, 36, 54, 55, 60, 62, *64*, 65, 66, 69, 70, 75, 76, 78-79, *78*, *79*, 83; adenomas anales 91; en los huesos 81; en la boca 84; en la piel 159; en los testículos 90, 91
tumores cerebrales 62, 64, 65

u

úlceras 53, 57, 69, 78, 83, 85; en la córnea 159
uñas partidas 80, 82, 83
uñas quebradizas 83
uñas: cómo y cuándo recortarlas *31*, 83
urbano, perros en el entorno 9, 10
urgencias y primeros auxilios 98-101
urticaria 159

v

vacaciones 34-35, 135
vacunación, ver inmunización
vecinos 8, 195
vesania 128-129, *129*, 174, 175
veterinario, 44-45; agresiones al 125; acostumbrar al cachorro al 22
viajar con perro 32-3, 70
viajes en avión 33
viajes en coche 23, 32-33, *32*, 68
vómitos 50, 66, 67, 68-69, 70, 74-75

w

weimaraner 12-13
west highland terrier blanco 12-13, 190-191, *190*, *191*
wolfhound 36

y

yorkshire terrier 12-13, 21, 37, *45*, 60, 76, 122, 148, 188, 196-197, 196